侦查学——2021年度国家级本科一流专业建设点；
新文科研究与改革实践项目"构建跨学科、多学科交叉融
专业课程体系与教材体系研究"（2021070046）阶段性

国家安全法学研究

主　编： 臧建国

副主编： 陈　胜　杜　瑾　李　祺

撰稿人： 臧建国　陈　胜　杜　瑾　李　祺
刘显峰　高　洁　袁晓宏

海南师范大学出版社
- 长沙 -

图书在版编目（CIP）数据

国家安全法学研究／臧建国主编. --长沙：湖南师范大学出版社，2024.8
— ISBN 978 – 7 – 5648 – 5500 – 0

Ⅰ. D922. 144

中国国家版本馆 CIP 数据核字第 20243FQ258 号

国家安全法学研究
GUOJIAANQUANFAXUEYANJIU

臧建国　主编

◇出 版 人：吴真文
◇责任编辑：胡　雪
◇责任校对：谢兰梅
◇出版发行：湖南师范大学出版社
　　　　　　地址/长沙市岳麓区　邮编/410081
　　　　　　电话/0731 – 88873071　88873070
　　　　　　网址/https：//press. hunnu. edu. cn
◇经销：新华书店
◇印刷：长沙市宏发印刷有限公司
◇开本：787 mm×1092 mm　1/16
◇印张：16. 75
◇字数：330 千字
◇版次：2024 年 8 月第 1 版
◇印次：2024 年 8 月第 1 次印刷
◇书号：ISBN 978 – 7 – 5648 – 5500 – 0
◇定价：72. 00 元

凡购本书，如有缺页、倒页、脱页，由本社发行部调换。

序

　　国家安全观念是一国在一定时期内对国家安全认识水平的反映。国家安全立法，随着不同时期国家安全观念的变化，呈现出不同的特点，国家安全法律实践又深化着一国对国家安全概念的认知。国家安全理论与法治实践之间的相互作用，推动着对国家安全认识的不断升华，一定程度上决定了一国要走什么样的国家安全道路。

　　当前，中华民族伟大复兴展现出光明前景，国家安全形势保持总体稳定、缓和、向好的基本态势，但同时也面临前所未有的挑战，影响安全的风险和危险日渐增多、日趋复杂。针对国家安全形势变化出现的新特点、新趋势，为构筑更为坚固的国家安全屏障必须以全新的理念思考国家安全，以全局的视角定位国家安全，以整体的思路规划国家安全。2014 年 4 月 15 日习近平总书记在主持召开中央国家安全委员会第一次会议发表重要讲话中第一次提出了"总体国家安全观"，强调指出，要准确把握国家安全形势变化新特点、新趋势，必须坚持总体国家安全观，以人民安全为宗旨，以政治安全为根本，以经济安全为基础，以军事、文化、社会安全为保障，以促进国际安全为依托，走出一条中国特色国家安全道路。总体国家安全观是以习近平同志为核心的党中央对国家安全理论和实践的重大创新，体现了党和国家奋力开创国家安全工作新局面的战略智慧和使命担当。

　　国家安全工作在中央国家安全委员会统一部署下，坚决贯彻落实总体国家安全观。我国对内对外国家安全工作实践的突飞猛进对国家安全学术研究和学科发展提出迫切要求。与法学、政治学、经济学、社会学等传统学科相比，国家安全学学科发展相对滞后，相关研究长期分散在其他学科领域，未能形成独立的理论体系、话语体系和学科体系。全面贯彻落实总体国家安全观，要求建立与之相匹配的国家安全理论体系、话语体系和学科体系。为有效维护国家安全完善中国特色社会主义制度、推进国家治理体系和治理能力现代化，2015 年 1 月 23 日中共中央政治局审议通过了《国家安全战略纲要》，它是中国第一个国家安全战略文本。《国家安全战略纲要》要求加强国家安全教育，培养国家安全专业人才。同年 7 月 1 日，第十二届全国人民代表大会常务委员会第十五次会议通过新的《中华人民共和国国家安全法》，明确规定"把国家安全教育纳入国民教育和公务员教育培训体系"。2020 年 9 月，教育部发布《大中小学国家安全教育指导纲要》。2020 年 12 月 30 日国务院学位委员会、教育部发布《关于设置"交叉学科"门类"集成电路科学与工程"和"国家安全学"一级学科的通知》，决定设置"交叉学科"门类，正式设立"国家安全学"一级学科，标志着我国国家安全理论研究和学科建设迈入新的历史阶段。

本书是"侦查学——2021年度国家级本科一流专业建设点"；新文科研究与改革实践项目："构建跨学科、多学科交叉融合的侦查学专业课程体系与教材体系研究"（项目编号：2021070046）阶段性研究成果之一。

本书以习近平总书记关于国家安全方面的重要论述为指南，力争内容翔实，结构严谨，体系完整；不仅贴近国家安全执法工作实际，力争对基层干警执法办案具有指导性；而且是普及国家安全法律知识，提高公民国家安全意识的宣传书籍；以期对今后国家安全法学的繁荣和发展，广泛开展国家安全法学理论与实务研究工作起到积极的推动作用。

本书内容分为两编（第一编，国家安全法学理论；第二编，国家安全法学实务），共分为十一章。第一编包括：第一章国家安全法学概论；第二章国家安全法的历史与理论；第三章国家安全法制体系。第二编包括：第四章国家安全法；第五章反恐怖主义法；第六章反间谍法；第七章国家情报法；第八章民族区域自治法；第九章宗教事务管理法律法规及去极端化；第十章网络安全法；第十一章其他法律法规。

本书由南京警察学院臧建国教授担任主编，中国人民公安大学陈胜副教授、西北政法大学杜瑾副教授、南京警察学院李祺讲师担任副主编。南京警察学院高洁副教授、刘显锋讲师、广东警官学院袁晓宏讲师参与撰稿。由主编负责全书策划、统稿。具体编写分工如下（以编写章节先后为序）：

臧建国：第一章、第二章、第四章、第五章第一节；

杜瑾：第三章、第十章；

高洁：第五章第二节；

李祺：第五章第三节、第六章、第七章；

袁晓宏：第八章；

陈胜：第九章；

刘显峰：第十一章。

总之，《国家安全法学研究》在内容上主要突出国家安全法学理论的基础性和国家安全法学实务工作的实践性，在阐述国家安全法学相关理论的同时，注重国家安全法学的实践运用能力培养，既兼顾了国家安全学一级学科的系统性，又强调了国家安全法学实务工作的特殊性。在体例规范上，既相对统一，又预留空间，鼓励学术上的探讨和研究，利于展开更深入的研究。

由于我们对国家安全法学的认识还处于不断研究与学习之中，理论储备不足，加上编写者写作水平有限，书中难免有不当疏漏之处，尚祈方家指正。在此，我们也感谢湖南师范大学出版社的大力支持与帮助，使本书得以顺利出版。

《国家安全法学研究》编写组

2024年8月

目 录

第一编　国家安全法学理论

第一章　国家安全法学概论

维护国家安全是中国特色社会主义建设事业顺利进行、实现国家长治久安和中华民族伟大复兴的重要保障。新中国成立后，为应对严峻复杂形势，我国制定了一系列维护国家安全的法律法规，对维护国家安全发挥了重要作用。党的十八大以来，为适应我国国家安全面临的新形势新任务，以习近平同志为核心的党中央提出总体国家安全观，强调全面维护各领域国家安全，对加强国家安全工作和国家安全立法作出了重要部署。按照中央部署和贯彻落实总体国家安全观的要求，适应我国国家安全面临的新形势、新任务，《中华人民共和国国家安全法》（以下简称"国家安全法"）2015年7月1日公布并施行。以国家安全法为核心，我国针对国家安全的重要领域，相继制定和颁布了一系列法律法规，逐步形成了我国的国家安全法律体系。除颁行了国家安全法以外，还颁行了《中华人民共和国反间谍法》《中华人民共和国反恐怖主义法》《中华人民共和国境外非政府组织境内活动管理法》《中华人民共和国网络安全法》《中华人民共和国国家情报法》《中华人民共和国生物安全法》《中华人民共和国数据安全法》《中华人民共和国个人信息保护法》等重要法律。这些法律的颁布实施，对于维护国家安全与社会稳定具有重要的意义。

第一节　国家安全法学概述

▶▶ 一、国家安全法学的相关概念

以国家安全法为核心的国家安全法律规范体系的构建和完善，促进了有关国家安全法学研究的进一步发展。国家安全法学研究逐渐形成了有其自身特点的研究范围和研究体系，使其形成了相对独立的学科体系，开始从法学领域中逐渐分离出来。从这一意义

上讲，国家安全法学是我国法学理论研究进一步深化和发展的必然产物。同时国家安全法学来源于国家安全立法和司法实践，反过来又为国家安全立法和司法实践服务，两者相辅相成。

（一）国家

1. 概念

广义概念：通用语言、文化、民族、血缘、领土、政府、社会群体等。狭义概念：由一定范围的人组成的社区形式。国家是政治地理学名词，由国土、国民、文化、政府四个要素组成。

2. 马克思的国家观念

国家是一个阶级压迫另一个阶级的机器，是使一切被支配的阶级受一个阶级控制的机器。国家是历史现象，不是从来就有，也不会永远存在下去；国家的本质是阶级性，国家是统治阶级的政权；国家是由许多部件组成的相互联系的有机整体。

（二）安全

对"安全"一词，中国、日本认为它主要是指客观状态；英国、法国认为它既指一种主观感觉，又指一种客观状态。①《韦氏大学词典》指安全的状态，即免于危险，没有恐惧，不被解雇；担保、确保义务的履行；所有权的证明；安全措施，安全机构。

中国古代汉语中，没有"安全"一词。但用到"安"字时多数场合下表达了人们通常理解的"安全"这一概念。《周易·系辞下》有一句："安而不忘危，存而不忘亡，治而不忘乱，是以身安而国家可保也。"这里讲到的"安"与"危"相对应。古人讲到的"无危则安，无缺则全"，即安全意味着没有危险且尽善尽美，这是传统的安全观念。

中国现代汉语中，对"安全"的解释基本相同。如《辞海》（第一版），对"安"的第一个释义是"安全"，并在与国家安全相关的含义上举了《国策·齐策六》的一句话作为例证："今国已定，而社稷已安矣。"再如《现代汉语词典》（第六版），对"安"字的第四个释义是"平安；安全（跟'危险'相对）"，并举"转危为安"作为例证，对"安全"的解释是"没有危险；平安"。

日语中的"安全"主要是指客观状态。如《新明解国语辞典》解释"安全"是指"人身没有危险，物没有损伤、损害之虞的状态"。

英语中的"安全"通常用 secure、security 和 safe、safety，都有安全的、保险的、

---

① 郑淑娜. 中华人民共和国国家安全法解读［M］. 北京：中国法制出版社，2016：7.

牢靠的意思。在用到国家安全方面一般使用 secure、security，含义是免于恐惧、担心、危险等状态或感觉。法语中的"安全"通常用 surete 和 securite，前者表示一种"感觉"，后者表示一种"状态'。可见英语、法语中的"安全"既指一种主观感觉，又指一种客观状态，即客观上不存在威胁，主观上不存在恐惧。

（三）国家安全的概念

1. 国外

20 世纪以来，特别是第二次世界大战后，"国家安全"一词逐渐被广泛使用。1947 年，此概念第一次在规范性文件中出现，源自杜鲁门签署的美国《国家安全法案》报告中。50 年代，阿诺德·沃尔弗斯发表《作为模糊象征的国家安全》将此概念正式纳入国际关系的研究领域中，认为"安全"在客观的意义上，表明对所获得价值不存在威胁，在主观意义上，表明不存在这样的价值会受到攻击的恐惧。① 国家安全是一种国家安全利益。

"国家安全"概念最初主要涉及国家的军事、政治和外交斗争，传统安全观注重国家面临的军事威胁及威胁国际安全的军事因素，把军事安全视为国家安全的核心。后来，国家安全逐渐扩展到非传统安全领域，包括反恐怖袭击、经济安全、信息安全、生态安全、防止核扩散，甚至打击走私贩毒、跨国犯罪等等。

1998 年《美国国家安全战略报告》指出，"美国的全球战略和国家安全日益以美国的商业利益为中心，经济外交是我们这个时代重大问题的关键"。2001 年"9·11"事件后，反恐及国土安全成为美国国家安全的第一要务。2002 年《美国国家安全战略报告》称恐怖主义是美国的首要威胁，恐怖主义与大规模杀伤性武器的结合是严重威胁，美国把对这些威胁进行先发制人的打击作为国家安全战略的基石。2010 年《美国国家安全战略报告》强调经济、教育、科技、能源、核扩散、互联网与太空活动对国家安全的影响，特别是近年来美国特别强调网络安全，可见美国国家安全的定义不断扩大，涵盖的领域越来越广泛。

俄罗斯对"国家安全"有自己的定义。1992 年《俄联邦安全法》把"国家安全"定义为："安全是个人、社会和国家生死攸关的利益受到保护的状态。"1996 年俄联邦总统《关于国家安全报告》对"国家安全"的定义是："国家安全可以理解为国家利益免受内外部威胁的受保护状态；这一状态能够确保个人、社会和国家向前发展。"2009 年《俄罗斯联邦 2020 年前国家安全战略》报告称"国家安全"是个人、

---

① 刘跃进 . 国家安全学理论中概念及其定义的几个问题［EB/OL］.（2024 - 01 - 09）［2024 - 07 - 17］. https：//baijiahao. baidu. com/s？ id = 1787581437905773448&wfr = spider&for = pc.

社会和国家既没有内部危险，也没有外部威胁，公民的宪法权利、自由及应有生活质量和水平，以及俄联邦主权、领土完整、持续发展、国防和国家安全因而得到保障的一种状态。

其他国家也都根据自己国情对自己的国家安全进行了法律上、政治上的定义。

各国对"国家安全"的内涵和外延的认识并不统一，应该说存在很大的差异。但不管差异有多大，维护国家安全的核心是维护国家核心利益和其他重大利益的安全，有的国家把它称为"生死攸关的利益""极端重要的利益"，包括国家的生存、独立和发展等。我国自然也要根据我国面临的特殊的国家安全状况，对"国家安全"作出符合我国实际的定义，我国立法维护的是中国国家核心利益和其他重大利益。我们坚持走和平发展道路，但决不放弃我们的正当权益，决不牺牲国家核心利益。

2. 国内

我国对国家安全的定义：国家安全法①第二条，国家安全是指国家政权、主权、统一和领土完整、人民福祉、经济社会可持续发展和国家其他重大利益相对处于没有危险和不受内外威胁的状态，以及保障持续安全状态的能力。

可以从以下三个方面来理解其内涵：

第一，明确了国家安全主要维护的是国家重大利益。这些重大利益既包括国家政权、主权、统一和领土完整等政治层面的利益，也包括人民福祉、经济社会可持续发展和其他方面的利益。这意味着，维护国家安全的核心内容，应当是国家的重大利益。换言之，国家安全关心的是国家发展的重要方面，维护的是具有根本性、决定性和全局性的国家重大利益。

第二，明确了国家安全的对立面是危险和内外威胁。对于国家安全而言，最重要的任务是消除各种危险和内外威胁。但是，来自各方面的隐患、风险和威胁往往是一种客观存在，难以完全消除。因此，维护国家安全就成为一项长期的历史任务。同时，只有对危险和内外威胁有更加清晰的认知和更为深入的把握，才能够真正做到维护国家安全有的放矢、万无一失。

第三，明确兼顾了国家安全的主观方面和客观方面。国家安全既是一种客观状态，同时也与主观认知密切相关。从国家治理体系和治理能力现代化的角度来看，国家安全属于国家治理体系的重要组成部分，而保障国家处于持续安全状态的能力则是国家治理能力的重要方面。将保障国家安全的主观能力纳入国家安全的内涵，既呼应了国家治理现代化的内在需求，同时也强调了主观能动性的重要作用。由此可见，国家安全的观念和能力，对于维护国家安全的状态具有极其重要的作用。换言之，维护

---

① 除非特别指出，书中所引均为 2015 年 7 月 1 日颁布实施的国家安全法中的条款。

国家安全，必须注重国家安全观的建构和完善。①

国家安全，是一个国家的基本利益、是一种状态，既是一个国家没有外部威胁和内部混乱的客观状态，又是维护国家安全的能力。安全威胁的因素永远不可能根除，国家安全是一种相对安全。只有在同时没有内外两方面的危害的情况下，国家的状况才是一种安全的状态。因此，只有这两个方面的统一，才是国家安全的特有属性。然而，随着时代的发展，国家安全的范围有所变化，涉及的因素不断拓展。正如习近平总书记所指出的那样："认清国家安全形势，维护国家安全，要立足国际秩序大变局来把握规律，立足防范风险的大前提来统筹，立足我国发展重要战略机遇期大背景来谋划。世界多极化、经济全球化、国际关系民主化的大方向没有改变，要引导国际社会共同塑造更加公正合理的国际新秩序。要切实加强国家安全工作，为维护重要战略机遇期提供保障。不论国际形势如何变幻，我们要保持战略定力、战略自信、战略耐心，坚持以全球思维谋篇布局，坚持统筹发展和安全，坚持底线思维，坚持原则性和策略性相统一，把维护国家安全的战略主动权牢牢掌握在自己手中。"②

我们强调"相对处于没有危险和不受内外威胁的状态"，就是要通过不断加强自身安全能力建设，不断克服和防范不安全因素对国家造成实质性危害。我们既强调国家安全的状态，也强调不断提升维护国家安全的能力，加强维护国家安全的能力建设。国家安全法第五章专门规定了"国家安全保障"，就加强国家安全能力建设提出了具体要求。我们在强调维护我国国家安全的同时，还强调维护共同安全和世界和平，不对其他国家和国际社会构成安全威胁。

（四）国家安全法学

国家安全法学，作为我国法学领域的一个极其重要的组成部分，是法学理论体系中一门新兴的、独立的学科，是研究国家安全立法、执法及司法的一门学科。简单来说，国家安全法学是一门调整国家安全法律关系的法学学科。国家安全法学概念的形成与确立，不仅是法学理论研究的必然产物，更是国家安全工作的客观需求。

首先，21 世纪以来，我国法学研究日渐发展和繁荣，拓展研究领域和深化研究内容成为法学理论研究的客观要求，加速了法学各个分支学科的进一步细化。这在客观上催生了国家安全法学概念的产生，使国家安全法学的理论研究日臻成熟，加速确立国家安全法学作为一门具有自身特色的学科在法学学科体系中的独立地位。可以

---

① 叶青.国家安全法学［M］.北京：北京大学出版社，2023：5.
② 牢固树立认真贯彻总体国家安全观　开创新形势下国家安全工作新局面［N］.人民日报，2017 － 02 － 18（1）.

说，国家安全法学概念的形成，离不开法学理论研究的进步和发展。

其次，在当今世界中，各国之间的政治、经济、军事、外交等关系日新月异。随着经济的发展和科技的进步，我国对国家安全的内涵和外延的理解与界定也必然有所发展。只有与时俱进地更新我们对于国家安全的认识，加强国家安全法学的学科建设，才能更好地维护我国的国家安全。

再次，自 1983 年国家安全部成立以来，我国的国家安全工作逐渐专业化、系统化和规范化，需要有关国家安全方面的法律法规保证国家安全机关各项工作的顺利开展。1993 年《中华人民共和国国家安全法》（已废止）的颁布和实施，为国家安全机关开展工作提供了强有力的法律武器。2014 年 11 月 1 日反间谍法的审议和通过进一步弥补维护国家安全工作中反间谍方面立法的不足。2015 年通过新的国家安全法更为全面和系统，为构建国家安全体系、维护我国国家安全提供了坚实的法律制度保障。国家安全立法的不断完善，为国家安全法学的深入研究提供理论素材和制度支撑。

最后，新时期我国经济建设取得巨大成就，对外交流日益加强，面对国家安全方面的新形势、新任务，我国有关国家安全的工作中出现了许多新问题和新情况，特别是如何应对不断变化的国内、国际形势以维护国家安全，迫切需要理论的指导。国家安全法学的研究作为国家安全立法的先导，是创造国内外稳定环境，实现国家和平与发展的依托和保障。

二、国家安全法学的研究对象

任何一门科学都有其自身特定的研究对象，国家安全法学亦不例外。国家安全法学是一门调整国家安全法律关系的学科，其所涵盖的研究对象非常广泛，既涉及规范本身，又囊括了规范之外的事项；既要直面现实，又不能忽视历史以及未来。根据对国家安全法学理论和实践的研究，通过总结和归纳，国家安全法学的研究对象主要有以下几个方面：

1. 我国现行的国家安全法律规范体系

国家安全法具有特殊性，它涉及的法律关系是多重、复杂的，既包括行政法律关系，又包括刑事法律关系，既包括国内法律关系，也包括国际法律关系。从规范的性质上来看，主体应当是国家安全法，另外还包括宪法、刑法、刑事诉讼法、反恐怖主义法、反间谍法、国家情报法、民族区域自治法、网络安全法、生物安全法、境外非政府组织境内活动管理法和治安管理处罚法等法律法规中有关国家安全的内容。

2. 国家安全法学在我国产生和发展的历史背景

每门学科都是历史的产物，它所研究的范畴也是在历史发展的长河中逐渐形成的。借鉴我国历史上的有益经验，可以达到"古为今用"的目的。因此，对国家安全法学的研究离不开其所处的社会环境。在着眼于对国家颁布实施的国家安全法律规范研究的同时，也要关注党和国家关于国家安全的工作路线、方针和政策的变化与发展。在这一研究过程中，就不能忽视对国家安全法律规范产生的历史背景以及流变的研究。只有在结合各个历史时期不同时代背景的基础上，站在发展的角度去研究国家安全法学的变化，才能更好地掌握国家安全工作的本质要求和内在规律。

3. 国家安全法学基础理论

国家安全涉及政治、经济、文化、历史等方方面面的问题，需要多个学科的理论储备。对国家安全的法律哲学和法律社会学基础以及其他学科与国家安全法学的交叉研究，为国家安全法律规范的制定、改进和完善提供了理论基础。

4. 国家安全法律的运行和实施

"徒善不足以为政，徒法不足以自行。"法律的运行和实施需要良好的外界环境。国家安全法律规范的实施涉及安全防范、情报信息、风险评估、危机管控等各个方面的内容，需要政府有关部门、网络通信企业等单位以及公民个人的配合。为了有效实施国家安全法律，对研究者来说，既要研究国家安全法学的立法目的、立法原则、立法技术和立法程序，又要研究国家安全法律规范在实践中的适用，在贯彻执行中遇到的新情况和新问题，以及解决这些问题的有效对策，以进一步推动国家安全法律规范的修改和完善。

5. 外国的国家安全法律制度

对外国的国家安全法律制度的研究，对于我国当前国家安全法律规范的完善和落实具有重要的比较法意义。介绍和研究西方一些发达国家在维护国家安全实践中的有益做法，吸取其经验教训，可以达到"洋为中用"的目的。

国家安全法学研究的范围十分广泛，既包括各种维护国家安全的法律制度，也包括各领域国家安全的典型案例与事件，还包括国家安全法律意识与观念。开展国家安全法学学习研究，需要调动多领域的知识：在法学领域包括但不限于法理学、宪法学、行政法学、刑法学、国际法学、民法学等；在法学相邻学科，需要了解掌握政治学、管理学、社会学、经济学、历史学、哲学等学科专业的知识与方法。

第二节　国家安全法学的特点、性质及与国家安全法的关系

▶▶ 一、国家安全法学的特点

国家安全法学的特点，是指国家安全法学区别于其他法律学科的特殊方面。国家安全法学是研究有关国家安全法律规范的学科，是在系统、全面地总结我国国家安全的理论与实践，并借鉴和吸取其他国家经验和教训的基础上，对我国国家安全立法和国家安全工作提供决策支持的学科。与其他部门法学相比，国家安全法学有以下几个方面的特点。

1. 政治性

作为上层建筑中最重要的组成部分，国家安全是其他上层建筑存在的前提和基础。国家安全离不开统治阶级的政权建设和国家的主权独立。各种破坏国家安全活动的最终目的，都是针对一国主权。从本质上看，国家安全是一个政治问题。国家安全法学是对国家安全法律规范的研究，究其根本是从维护国家的核心利益出发，全面贯彻落实国家安全的方针政策。因此，国家安全法学天然具有很强的政治性。在我国，维护国家安全的根本任务和目的是保卫人民民主专政的政权和中国特色社会主义制度，保护人民的根本利益，保障改革开放和社会主义现代化建设的顺利进行，实现中华民族伟大复兴。理解我国国家安全法学研究中的政治性，既要注意对总体国家安全观和中央关于国家安全的一系列方针政策的贯彻落实，又要注意为构建和完善国家安全法律制度体系提供框架。

2. 涉外性

国家安全相关部门执法工作涉及国家的内政和外交等诸多方面，具有明显的涉外性，这决定了国家安全法学同样具有较强的涉外性。如何更好地适应国际形势的变化以维护国家安全，是提高维护国家安全工作效率的必然要求。因此，在研究这一法学理论和运用这一法律武器时，要特别注意国家安全法学的涉外性特点，不仅要考虑国际政治斗争形势以及国与国之间的关系，还要考虑到国家的整体利益和长远利益，同时还要考虑国家外交的需要，将法律的原则性和执法工作中的灵活性结合起来。

3. 综合性

国家安全法学涉及维护国家安全方方面面的内容，不仅涉及国家安全、总体国家安

全观等基本概念，还涉及维护国家安全的任务、职责，以及国家安全制度、国家安全保障和公民、组织的义务和权利等。因此，国家安全法学研究，具有总括性和纲领性的特点。同时，国家安全法学的研究对象涉及社会生活的各个领域，与各种各样的社会存在相关，因而需要利用研究这些不同现象学科的已有成果和研究方法来解决国家安全问题。① 国家安全法学是一门需要利用众多学科研究成果和方法来解决国家安全及其相关问题的综合科学。对国家安全法学的综合性特点的把握，能够进一步指导刑事立法和行政立法从而使维护国家安全的工作细化到各个领域，真正落到实处。

4. 公开性与秘密性的统一

国家安全相关部门的具体任务和工作的方式方法具有一定的秘密性，但国家安全法学研究又应当是公开的。因此，如何处理好国家安全工作的秘密性与法学研究的公开性之间的矛盾，就成了国家安全法学的一个研究难点，也是国家安全法学的一个显著特点。在对国家安全法学进行研究的过程中，要注意两种错误的倾向：一是不能过于强调国家安全工作的秘密性，造成国家安全立法和国家安全法学研究的停滞不前，使本该用法律法规加以规范的国家安全事项没有规范，国家安全相关部门的行为更多依赖行政干预而缺少法律上的依据，进而影响国家安全工作的深入开展。二是不能过于强调国家安全法学交流和研究的公开性，而忽略国家安全机关工作的秘密性需要，造成国家安全工作泄密的情况发生。国家安全法学的研究和交流，尤其是在法律刊物和学术交流中公开发表有关国家安全的内容时，应当在不影响国家安全相关部门的工作任务以及维护国家安全工作秘密的前提下，对所要公开的内容加以区别和合理选择，避免造成国家安全工作泄密的情况发生。在依法治国的形势下，国家安全法学研究必须处理好国家安全工作和国家安全法学研究之间的关系。国家安全法学研究不得影响国家安全工作，亦不能以国家安全工作为由过度干预国家安全法学的研究。一方面，国家安全工作的内容要在不泄密的原则下有条件地对法学研究予以公开，同时要在工作实践中提炼出问题，以问题为导向在为研究领域提供实践资料和素材的基础上，向理论领域寻求指导。另一方面要通过国家安全法学研究的开展，不断推动和完善国家安全立法。提高国家安全立法的技术水平，要注重协调和平衡好公开与保密之间的关系，将法律公开性和透明性与国家安全工作特殊性和隐蔽性结合起来，既要解决法律的公开问题，保障公民知情权，也要依据法律做好安全保密工作，保障国家安全工作顺利开展，逐步形成符合国家安全工作实际的国家安全法律体系，为国家相关机关开展国家安全工作提供强有力的法律支撑和服务。②

① 刘跃进. 国家安全学 [M]. 北京：中国政法大学出版社，2004：9.
② 贾宇，舒洪水. 中国国家安全法教程 [M]. 北京：中国政法大学出版社，2021：2-5.

二、国家安全法学的性质

1. 阶级性

法学具有阶级性，从社会发展的历史看，不同阶级的法学有着不同的任务。奴隶主、封建地主或资产阶级法学的任务是维护和巩固剥削阶级的统治，无产阶级法学即马克思主义法学的任务是为无产阶级解放事业和社会主义建设事业服务。国家安全法学研究的是各种国家安全法律现象和法律关系。例如，国家关于国家安全的方针、政策；危害国家安全和利益的各种行为（恐怖主义活动、间谍行为等）及其承担的法律责任；公民、法人或其他社会组织的国家安全意识以及在维护国家安全中的义务和权利；国家安全机关及其工作人员的职权及其法律保护；等等。与环境法学、经济法学、民法学等其他相关法律学科相比，国家安全法学具有更强的阶级性。它的这一性质，不仅是由国家安全和国家安全法律法规的性质和特征决定的，更是由国家安全法学研究的对象和范围决定的。

2. 社会性

法的公共职能的最终目的是维护具有一定阶级关系的社会的存在。所以，法的社会性与法的阶级性是相互统一的。国家安全法学的社会性主要体现在以下两个方面：第一，国家安全法学的内容不是抽象的意志，而是服务于一定社会关系的，国家安全法学是国家安全关系的调节器，能够促进和保护国家安全关系的形成。第二，在现代社会，国家是阶级产物，因此，维护自己与周围人所共同居住的领地和家园，即现代社会的国家安全、民族生存就成为一种本能和责任。国家安全法并不以阶级矛盾的存在为前提，其维系国家与社会成员的安全的作用决定了其社会性的性质，体现了全体社会成员的公共利益和共同意志。从这一角度考虑如何贯彻国家安全法，明确国家安全法学的社会性就显得尤为重要。

三、国家安全法学与国家安全法的关系

法学随着法的出现而出现，是研究法的学问。"法学"这一语词的拉丁文 Jurisprudentia，至少在公元前 3 世纪末罗马共和国时代就已经出现，表示有系统、有组织的法律知识、法律学问。在我国先秦时期则有"刑名法术之学"。我国古代"法学"一词的含义更接近"律学"，与来自近现代西方的"法学"概念有所区别。但总的来说，法是规范体系，法学是研究体系。从上述关系出发，国家安全法学与国家安全法的关系是研究体系与法律规范体系的关系。

（一）国家安全法学与国家安全法的联系

国家安全法学是以国家安全法为主要研究对象的，二者之间具有密切的联系。

1. 国家安全法的产生和发展是国家安全法学产生和发展的重要基础

法学是研究法的学问，脱离了国家安全法空谈国家安全法学是不切实际的。虽然国家安全法学的研究有可能先于国家安全的立法而产生和发展，但从历史发展的总体进程来看，国家安全法学还是立足于国家安全法的发展而发展的。

2. 国家安全法为国家安全法学的研究提供了基础材料和问题导向

国家安全法学主要是以国家安全法律规范作为研究对象，国家安全法律规范的制定和实施为国家安全法学的研究提供了最主要的研究内容。同时，由于立法技术不成熟和法天然的滞后性等原因，国家安全法的立法体系存在不尽完善之处，在法的实施过程中也会出现一些问题，这同样为国家安全法学的研究提供了方向。

3. 国家安全法学研究是促进国家安全法完善的动力

国家安全法因法固有的滞后性等特征，总是无法解决实践中的一些新情况、新问题。针对这些新情况、新问题，寻求更好的解决方案和完善立法，是国家安全法学研究能够发挥积极作用的方面。国家安全法学的深入研究，不仅针对现行国家安全法律规范，还要针对实践中的新问题，立足于古今中外，结合我国的具体国情和国家的核心利益，为国家安全法律规范的完善和发展提出新的解决思路，进一步推动国家安全法的修改和法律体系的完善。

（二）国家安全法学和国家安全法的区别

虽然说国家安全法学是研究国家安全法的学科，但不能简单地认为，国家安全法学只是对国家安全法律规范体系本身进行研究。

国家安全法学作为一门独立的学科，有自己的学科体系。这个体系与国家安全法的体系虽有相似之处，但又有所区别。国家安全法学研究体系不是对法律条文的简单排列或者罗列，而是以研究有关国家安全法的法律规范为主但又不局限于国家安全法律规范所形成的学科体系。

我国现行的国家安全法律规范存在数量不足、空白多、作用不够大等问题，难以覆盖整个国家安全的工作范围。立法研究的完善与深入仍是我国国家安全法学研究的关注焦点。如何配套实施国家安全法所确立的机制，如何衔接反恐怖主义法、网络安全法、反间谍法、国家情报法、境外非政府组织境内活动管理法、核安全法等相关法律，如何统筹考虑完善各个传统安全领域与非传统安全领域中新的问题解决方法和管理体制，是深化国家安全立法建设的前沿命题。

国家安全法学需要研究国家安全法律规范与刑法、刑事诉讼法、行政法律规范等相关法律规范的关系。相关法律规范中涉及国家安全内容的目的和任务均相同，都是更好地维护国家安全以及预防、打击和惩处危害国家安全的违法犯罪行为。因此，国家安全法律规范与其他法律渊源应互为补充、相互支持，形成统一协调的国家安全法律体系。国家安全法学的研究，不仅要注意对国家安全法的研究，更要注意国家安全法与其他法律规范的衔接问题。①

第三节　国家安全法学的研究方法和研究意义

▶▶ 一、国家安全法学的研究方法

国家安全法学的研究方法，同其他社会科学一样，要坚持以马克思主义的辩证唯物主义和历史唯物主义为指导思想。同时，国家安全法学由其研究对象的特殊性所决定，还有不同于其他学科的研究方法。对于国家安全法的研究应坚持以下几种方法。

1. 理论联系实际的方法

理论联系实际是科学研究所遵循的普遍方法。马克思主义哲学告诉我们：理论来源于实践，又指导和推动实践的发展；实践是理论的基础，也是检验理论的唯一标准。美国现代实用主义法学创始人、联邦最高法院法官霍姆斯指出，法律不断演进而从来没有达到一致，这是一个颠扑不破的真理。它永远从生活中汲取新的原则，并总是从历史中保留那些未被删除或未被汲取的东西。只有当法律停滞不前时，它才会达到完全一致。② 国家安全法学是一门理论性、实践性均较强的法律科学，也是一门动态发展的法律科学。在学习过程中，一定要坚持理论和实践相结合，同时应当注重以下问题：第一，对于"实践"应作广义的理解，既包括立法的实践，也包括司法的实践；既包括自己的直接实践，也包括他人的间接实践；既包括从书本上获知的实践案例，也包括来源于现实生活中的活生生的实践。第二，要深刻理解党和国家关于国家安全工作方面的路线、方针、政策，理解有关国家安全法律规范的立法意图和立法精神，并努力将有关国家安全的法律规范同党的路线、方针、政策有机结合起来，特别是对那些暂时不宜公开进行国家安全立法的领域，也需要必要的行政干预。第三，通过学习、研讨等方式对国家安全法律规范和相关政策进行科学研究，将科学研究与国家安全执法工作实践紧密结合，使国家安全执法工作更具有可操作性。第四，国家安全法学理论研究还要注重发现和反映国家安全执法工作的实际需求，不断研究新情

---

① 贾宇，舒洪水. 中国国家安全法教程［M］. 北京：中国政法大学出版社，2021：9.
② 冯玉军，邱婷. 法律的生命不在于逻辑，而在于经验［N］. 人民法院报，2010－08－13（7）.

况、解决新问题，须通过立法解决的问题要及时提出立法建议。只有坚持理论联系实际的方法，掌握我国国家安全工作以及国家安全政策、措施的实践情况，才能学好、学活国家安全法，才能促进和推动国家安全立法和国家安全执法实践的健康发展，才能产生推动国家安全法学理论发展的动力。而正确的、科学的国家安全法学理论研究，又可以服务于国家安全立法和执法实践，为之提供理论上的指导。

2. 历史考察的方法

国家安全法学的学习和研究应当针对国家安全法律规范和法治建设的历史发展来进行。每一门学科形成、发展的历史是该学科确立的基础，国家安全法学的概念和范畴建立在各国历史和不同国情的基础上。自中华人民共和国成立以来，我国有关国家安全的法律规范，经历了从 1993 年的国家安全法到 2014 年的反间谍法，再到 2015 年的国家安全法的发展和变化。只有用历史考察的方法学习国家安全法学，才能增进对我国不同时期国家安全立法、国家安全执法和国家安全理论的掌握、更好地获得规律性的认识，才能避免对国家安全法律规范的机械理解和运用。

3. 比较的方法

比较的方法是通过比较来认识事物的一种方法。运用比较的方法研究问题，是发现真理、发展真理的有效途径。实践证明，人们总是在不同程度上通过比较的方法来获取对事物发展过程的认识。在学习和研究国家安全法的过程中，运用比较的方法主要是对不同法系、不同国家的国家安全法律规范体系、立法特点、国家安全法律规范的具体内容以及国家安全法学学说等进行比较分析和研究。在国家安全法学研究中采用比较研究的方法，有助于借鉴域外国家安全立法、司法以及防范管理方面的成功经验，吸取失败的教训拓宽国家安全法学研究的广度和深度，避免我国国家安全法学的研究走弯路，推动国家安全法学的研究不断深入。

4. 系统论的方法

系统论就是在已经认识到事物本质的基础上，将对象的各方面本质有机地联合成一体的研究方法。系统论与唯物辩证法的全面的、联系的、发展的观点是一致的。系统论的方法是国家安全法学学习的基本方法之一。首先，运用系统论的方法学习国家安全法学，要将国家安全法作为一个子系统与整个国家法制建设的大系统联系起来，以促进国家安全法学的协调发展，推动社会主义法制建设的进一步完善。其次，运用系统论的方法学习国家安全法学，要坚持科学的态度，除了肯定国家安全法学固有的阶级性和政治性外，还应重视其社会性的一面。最后，运用系统论的方法学习国家安全法学，要求将国家安全法学体系中的各个构成要素尽量科学搭配，达到协调一致的发展，这样才能充分发挥学科体系对国家安全工作的指导作用。

5. 规范分析的方法

规范分析的方法是以规范法学为基础的。从法学方法论的角度而言，规范分析的方法以规范法学作为基本立足点，以一定价值判断为基础对法律规范进行完善、解释。规范分析的方法是国家安全法学学习的基本方法之一。学习国家安全法学离不开对我国现行国家安全法律规范的研究，特别是要处理好国家安全法律规范与其他法律法规的关系。只有了解国家安全法律规范同其他法律法规之间的区别和衔接，才能对国家安全法学有全面深入的了解，才能为国家安全法的运行、解释提供基础。

▶▶ 二、国家安全法学的研究意义

首先，国家安全问题是我国重大问题，涉及国家长治久安、人民民主专政政权的巩固、社会稳定、人民安居乐业。国家安全法制建设为国家安全提供重要的法治保障。目前我国国家安全法制正处于逐步完善阶段，这为我国国家安全法学教育提供了系统的研究素材和研究契机。自1993年第一部国家安全法实施以来，反间谍法、国家安全法（2015）、反恐怖主义法、国家情报法、网络安全法等数十部法律纷纷出台。自党的十八大以来，在依法治国战略的指引下，总体国家安全观和国家安全法治理念深入人心，日益深化。为此必须对国家安全的相关法律规范进行系统研究。

其次，通过研究，了解国家安全法学的基础理论与研究方法，初步掌握国家安全法、反间谍法、反恐怖主义法、民族区域自治法、境外非政府组织境内活动管理法、网络安全法、国家情报法、核安全法、测绘法、密码法、数据安全法、个人信息保护法、反外国制裁法等法律和宗教事务条例、新疆去极端化条例等法规，以及其他法律法规规定的主要内容、违法行为、法律责任、处罚等基础知识，为从事国家安全、社会稳定的相关工作打下基础。

再次，培养普通公民运用国家安全法学的相关理论及基础知识，分析和初步解决涉及国家安全与社会稳定的问题的能力。

最后，增强全民维护国家安全的意识。深刻认识到国家安全事关国家核心利益。维护国家安全、荣誉和利益，是每个公民的神圣义务。任何危害国家安全的行为必将受到法律追究。

【思考题】

1. 谈谈对"国家安全"定义的理解。

2. 如何认识国家安全法学的研究对象、性质与特点？

第二章　国家安全法的历史与理论

国家安全观念是一国在一定时期内对国家安全认识水平的反映。国家安全立法，随着不同时期国家安全观念的变化，呈现出不同的特点，国家安全法律实践又深化着一国对国家安全概念的认知。国家安全理论与法治实践之间的相互作用，推动着对国家安全认识的不断升华，一定程度上决定了一国要走什么样的国家安全道路。本章分为三节，对我国国家安全法的历史与理论进行阐释。

第一节　中国国家安全法立法简史

一、我国古代国家安全立法

国家是居于统治地位的阶级利用手中的权力建立的社会关系。为维护整个社会的运转，国家必然要行使维护统治及社会管理的职权。法律是统治阶级意志的体现，主要目的就是保护统治阶级的统治地位。在国家安全方面的立法也是如此。尤其在古代，统治者往往通过国家安全立法巩固政权。从历史角度考察我国的国家安全立法，发现法律的演变过程是有一定的规律与原则的。研究国家安全法的历史，需要特别注意不同历史时期关于危害国家安全犯罪罪名的规定。

（一）奴隶社会时期

原始社会初期没有国家的概念，安全问题主要是全体社会成员防御其他部落或氏族。原始社会末期国家产生，但并没有明确的律条惩治危害国家安全的犯罪，保护国家的安全。奴隶社会后期，奴隶主与奴隶阶级的对立开始出现。这一时期依旧没有关于国家安全的立法。危害国家安全的行为，更多的是基于权力斗争或领土扩张的目的做出的。国家生存发展的主题是维护以政治安全为主的国家安全。

据《左传·哀公元年》记载："使女艾谍浇，使季杼诱豷，遂灭过、戈，复禹之绩。"约公元前20年，夏朝帝王少康派女子艾到敌人浇之处进行间谍活动，以此灭掉过国和戈国。小的窃密活动，叫"间"，大的窃密活动叫"谍"。由此可知，我国早在夏代少康时期使用间谍进行国家之间的斗争，没有确立间谍犯罪，但已是可考证的危害国家安全犯罪中间谍犯罪的雏形。

在商、周时期，国家暴力机器逐步建立并完备，危害国家安全的行为逐渐被统治阶级明确规定为最严重的犯罪，并以重刑处罚。《左传·昭公六年》载："夏有乱政，而作禹刑；商有乱政，而作汤刑；周有乱政，而作九刑。"由此得出"有乱政"成为当时立法的指导思想。立法目的在于维护国家安全和政权稳定，西周后期国家安全异化为维护统治者权位安全，成为以皇家为核心的政治安全。为此，统治阶级对危害政权犯罪的刑罚愈发严酷。周厉王时期，国人在背后议论他，便构成死罪。为防止奴隶们聚众生事，危及国家政权，先秦之前的统治者还规定"众庶"，"奚隶"，聚众出入者，皆处死刑。《尚书·盘庚》还列有"颠越不恭"罪，这种犯罪危及统治者政权的稳定，被处以重刑①。

（二）封建社会时期

1. 秦汉时期

公元前221年，秦统一六国，建立了我国历史上第一个统一的中央集权的封建国家。秦始皇充分认识到维护皇权是秦代法制的首要任务。秦代以来的封建社会逐渐将国家安全问题化为"维护其一姓之天下万世永存"。所谓"治国平天下"的理念，事实上讲是为皇家的统治服务。封建社会国家安全构成要素中，政治安全始终处于首位。秦朝是以皇帝为最高权威的封建专制国家。凡是反抗和触犯秦朝阶级统治和基本政治制度的言与行，都是危害政权的犯罪。谋反在当时是最严重的犯罪。此外，还有操国事不道；泄露皇帝行踪、住所、言语机密，偶语诗书、以古非今；诽谤、妖言、诅咒、妄言；投书、步行、军令；等等②。

在汉朝时期，随着封建经济、政治的发展，出现一系列的新罪名，但侵害君主及皇权安全是最为严重的危害国家类犯罪。如韩信、英布、彭越等人，因谋反见诛；吴王刘濞等七国进行叛乱，或被迫自杀身亡，或被俘后处以极刑，诛及家属；李陵投降匈奴被诛，老母年高犹不免一死。在危害国家政权的罪名设置方面，主要有：（1）欺谩、诋欺、诬罔罪。"欺谩"是对皇帝不忠、欺骗、轻慢的行为；"诋欺"是对皇

---

① 王京健. 国家安全法学教程 [M]. 北京：中国社会出版社，2008：30 – 31.
② 曾宪义. 中国法制史 [M]. 北京：北京大学出版社，2000：74 – 75.

帝的毁辱行为；"诬罔"是对皇帝诬蔑欺罔的行为。（2）反逆罪，即谋反和大逆罪。谋反是危及汉朝政权的最严重犯罪。汉高帝十一年（公元前 196 年），淮阴侯韩信谋反，夷三族；梁王彭越谋反，夷三族。汉景帝时，晁错因所谓的大逆不道，本人被腰斩，"父母妻子同产无少长皆弃市"。（3）群盗罪及相关罪。群盗罪，即成群结伙的反抗活动，多指农民起义。这种严重对抗封建统治的行为无疑要受到严厉镇压。对于隐藏"群盗"罪人者，汉律中还规定了"首匿"罪，并处以重刑。为起义农民通情报、做向导者，汉律规定为通行饮食罪，处以大辟刑罚（斩首）。汉武帝时，"以法诛通行饮食，坐相连郡，甚者数千人"。东汉也有"通行饮食，罪致大辟"的规定。另外，对缉捕不力的官吏，也处刑极重。据汉武帝"沈命法"规定："群盗起不发觉，觉而弗捕满品者，二千石以下至小吏主者皆死。"（4）投降罪。降敌罪本人处死，并株连其家；投书罪者，弃市。

2. 隋、唐时期

经过三国两晋南北朝三四百年的分裂割据之后，中国封建社会发展到隋唐，已进入鼎盛时期，中国封建法律的发展也进入了定型化阶段，对于国家安全的立法更加完备化。在隋、唐时期，关于危害国家安全方面的犯罪规定得尤为详尽，处刑之重仍为各罪之首。

隋承继了北齐的"十罪"制度，并将十种重罪更名为"十恶"。《隋书·刑法志》载："又置十恶之条，多采后齐之制，而颇有损益。一曰谋反，二曰谋大逆，三曰谋叛，四曰恶逆，五曰不道，六曰大不敬，七曰不孝，八曰不睦，九曰不义，十曰内乱。犯十恶及故杀人狱成者，虽会赦，犹除名。"恶是罪之重者，隋的"十恶"概念更能反映这十类犯罪的本质特征。其中，谋反、谋大逆、谋叛是主要的危害国家安全的犯罪。需要注意的是，隋律改北齐"反逆"为"谋反"，改"大逆"为"谋大逆"，并将"降""叛"两种重罪合为"谋叛"。隋律在"反逆""大逆""降""叛"等重罪之前冠以"谋"字（指在未着手实施时即认为是犯罪），将"降""叛"合为"谋叛"一罪，更全面地体现了这类犯罪对封建王朝危害的严重程度，反映了立法的进步。

唐律随隋制，依据"十恶"律注，危害政权安全的犯罪主要表现为谋反罪、谋大逆罪、谋叛罪。（1）谋反罪。"谋反，谓谋危社稷。"其实际上是预谋危害皇帝，谋划反对皇权和推翻封建国家政权的行为，因而居于"十恶"之首。盘踞山泽，揭竿而起，则认为是反。（2）谋大逆罪。谋大逆，"谓谋毁宗庙、山陵及宫阙"，指谋划毁坏皇帝宗庙、陵墓及宫殿的行为。"谋反"和"谋大逆"同罪，但"谋大逆"只限于绞的死刑。① （3）谋叛罪。谋叛指背叛原来的封建王朝，私通和投奔敌人的行

---

① 宁汉林，魏克家. 中国刑法简史［M］. 北京：中国检察出版社，1997：69 - 70.

为。"背"与"叛"字异义同。"谋叛"这一犯罪，仅次于"谋反""谋大逆"。(4)其他涉及危害封建国家安全及皇帝权威的犯罪。在唐律中还有妖书妖言、隐匿谋反逆叛、诬告谋反逆叛、制造御用品有误、宿卫人员失职、祭祀不如法、盗毁大祀神物、上书误犯神讳、指斥乘舆、无人臣之礼、泄露机密等危害国家安全的犯罪。

3. 明清时期

明朝时期危害国家安全方面的罪名主要还是以三谋，谋反、谋大逆、谋叛为重。这类犯罪直接危害封建统治，严重动摇封建统治的政治基础、经济基础。统治者认为此类犯罪非重罚不足以止奸。明太祖朱元璋目睹了元代亡国，认识到"元政弛极，豪杰蜂起，皆不修法度以明军政"①。在明朝建国之后，明刑弼教和重典治国成为明代立法和维护国家安全的指导思想，依此原则，制定了《大明律》《明大诰》等法律。明朝以"猛"治国，刑法极其严酷，规定了诸如凌迟、诛族、剥皮、弃市、阉割为奴等酷刑。对于直接危害封建统治、封建君主的犯罪，明律与唐律相比，处刑普遍加重。

在清朝时期，危害国家安全方面的罪名，主要涉及以下几个种类：①反逆罪。谋反是指不利于国，谋大逆是指不利于君。该罪仍被明朝、清朝列为十恶大罪之首，凡其谋者主犯、从犯，已行、未行均凌迟处死；正犯的祖父、父、子孙、兄弟、同居之人（不论同姓、异姓）及伯叔父、兄弟之子，不限是否析产、户籍之异同，也不论笃疾废疾，男年十六以上皆斩，十五以下及母女妻妾、子之妻妾均入宫为奴，财产入宫。总的来说，对反逆罪的处刑，明重于唐，清重于明。②奸党罪。具体包括下列三种罪名：一是执左道乱朝政罪。内侍官挟私"嫉贤妒能"，借皇帝忌讳之事或人主之隐私，激怒其感情以达杀人之目的；对罪该处死的官员、大臣等掩盖事实，捏造情节，"巧言进谏"，以求免死者，均处斩刑。在朝官员，交结朋党，紊乱朝政者，则不分首从，皆斩。二是交结近侍官员罪。法律禁止内官及内侍人员与外官相互勾结，违反以致泄露朝廷机密者，皆斩。三是上言大臣德政罪。衙门官吏、平民上书皇帝，赞扬大臣"善政美德"，均按奸党论罪。《大清律例》中涉及危害国家政权及皇室安全的犯罪还有侵犯帝室罪、泄露军情大事罪、私越冒渡关津罪等。②

我国现代意义上的国家安全法的雏形是《大清新刑律》，刑律中规定的危害国家安全的犯罪主要有侵犯皇室罪、内乱罪、外患罪、妨碍国交罪、泄露机务罪等。自此，危害国家安全的犯罪开始与普通危害社会安全的犯罪相剥离。

---

① 谷应泰. 明史纪事本末 [M]. 北京：中华书局，1977：189.
② 王京建. 国家安全法学教程 [M]. 北京：中国社会出版社，2008：34-35.

▶ 二、我国近现代国家安全立法

（一）北洋军阀时期至国民党政权时期

北洋军阀统治时期危害国家安全方面的罪名，是在《大清新刑律》所规定的基础上不断确定的，沿袭的特点比较突出，在危害国家安全罪方面，仅删去了"侵犯皇室罪"，其余基本保留。

国民党政权建立之初，一度沿用北洋政府时期的《暂行新刑律》。1927年3月30日，武汉国民政府公布了我国近代史上第一部惩治反革命罪的法律——《反革命罪条例》。条例第一条规定："凡意图颠覆国民政府，或推翻国民革命之权力而为各种敌对行为者，以及利用外力，或勾结军队，或使用金钱，而破坏国民革命之政策者，均为反革命行为。"1928年，国民党政府公布了《中华民国刑法》，1935年又修正公布了新的《中华民国刑法》。关于危害国家安全的犯罪，国民党政府的刑法典主要规定有以下几种：①内乱罪，包括普通内乱罪和暴动内乱罪两种。前者是指意图破坏国体，窃据国土，或以非法之方法变更国宪、颠覆政府的行为。后者为普通内乱罪的加重犯，是指以暴动的方法犯普通内乱罪的行为。②外患罪，共包括14个罪名，即通谋开战罪，通谋丧失领域罪，直接敌对民国罪，单纯助敌罪，加重助敌罪，战时不履行军需契约罪，战时过失不履行军需契约罪，泄露或交付国防秘密罪，公务员过失泄露或交付国防秘密罪，刺探或收集国防秘密罪，侵入军用处所建筑物罪，私与外国订约罪，处理对外事务违背委任罪，伪造、变造或毁匿国权书证罪。③妨害国交罪，包括侵害友邦元首或外国代表罪、违背局外中立命令罪、侮辱外国国旗罪等。

除此之外，国民党统治时期，还颁布了大量的单行刑事法规。例如，1931年的煽动叛乱法、1936年的公共秩序法、1940年的叛国法等。这些单行的刑事立法增设了反革命罪、危害民国罪、叛乱罪、妨害国家总动员罪、盗匪罪等危害国家安全的犯罪。国民党政府如此繁密的立法，完全体现了国民党政权对外投敌卖国、对内残酷镇压中国共产党和革命人民的反动本质。

（二）中国共产党领导下人民政权（根据地）时期

中国共产党自1921年7月1日成立后，就高举反对帝国主义、反对封建主义、反对买办资产阶级的旗帜，并注意运用刑法这一锐利武器，同国内外反动势力及一切犯罪分子进行不懈的斗争。1925年"五卅"运动后，针对帝国主义派遣间谍侦探或策动工贼对罢工进行破坏活动，省港罢工工人代表大会和省港罢工委员会以及特别法庭于1925年7月公布了《省港罢工委员会纠察队应守的纪律》，其中规定，"纠察队要负责镇压一切反革命行为"，"队员发现敌人间谍及侦探时，不得任意去殴打，即送队本部审讯处分"。根据现有史料考证，它是我国革命刑法史上最早提出反革命罪的主要文献之一。

1931 年 11 月，中华苏维埃共和国成立后，先后由地方和中央政府制定了许多刑事法规，主要是对于反革命罪的惩治和打击。1931 年 12 月 13 日，中央执行委员会通过了第六号训令，规定了对反革命罪犯的处理原则。1934 年 4 月 8 日，中华苏维埃共和国中央执行委员会总结几年来各地与反革命罪犯作斗争的经验，正式公布了《中华苏维埃共和国惩治反革命条例》，这是第二次国内革命战争时期最为典型、影响最大的刑事法规，共四十一条。其中第二条规定："凡一切图谋推翻或破坏苏维埃政府及工农民主革命所得到的权力，意图保持或恢复豪绅地主资产阶级的统治者，不论用何种方法，都是反革命行为。"该条例还列举了组织反革命武装侵犯苏维埃领土、组织反苏维埃暴动等 28 种反革命罪行。

抗日战争时期，抗日根据地刑事法规内容繁多。由于抗日救国的特殊时期，法规的主要目的是惩治汉奸特务。1939 年，在中国共产党领导下，陕甘宁边区政府出台了《陕甘宁边区抗战时期惩治汉奸条例》共 13 条，其中第三条规定，凡有下列行为之一者，即以汉奸论罪，其中列举的 18 项具体罪行，涵盖了企图颠覆革命政府、破坏人民抗日运动或抗战动员者，进行各种侦控间谍及一切秘密特务工作者，组织及领导土匪、扰乱活动者，等等。解放战争时期，除继续执行抗日战争时期的既定方针外，我党根据新形势发展的需要，做了一些补充规定。例如，1947 年《中国人民解放军宣言》提出，本军对于蒋方人员并不一概排斥，而是采取分别对待的方针，即"首恶者必办，胁从者不问，立功者受奖"。1949 年《华北人民政府重大案件量刑标准的通报》规定，凡危害新生新民主主义国家及由国家所制定的法律程序，或危害个人权益致对社会有严重影响者，即为犯罪。犯罪处罚以及危害国家、社会、人民之利益的严重与否，即为科刑之标准。在此期间，面对国民党蒋介石反动统治的崩溃，我党在加强国家安全立法的同时，还镇压了相关的反革命分子。上述措施在中华人民共和国建立的征程中迈出了具有重要意义的一步。

（三）1949 年之后的国家安全立法时期

1949 年后的国家安全立法可以分为四个阶段：

1983 年之前为奠基阶段。此阶段尤其是中华人民共和国成立初期，维护国家安全的突出任务，就是保卫新生的人民政权。因此，打击反革命成为国家安全立法的重点。1949 年，中国人民政治协商会议第一届全体会议通过了具有临时宪法的《中国人民政治协商会议共同纲领》，规定了镇压反革命活动，严惩战犯、反革命主要分子内容。1951 年，据此制定颁布了《中华人民共和国惩治反革命条例》；1952 年 7 月，公安部颁布了《管制反革命分子暂行办法》。在保护国家秘密方面，1951 年，政务院颁布了《保守国家机密暂行条例》。这些条例，对于保卫新生的人民政权发挥了积极作用。但限于时代局限性，特别是在贯彻实践中，客观上造成了镇压反革命运动和反革命罪扩大化的倾向。

1983 年至 1993 年为起步阶段。1983 年，全国人民代表大会决定在国务院下设专门的反间谍机关，即国家安全部。1983 年 9 月 2 日第六届全国人民代表大会常务委员会第二次会议通过相关决定，明确国家安全机关承担原来由公安机关主管的间谍、特务案件的侦查工作，可以行使宪法和法律规定的侦查、拘留、预审和执行逮捕的职权，解决了国家安全部建部之初"无法可依"的问题。1987 年，外交部、最高人民法院、最高人民检察院、公安部、国家安全部、司法部共同出台了《关于处理涉外案件若干问题的规定》，明确了解决相关涉外案件的指导方针。这一时期，国家安全部亦组织专门力量研究国家安全法的立法问题。经过长达十年的酝酿，1993 年 2 月 22 日，第七届全国人大常委会第三十次会议审议通过了《中华人民共和国国家安全法》。在当时形势下，这一法律的出台，既满足了维护国家安全工作的需要，又贴合了社会主义法治建设的总体形势，为国家安全立法开启了新局面。

1994 年至 2013 年为探索阶段。国家安全法（1993 年）颁布一年后，国务院颁布出台了《中华人民共和国国家安全法实施细则》。1997 年新修订的《中华人民共和国刑法》，将"反革命罪"更名为"危害国家安全的犯罪"，使危害国家安全这一罪名更加明确。与此同时，一批涉及国家安全工作的配套法规，如《中华人民共和国邮政法》《中华人民共和国保守国家秘密法》《中华人民共和国出境入境管理法》也为国家安全立法提供了有益补充。一些地方也纷纷通过地方性法规、行政规章等地方立法的形式进一步完善了国家安全立法体系。特别值得一提的是，2005 年 3 月 14 日，第十届全国人民代表大会第三次会议全票通过了《反分裂国家法》，有力震慑了"台独"分裂势力的嚣张气焰，起到了良好的政治效果。

2014 年至今为跨越式发展阶段。以习近平同志为核心的党中央高度重视依法维护国家安全工作，要求"把法治贯穿于维护国家安全的全过程"。2014 年 11 月 1 日，第十二届全国人大常委会第十一次会议审议通过了《中华人民共和国反间谍法》，1993 年版的国家安全法同时废止。2015 年 7 月 1 日第十二届全国人大常委会第十五次会议通过了新的国家安全法。之后，我国相继出台了一系列重要的维护国家安全的法律法规。可以说，国家安全立法进入了"快车道"和"黄金期"。

第二节 总体国家安全观

当前，中华民族伟大复兴展现出光明前景，国家安全形势保持总体稳定、缓和、向好的基本态势，但同时也面临前所未有的挑战，影响国家安全的风险和危险日渐增多、日趋复杂。针对国家安全形势变化出现的新特点、新趋势，为构筑更为坚固的国家安全屏障，必须以全新的理念思考国家安全，以全局的视角定位国家安全，以整体的思路规划国家安全。总体国家安全观是以习近平同志为核心的党中央对国家安全理论和实践的重大创新，体现了党和国家奋力开创国家安全工作新局面的战略智慧和使命担当。

▶ 一、形成背景

总体国家安全观的形成，既有客观的现实需求，也有深厚的思想土壤，反映了我国国家安全工作面临的新形势、新任务。

面对错综复杂的国际环境和艰巨繁重的国内改革发展稳定任务，中国共产党带领全国各族人民顽强拼搏开拓创新，奋力开创了党和国家事业发展的新局面。我国的经济实力、科技实力、国防实力、国际影响力又上了一个新台阶。在经济方面，经济结构优化，发展动力转化，发展方式转变。在科技方面，一批重大科技成果已达到世界先进水平。在国防方面，强军兴军成就显著。在外交方面，全方位外交取得重大进展，对外开放不断深入。与此同时，城镇化水平稳步提高，居民收入不断增长；依法治国得到加强，廉政建设明显改观；开展社会主义核心价值体系建设，国家文化软实力不断增强。

同时，我国也面临多重挑战。作为世界上最大的发展中国家，我国人均国内生产总值的世界排名不高，发展中的不平衡、不协调、不可持续问题依然突出，城乡发展差距和居民收入差距依然较大。科技创新能力不强、产业结构不合理，农业基础薄弱，部分行业产能过剩，重大安全事故频发。基本公共服务供给不足，人口老龄化加快，消除贫困任务艰巨。法治建设有待加强，领导干部的思想作风和能力水平有待进一步提高，党风廉政建设和反腐败斗争形势依然严峻。在一些地区，群体性事件时有发生，加之境外势力的渗透，维护社会和谐稳定和国土安全的任务艰巨。再加上环境污染和资源高消耗问题，我国的生态安全和资源安全也面临严峻挑战。这些矛盾叠加，风险隐患与危险挑战增多，要求我们必须不断开拓国家安全工作新局面，新境界。

当今世界正发生广泛深刻的变化，新机遇与新挑战层出不穷。各种国际战略力量不断分化组合，国际体系加速演变调整。世界经济在曲折复苏，新一轮科技革命和产业变革蓄势待发，全球治理体系深刻变革，这些都影响着国家面临的安全挑战以及维护安全的方式。世界大战暂时不会出现，但局部战争威胁一直存在。民族宗教矛盾，边界领土争端复杂多变，冲突不止、危机频发仍是一些地区的常态。非传统安全威胁上升，引发国际社会高度重视。各国已就气候变化、恐怖主义、网络安全、能源与粮食安全、经济发展、金融危机、重大传染性疾病等全球性挑战，在联合国这一平台开展各种国际合作。在应对地区冲突、环境恶化、自然灾害等原因导致的人道主义问题，世界各国和国际组织的解决能力在不断加强。分析世界格局变化，在充分估计国际斗争和矛盾的尖锐性、国际秩序重建的长期性的同时，也要看到世界和平与发展的时代主题、国际体系变革方向不会改变。

中国与世界的关系正发生历史性变化。自加入世界贸易组织（WTO）以来，我国逐步成为全球最大贸易国，是日本、俄罗斯、韩国等国家的最大贸易伙伴。同时，我国对外投资规模也迅速扩大，尤其在能源等大宗商品的进口上，我国对外部的依赖性与日俱增。随着我国国家利益迅速拓展，海外中国公民的人身及财产安全，国家在境外的政治、经济及军事利益，驻外机构及驻外公司企业的安全，对外交通运输线及运输工具安全成为维护国家安全的重要目标。我国也积极参加地区和全球的安全治理。中国是联合国安理会常任理事国，也是派遣维和人员最多的国家。我国海军在亚丁湾执行护航任务，为维护国际航道安全作出重要贡献。在解决气候变化、核扩散等地区与全球性问题过程中，中国发挥了不可替代的作用。中国提出共同建设"一带一路"倡议，倡导建立金砖国家新开发银行、亚洲基础设施投资银行，推动建立以合作共赢为核心的新型国际关系，在与世界一道前进的潮流中赢得了统筹发展与安全的战略主动。

应该认识到，我国作为一个发展中大国，仍面临多元复杂的安全威胁，生存安全问题和发展安全问题、传统安全威胁和非传统安全威胁相互交织。周边安全环境复杂多变，既有海洋权益争端，又有陆地领土争端。民族分离主义，敌对势力颠覆活动等因素造成威胁，"台独"势力及其分裂活动威胁到台海局势稳定，其他分裂势力不甘沉寂，各种反华势力对国家统一的威胁仍然存在。非传统安全威胁不容忽视，国际和地区局势动荡，恐怖主义、海盗活动、重大自然灾害和疾病疫情、海外能源资源战略通道安全以及海外利益安全等问题凸显。因此，应增强危机意识和忧患意识，充分评估外部环境的各种安全风险和挑战。

从传统上看，我国数千年来，和平、和睦、和谐的"和文化"深深扎根于中华民族的精神世界之中。古代的政治家大多遵循"恩威并施、以恩为本"的规训，在"战"与"和"的选择中总体倾向于"和"，在"和""恩""德""礼"的教化影响下，促进了民族融合，并接近理想目标"天下太平、世界大同"。中国古人处理"中国"与"周边国家"关系的实践，被称为"朝贡体系"。这种模式下，"礼仪之邦""厚往薄来"，与周边关系和睦，多不干涉周边国家内政。古代安全战略思想在今天仍有现实意义。

1949 年以后，党中央始终重视国家安全问题，形成不同时期国家安全战略思想。毛泽东时代明确国家安全的首要任务是保卫社会主义政权、国家独立以及国家主权和领土完整。重视国防建设的经济基础，认为"只有经济建设发展得更快了，国防建设才能够有更大的进步"①。在注重主权安全的同时，毛泽东时代也强调国际主义，在国际关系中提出和平共处五项原则：互相尊重主权和领土完整、互不侵犯、互不干涉内政、平等互利、和平共处。20 世纪 80 年代中后期，邓小平提出，世界战争危险不再迫近，和平与发展是世界的两大主题。邓小平认为，国家安全不仅包括军事和政治安全，也包括经济和科技安全，要高度重视国内的内部安全："中国的问题，压倒一切的是需要稳定。没有稳定的环境，什么都搞不成，已经取得的成果也会失掉。"②20 世纪 90 年代之后，党中央提出新安全观，逐步将其确立为我国解决国际安全问题的核心理念。江泽民指出："反对一切形式的霸权主义和强权政治。国际社会应树立以互信、互利、平等、协作为核心的新安全观，努力营造长期稳定、安全可靠的国际和平环境。"③ 这种新安全观意味着，各领域安全、国内安全与国际安全相互联系，不可分割。进入 21 世纪后，党中央提出构建和谐世界的主张。胡锦涛曾指出："要用更广阔的视野审视安全，维护世界和平稳定。"④ 总体上看，新安全观的视野开阔，强调合作和共同安全，反映我国在新的国际格局中对自身安全利益与国际安全目标新的认知与政策主张。

▶ 二、内涵与外延

所谓总体国家安全观，就是站在国家全局高度，统筹把握国际国内因素，兼顾各领域安全形势来审视国家安全而形成的一系列观点、理念和战略方针。⑤ 总体国家安

---

① 毛泽东. 毛泽东文集（第七卷）［M］. 北京：人民出版社，1999：27.
② 邓小平. 邓小平文选（第三卷）［M］. 北京：人民出版社，2009：284.
③ 江泽民. 江泽民文选（第三卷）［M］. 北京：人民出版社，2006：298.
④ 胡锦涛. 同舟共济　共创未来：在六十四届联大一般性辩论时的讲话［N］. 人民日报，2009 - 09 - 25 (2).
⑤ 贾宇，舒洪水. 中国国家安全法教程［M］. 北京：中国政法大学出版社，2021：36.

全观是党中央在准确把握中国国家安全形势新特点、新趋势的基础上提出的重大战略思想。

党的十八大以来，党中央丰富和发展了国家安全理论，主要包括：强调坚持维护国家主权安全、发展利益，推进建设文化强国、网络强国和新型大国关系，构建中国特色现代军事力量体系，搭建强有力的国家安全工作统筹平台。还有推动海洋强国建设，推进区域安全合作，阐明核安全观，等等。这些发展，涉及国家安全利益问题、安全战略目标问题和实现安全的手段保证问题。

2013 年 11 月，党的十八届三中全会决定成立中央国家安全委员会，完善国家安全体制和国家安全战略，确保国家安全。2014 年 1 月 24 日，中央政治局召开会议，研究决定中央国家安全委员会设置。这表明党中央从顶层设计层面重视国家安全管理、提升国家安全治理水平。

2014 年 4 月 15 日，习近平总书记主持召开中央国家安全委员会第一次会议，指出："我们党要巩固执政地位，要团结带领人民坚持和发展中国特色社会主义，保证国家安全是头等大事。……建立集中统一、高效权威的国家安全体制，加强对国家安全工作的领导。"① 这标志着总体国家安全观首次正式提出，为开创国家安全工作新局面指明了方向。

2017 年，党的十九大将坚持总体国家安全观纳入新时代坚持和发展中国特色社会主义的基本方略，并写入党章。2020 年，习近平总书记在主持第十九届中央政治局第二十六次集体学习时，对总体国家安全观作出全面、系统、完整的论述，阐明了新时代国家安全工作的总体目标，提出"十个坚持"的要求。2022 年，党的二十大提出必须坚定不移贯彻总体国家安全观，并进一步明确"推进国家安全体系和能力现代化，坚决维护国家安全和社会稳定"。

总体国家安全观是一个富有中国特色的安全概念。习近平指出，当前我国国家安全内涵和外延比历史上任何时候都要丰富，时空领域比历史上任何时候都要宽广，内外因素比历史上任何时候都要复杂，必须坚持总体国家安全观。② 总体国家安全观对国家安全的内涵和外延的概括，可以归结为五大要素、五对关系和十个坚持。

（一）五大要素

就是以人民安全为宗旨，以政治安全为根本，以经济安全为基础，以军事、文化、社会安全为保障，以促进国际安全为依托。以人民安全为宗旨，就是要坚持以民

---

① 习近平．习近平谈治国理政［M］．北京：外文出版社，2014：200．
② 习近平：坚持总体国家安全观，走中国特色国家安全道路［EB/OL］．（2015 - 07 - 20）［2024 - 07 - 17］．http：//cpc．people．com．cn/n/2014/0415/c64094 - 24899781．html．

为本、以人为本，坚持国家安全一切为了人民，一切依靠人民，真正夯实国家安全的群众基础。以政治安全为根本，就是要坚持中国共产党的领导和中国特色社会主义制度不动摇，将政权安全、制度安全放在首要位置，为国家安全提供根本政治保证。以经济安全为基础，就是要确保国家经济发展不受影响，促进经济持续稳定健康发展，提高国家经济实力，为国家安全提供坚实物质基础。以军事、文化、社会安全为保障，就是要注意这些领域面临的大量新情况新问题，遵循不同领域国家安全的特点和规律，建立完善强基固本、化险为夷的各项对策措施，为维护国家安全提供硬实力和软实力保障。以促进国际安全为依托，就是要始终不渝走和平发展道路，在注重维护本国安全利益的同时，注重维护共同安全，推动建设持久和平、共同繁荣的和谐世界。上述五大要素，清晰地反映了国家安全的内在逻辑关系。

（二）五对关系

就是既重视外部安全，又重视内部安全，强调外部安全与内部安全彼此联系，相互影响；既重视国土安全，又重视国民安全，强调国土安全和国民安全存在有机的统一；既重视传统安全，又重视非传统安全，强调传统安全威胁与非传统安全威胁相互影响，并在一定条件下可能相互转化；既重视发展问题，又重视安全问题，强调发展和安全是一体之两面，只以其中一项为目标，两个目标均不可能实现；既重视自身安全，又重视共同安全，强调全球化和相互依赖使得中国和世界的安全已密不可分。也就是说，国家安全是一个不可分割的安全体系。每一个要素虽各有侧重，但是都必然、必须与其他要素相互联系、相互影响。上述五对关系，准确反映了辩证、全面、系统的国家安全理念，是对传统安全理念的超越。

（三）十个坚持

2018 年 4 月 17 日，习近平在十九届中央国家安全委员会第一次会议上指出："全面贯彻落实总体国家安全观，必须坚持统筹发展和安全两件大事，既要善于运用发展成果夯实国家安全的实力基础，又要善于塑造有利于经济社会发展的安全环境；坚持人民安全、政治安全、国家利益至上的有机统一，人民安全是国家安全的宗旨，政治安全是国家安全的根本，国家利益至上是国家安全的准则，实现人民安居乐业、党的长期执政、国家长治久安；坚持立足于防，又有效处置风险；坚持维护和塑造国家安全，塑造是更高层次更具前瞻性的维护，要发挥负责任大国作用，同世界各国一道，推动构建人类命运共同体；坚持科学统筹，始终把国家安全置于中国特色社会主义事业全局中来把握，充分调动各方面积极性，形成维护国家安全合力。"①

---

① 习近平：全面贯彻落实总体国家安全观 开创新时代国家安全工作新局面［EB/OL］．（2018 - 04 - 17）［2023 - 09 - 12］．https：//baijiahao．baidu．com/s？id = 1597996973643007973&wfr = spider&for = pc．

2020 年 12 月 11 日，中共中央政治局就切实做好国家安全工作举行第二十六次集体学习。习近平强调坚持系统思维构建大安全格局，为全面建设社会主义现代化国家提供坚强保障，并对贯彻总体国家安全观提出十点要求：一是坚持党对国家安全工作的绝对领导，坚持党中央对国家安全工作的集中统一领导，加强统筹协调，把党的领导贯穿到国家安全工作各方面全过程，推动各级党委（党组）把国家安全责任制落到实处。二是坚持中国特色国家安全道路，贯彻总体国家安全观，坚持政治安全、人民安全、国家利益至上有机统一，以人民安全为宗旨，以政治安全为根本，以经济安全为基础，捍卫国家主权和领土完整，防范化解重大安全风险，为实现中华民族伟大复兴提供坚强安全保障。三是坚持以人民安全为宗旨，国家安全一切为了人民、一切依靠人民，充分发挥广大人民群众积极性、主动性、创造性，切实维护广大人民群众安全权益，始终把人民作为国家安全的基础性力量，汇聚起维护国家安全的强大力量。四是坚持统筹发展和安全，坚持发展和安全并重，实现高质量发展和高水平安全的良性互动，既通过发展提升国家安全实力，又深入推进国家安全思路、体制、手段创新，营造有利于经济社会发展的安全环境，在发展中更多考虑安全因素，努力实现发展和安全的动态平衡，全面提高国家安全工作能力和水平。五是坚持把政治安全放在首要位置，维护政权安全和制度安全，更加积极主动做好各方面工作。六是坚持统筹推进各领域安全，统筹应对传统安全和非传统安全，发展国家安全工作协调机制作用，用好国家安全政策工具箱。七是坚持把防范化解国家安全风险摆在突出位置，提高风险预见、预判能力，力争把可能带来重大风险的隐患发现和处置于萌芽状态。八是坚持推进国际共同安全。高举合作、创新、法治、共赢的旗帜，推动树立共同、综合、合作、可持续的全球安全观，加强国际安全合作，完善全球安全治理体系，共同构建普遍安全的人类命运共同体。九是坚持推进国家安全体系和能力现代化，坚持以改革创新为动力，加强法治思维，构建系统完备、科学规范、运行有效的国家安全制度体系，提高运用科学技术维护国家安全的能力，不断增强塑造国家安全态势的能力。十是坚持加强国家安全干部队伍建设，加强国家安全战线党的建设，坚持以政治建设为统领，打造坚不可摧的国家安全干部队伍。

五大要素、五对关系和十个坚持是理解总体国家安全观的关键所在。这就要求我们必须全面地、准确地理解总体国家安全观的丰富内涵，辩证地看待国家安全外延的创新发展，从全局和战略的高度审视国家安全问题，统筹好不同领域，不同性质的安全工作，形成维护国家安全的强大合力。

▶▶ 三、总体国家安全观的地位和作用

（一）地位

总体国家安全观是新形势下党中央对我国面临的各种安全问题、安全挑战的系统

回应，是马克思主义时代化、中国化在安全领域的最新体现，是推进国家治理体系和治理能力现代化的重大理论成果，是指导新时期国家安全工作的纲领性思想，标志着党和国家对国家安全问题的理论认识提升到了新的高度。概言之，总体国家安全观是中国国家安全理论的最新成果。

总体国家安全观认为，国家安全是整体、系统的。不同领域的安全相互联系、相互作用。例如，国家政治安全与国家领土安全密切相关，领土不完整，国家就无政治安全可言。要实现经济安全，不但需要以政治安全、军事安全和社会安全为前提，还要以科技安全、网络安全和资源安全为支撑。恐怖主义带来的安全问题体现了境内与境外安全威胁的交织，恐怖主义活动可能发生在任何时间、任何地点，不受边界限制，因此解决此类安全问题需要系统应对。国家间的军事政治对抗属传统安全领域，但因对抗所引发的货币战、贸易战、能源冲突则属于非传统安全领域。生态安全属于非传统安全问题，但水体、空气的跨境污染，可能导致国家间关系紧张并带来传统的政治安全问题。再如，社会不稳定，金融体系发生危机，科技不安全，发展就会出问题；发展出问题，社会就会动荡，国防建设必将受影响，安全便会出问题。面对生态环境恶化、气候变化、资源枯竭等问题，不是一国可以独自解决的，需要开展国际合作，参与全球治理，谋求共同安全。

总体国家安全观认为，国家安全是总体，全面的。其涵盖的领域，既包括政治安全、国土安全、军事安全等传统安全领域，也包括经济安全、文化安全、社会安全、科技安全、网络安全、生态安全、资源安全、核安全、海外利益安全等非传统安全领域。还需要关注太空、深海、极地等新型安全领域。只有全面认识安全的问题领域，才能够真正理解国家安全的属性与特点。对于影响安全的因素按照总体国家安全观要求，既要关注战争冲突、政治颠覆、情报窃密、分裂破坏、恐怖袭击、文化渗透等人为因素，也要关注地缘环境、气候变化等自然因素；既要关注国际局势、时代主题、经济转型等宏观因素，也要关注实现安全的各种具体因素。对于实现国家安全的途径，总体国家安全观强调工作体制机制和法制建设，涉及军事、政治、外交、情报等领域，同时也要求经济、文化教育、社会等领域建立相应工作机制；既重视军事攻防、情报保障、外交斡旋等手段，也重视经济发展、社会和谐、文化交流、科技进步等手段。

总体国家安全观认为，国家安全是可持续的。谋求国家安全，不是权宜之计，而是为了长治久安。国家面临的安全问题短期内难以消失，甚至有可能发生复杂变化，因此维护国家安全必定是一个持续的过程。要实现国家安全状态的可持续，必须统筹当前和长远，针对各种突出问题开展机制化和常态化的综合治理。当然，总体国家安全观也非常重视可持续发展，重视生态安全和资源安全，强调生态环境保护，要以可持续发展促进可持续安全。

（二）作用

基于总体国家安全观对国家安全的准确认知，其地位和作用主要有以下两个方面：

1. 总体国家安全观是指导国家安全工作的强大思想武器

在新的时代，要有效维护国家安全必须以总体国家安全观为指导，增强忧患意识，强化底线思维，有效防范管理、应对国家安全风险。要统筹国内国际两个大局，对内要凝聚民心增强信心，维护国家长治久安；对外要争取良好外部条件，维护国家主权、安全和发展利益，维护国家统一，争取各国友好支持，扩大国际伙伴关系网络。

2. 总体国家安全观是保障实现中华民族伟大复兴的新理念

我国已经进入实现中华民族伟大复兴的关键阶段，既面临发展机遇，也面临困难和挑战。安全是国家生存与发展的必要条件。党的二十大报告指出，国家安全是民族复兴的根基，社会稳定是国家强盛的前提。历史经验表明，国家安全失去保障，中华民族就无法掌握自己的命运；也只有保障好国家安全，中华民族才能更加顺利地走上复兴之路。总体国家安全观以实现中国梦为重要目标。我国正处于由"大"向"强"跃升发展的新起点，唯有全面的安全保障，方能从"将强未强"跨越到"全面强盛"。民族复兴的领域越全面，对国家安全的需求就越广泛。践行总体国家安全观，是实现中华民族伟大复兴的中国梦的坚强保障。

第三节　中国特色国家安全道路

"国家安全是民族复兴的根基　社会稳定是国家强盛的前提。"党的十八大以来，以习近平同志为核心的党中央高度重视国家安全问题，强调坚持总体国家安全观，走中国特色国家安全道路。国家安全工作能不能掌握主动权，迈上新高度，道路选择是关键。走中国特色国家安全道路，是顺应国家安全形势新变化，创造国家安全工作新局面，推进国家治理体系和治理能力现代化的迫切需要。新时代新征程，我们要继续坚定不移走好这条道路，确保中国式现代化行稳致远。

▶ 一、中国特色国家安全道路的重大意义

中国特色国家安全道路本质上是中国特色社会主义道路在国家安全领域的具体体

现，是党领导人民维护国家安全和社会稳定的唯一正确道路。我们要深切领悟其极端重要性，以高度的政治自觉和历史主动精神进一步走好这条道路。

首先，走中国特色国家安全道路是维护国家安全历史结晶和根本成就的必然要求。百余年来，我们党所付出的一切努力、进行的一切斗争、作出的一切牺牲，都是为了践行初心使命，其中包括维护人民的安全、国家的安全。特别是党的十八大以来，以习近平同志为核心的党中央准确把握国家安全形势变化新特点新趋势，创造性地提出坚持总体国家安全观，走出一条中国特色国家安全道路。可以说，中国特色国家安全道路是一百多年来党领导人民维护国家安全的历史结晶和根本成就，我们必须倍加珍惜、始终坚持。

其次，走中国特色国家安全道路是以高水平安全保证高质量发展的必然要求。高质量发展是全面建设社会主义现代化国家的首要任务。与之相应的，以高水平安全保证高质量发展的任务也更重了。习近平指出："推动创新发展、协调发展、绿色发展、开放发展、共享发展，前提都是国家安全、社会稳定。没有安全和稳定，一切都无从谈起。"要清醒地看到，我们发展得越好、发展质量越高，越容易引来"虎狼"的觊觎，越需要筑牢国家安全的钢铁长城。新征程上推动高质量发展，更加离不开安全的发展环境，更加需要走中国特色国家安全道路，把安全发展贯穿国家发展各领域和全过程，努力建久安之势、成长治之业。

最后，走中国特色国家安全道路是防范系统性风险、避免颠覆性危机的必然要求。坚持走中国特色国家安全道路，归根结底是为了确保中华民族伟大复兴进程不被迟滞甚至中断。新征程既充满光荣和梦想，也充满风险和挑战，各种矛盾风险挑战源、各类矛盾风险挑战点相互交织、相互作用，如果防范不及、应对不力，就会传导、叠加、演变、升级，使小的矛盾风险挑战发展成大的矛盾风险挑战，局部的矛盾风险挑战发展成系统的矛盾风险挑战，国际上的矛盾风险挑战演变为国内的矛盾风险挑战，经济、社会、文化、生态领域的矛盾风险挑战转化为政治矛盾风险挑战。必须以赶考的清醒和坚定走好中国特色国家安全道路，为强国建设、民族复兴提供坚实安全保障。①

二、中国特色国家安全道路的重要特征

中国特色国家安全道路具有许多重要特征，集中表现为"五个坚持"②。

---

① 刘光明. 坚定不移走中国特色国家安全道路 [N]. 解放军报，2023 - 09 - 11 (7).
② 中共中央宣传部，中央国家安全委员会办公室. 习近平新时代中国特色社会主义思想学习纲要（2023年版）[M]. 北京：学习出版社，2023：234 - 235.

第一，坚持党的绝对领导，完善集中统一、高效权威的国家安全工作领导体制，实现政治安全、人民安全、国家利益至上相统一。这是党的领导作为中国特色社会主义最本质特征和最大制度优势在中国特色国家安全道路上的必然反映。要坚持党中央对国家安全工作的集中统一领导，完善高效权威的国家安全领导体制，把党的领导贯穿到国家安全工作各方面全过程，实施更为有力的统领和协调。建立健全党委统一领导的国家安全工作责任制，强化维护国家安全责任，做到守土有责、守土尽责，努力实现党的长期执政、人民安居乐业、国家长治久安。

第二，坚持捍卫国家主权和领土完整，维护边疆、边境、周边安定有序。这是军事手段作为维护国家安全保底手段在中国特色国家安全道路中的有力彰显。要全面加强练兵备战，提高人民军队打赢能力，加强军事力量常态化多样化运用，坚定灵活开展军事斗争，塑造安全态势，遏控危机冲突，打赢局部战争。要周密组织边境管控和海上维权行动，坚决维护领土主权和海洋权益，筑牢边海防铜墙铁壁。加快边疆发展，推进兴边富民，稳边固边，确保边疆巩固、边境安全。继续妥善处理同有关国家的分歧和摩擦，在坚定捍卫国家主权、安全、领土完整的基础上，努力维护同周边国家关系和地区和平稳定大局。

第三，坚持安全发展，推动高质量发展和高水平安全动态平衡。这是"统筹发展和安全两件大事"、把握高质量发展和高水平安全辩证统一关系对走中国特色国家安全道路的原则性要求。要坚持发展和安全并重，实现高质量发展和高水平安全的良性互动，既通过发展提升国家安全实力，善于运用发展成果来夯实国家安全的基础，又深入推进国家安全思路、体制、手段创新，营造有利于经济社会发展的安全环境，在发展中更多考虑安全因素，努力实现发展和安全动态平衡。

第四，坚持总体战，统筹传统安全和非传统安全。这是"坚持系统思维，构建大安全格局"在中国特色国家安全道路上的集中体现。必须坚持科学统筹，加强战略性、系统性、前瞻性研究谋划，统筹推进各项安全工作，始终把国家安全置于中国特色社会主义事业全局中来把握，充分调动各方面积极性，形成维护国家安全合力。构建系统完备、科学规范、运行有效的国家安全制度体系，确保国家安全体系和能力同国家治理体系和治理能力现代化进程相适应。坚持统筹推进各领域安全，构建集各领域安全于一体的国家安全体系。

第五，坚持走和平发展道路，促进自身安全和共同安全相协调。这是落实全球安全倡议、倡导"共同、综合、合作、可持续的安全观"在中国特色国家安全道路上的投射。面对错综复杂的国际安全威胁，单打独斗不行，迷信武力更不行，合作安全、集体安全、共同安全才是解决问题的正确选择。要高举和平、发展、合作、共赢的旗帜，加强国际安全合作，共同构建普遍安全的人类命运共同体，实现普遍安全和共同安全。坚持尊重各国主权和领土完整、不干涉别国内政，坚持遵守联合国宪章宗旨和原则，坚持重视各国合理安全关切，坚持通过对话协商以和平方式解决国家间的分歧和争端。

▶ 三、走中国特色国家安全道路的方式方法

党的十八大以来，以习近平同志为核心的党中央，对走中国特色国家安全道路面临的一系列重大关系作出深邃思考和睿智运筹，为我们推进维护国家安全的实践提供了"金钥匙"。

第一，把推进伟大斗争和坚持稳中求进统一起来。坚持走中国特色国家安全道路，必须进行伟大斗争。同时也要看到，维护国家安全所进行的斗争，是为了妥善应对强国征途上面临的各种风险挑战，确保中国特色社会主义巍巍巨轮行稳致远。这就要求我们在走中国特色国家安全道路的进程中，必须把伟大斗争和稳中求进统一起来。要坚持用好灵活机动、敢斗善斗的策略方法，与时俱进创新斗争艺术，做到敢于斗争和善于斗争结合、加强预防和应对极端并举。要讲求斗争方法，根据形势需要把握时度效，坚持有理有利有节，合理选择斗争方式、把握斗争火候，善于在灵动运用规律、科学运用方法中应对风险挑战、夺取斗争胜利、捍卫国家利益。

第二，把打总体战和打攻坚战统一起来。走中国特色国家安全道路，既要坚持系统思维，打总体战，也要打好防范化解重大风险攻坚战。坚持把系统思维的观照对象从国家安全领域拓展到国家发展领域，以更为宏大的视野、更为完善的思路来统筹推进国家安全，以新安全格局保障新发展格局。同时，也要有聚力攻坚的准备，把困难估计得更充分一些，把风险思考得更深入一些，做好经济上、政治上、文化上、社会上、外交上、军事上各种斗争的准备，既要有防范风险的先手，也要有应对和化解风险挑战的高招；既要打好防范和抵御风险的有准备之战，也要打好化险为夷、转危为机的战略主动战，确保中国式现代化顺利推进。

第三，把战略的坚定性和策略的灵活性统一起来。习近平总书记关于中国特色国家安全道路的一系列重要论述，为我们指明了维护国家安全的正确方向和路径，必须坚定看齐、全面对表、坚决落实。要把战略的坚定性和策略的灵活性统一起来，使中国特色国家安全道路在实践中越走越宽广。坚持在强国建设、民族复兴的大目标下认识和把握走中国特色国家安全道路的战略部署，切实把思想和行动统一到党中央决策部署上来。同时，要针对具体情况因时因地制宜，运用灵活的策略和方法，采取有力有效的具体步骤和措施，确保党中央维护国家安全的战略举措落到实处。

第四节　推进国家安全体系和能力现代化

2022 年 10 月 16 日，中国共产党第二十次全国代表大会开幕。党的二十大报告指出，国家安全是民族复兴的根基，社会稳定是国家强盛的前提。必须坚定不移贯彻总体国家安全观，把维护国家安全贯穿党和国家工作各方面全过程，确保国家安全和社会稳定。本节主要从"健全国家安全体系"对党的二十大报告的第十一部分"推进国家安全体系和能力现代化，坚决维护国家安全和社会稳定"进行相关阐释。

▶ 一、健全国家安全体系

二十大报告指出，要坚持党中央对国家安全工作的集中统一领导，要完善高效权威的国家安全领导体制。国家安全是牵一发而动全身，所以要有高效权威的国家安全领导体制。要强化国家安全工作协调机制，完善国家安全法治体系、战略体系、政策体系、风险监测预警体系、国家应急管理体系，完善重点领域安全保障体系和重要专项协调指挥体系，强化经济、重大基础设施、金融、网络、数据、生物、资源、核、太空、海洋等安全保障体系建设，健全反制裁、反干涉、反"长臂管辖"机制。中国随着从大到强，各种力量对中国的干涉、打压、遏制会上升，所以我们要积极预防，要健全反制裁、反干涉、反"长臂管辖"机制，要完善国家安全力量布局，构建全域联动、立体高效的国家安全防护体系。这里面核心词就是体系。

（一）完善国家安全法治体系

国家安全法治体系是国家安全的法律长城。2014 年以来，我国先后颁布实施了中华人民共和国反间谍法、新版的国家安全法、反恐怖主义法、境外非政府组织境内活动管理法、网络安全法、国家情报法、核安全法、香港特别行政区维护国家安全法、生物安全法、数据安全法、反外国制裁法、个人信息保护法等法律。我国逐渐完善了国家安全的法治体系，就法律长城的构建不仅有而且强有力。如反外国制裁法，我们不仅反外国制裁，根据情况我们也可以实行相应的制裁，有效维护国家安全。

（二）完善国家安全战略体系、政策体系

国家安全战略体系建设同党的领导是不矛盾的，而且党的领导，集中高效权威统一的领导是战略体系、政策体系的关键。2014 年 1 月，中央国家安全委员会正式成立，这是国家安全战略体系的中枢、大脑。中央国家安全委员会成立后逐步完善国家

安全的战略文件体系、政策体系。2015 年 1 月，中共中央政治局审议通过了《国家安全战略纲要》。2021 年 11 月 18 日，十九届六中全会闭幕一周后，中共中央政治局召开会议审议《国家安全战略（2021—2025 年)》。这十年我国的国家安全战略文件体系也先后落地成型，逐渐日臻完善。

（三）健全反制裁、反干涉、反"长臂管辖"机制

2023 年两会期间，总书记指出，过去五年我国发展的外部环境急剧变化，不确定、难预料因素显著增多，尤其是以美国为首的西方国家，对我国实施了全方位的遏制、围堵、打压，给我国发展带来前所未有的严峻挑战。

美方对华所谓全方位遏制、围堵、打压，在法治领域集中表现为法律战，以各种名目、五花八门的法律与行政令为幌子，大搞胁迫外交，大搞制裁、干涉与"长臂管辖"。中国外交部官网 5 月发布《美国的胁迫外交及其危害》重磅报告，以翔实的统计数据与现实案例，论证美国以《反海外腐败法》《敌国贸易法》《以制裁反击美国敌人法》等一系列国内法并炮制连串行政令，直接对特定国家、组织或个人实施制裁，任意扩大美国内法管辖范围，滥用国内司法诉讼渠道，对其他国家实体和个人大搞"长臂管辖"。

所以，中国最新通过的对外关系法，包括此前通过的反外国制裁法，以及不可靠实体清单是我们针对单边主义、保护主义与霸凌行径，依法行使反制裁、反干涉、反"长臂管辖"的正当权利，提供了法律依据与武器。2023 年颁布并实施的《中华人民共和国对外关系法》第三十三条明文规定，对于违反国际法和国际关系基本准则，危害中华人民共和国主权、安全、发展利益的行为，中华人民共和国有权采取相应反制和限制措施。

二、增强维护国家安全能力

本部分内容就是增强维护国家安全的能力。识别领域只是起点，识别出哪些领域风险高之后的工作就是能力建设。能力建设也要坚持系统观念，它是个系统的集成。

（一）以政治安全为根本

就安全能力建设来说，最重要的就是坚定维护国家政权安全、制度安全、意识形态安全。政权安全、制度安全、意识形态安全也被称为国家安全中政治安全的三要素。政治安全是根本，没有这个根本一切都无从谈起。政权安全，人民民主专政；制度安全，中国特色社会主义制度。这两者放到一起就不会走封闭僵化的老路，也不会走改旗易帜的邪路。意识形态安全就是坚持马克思主义在意识形态的指导地位，是为国家立心、为民族立魂的工作。对一个大国来讲，科技军事没有很强的话，面临敌人来的时候，可能会一攻就破，但是意识形态价值观，精神力量不强的话，可能的情况就是没有外敌，不攻自破。要坚持马克思主义在意识形态的指导地位，同时也强调要结合中华民族的优秀传统文化，"两个结合"做好了就可以赢得主动。

第一是坚定维护国家政权安全、制度安全、意识形态安全。要加强重点领域的安全能力建设，每一个领域都有安全能力建设的问题，特别是在当前的形势下，要确保粮食、能源资源、重要产业链供应链安全，加强海外安全保障能力建设，维护我国公民、法人在海外的合法权益，维护海洋权益，坚定捍卫国家主权、安全、发展利益。第二是要提高防范化解重大风险的能力，严密防范系统性安全风险，严厉打击敌对势力渗透、破坏、颠覆、分裂活动。安全能力还包括国家安全教育能力。要全面加强国家安全教育，提高各级领导干部统筹发展和安全的能力，增强全民国家安全意识和素养，筑牢国家安全人民防线。所以安全教育包括各级领导干部的安全意识和素养教育，也包括我们国家公民的安全意识和素养教育，就是两方面的教育要齐头并进。

（二）以经济安全为基础

重点领域当中一个基础性的工作就是经济安全，经济安全是基础。就处理好发展的问题而言，要实现高质量发展，高质量发展是全面建设社会主义现代化国家的首要任务，发展是党执政兴国的第一要务。没有坚实的物质技术基础，就不可能全面建成社会主义现代化强国。发展是党执政兴国的第一要务。所以党的二十大报告在经济建设中强调五项工作重点：构建高水平社会主义市场经济体制，建设现代化产业体系，全面推进乡村振兴，促进区域协调发展，推进高水平对外开放。

（三）以促进国际安全为依托

中国是一个大国，我们同国际社会的联系很多，在海外有很多项目、资产、人员。目前，我们在国（境）外共设立对外直接投资企业 4.5 万家，境外企业从业人员 361 万，外方雇员 218 万，中方员工 142 万。在海外的项目、资产、人员、留学生、华人华侨众多，必须维护我国国家公民、法人在海外的合法权益。这些重点领域要做好安全工作，提升安全能力。

▶ 三、提高公共安全治理水平

坚持安全第一、预防为主，建立大安全大应急框架，完善公共安全体系，推动公共安全治理模式由事后处置向事前预防转型。推进安全生产风险专项整治，加强重点行业、重点领域安全监管。提高防灾减灾救灾和重大突发公共事件处置保障能力，加强国家区域应急力量建设。强化食品药品安全监管，健全生物安全监管预警防控体系。也包括要加强个人信息保护。数据安全是侧重于一个静态的数据安全状态，而网络安全偏向于动态的安全。现在我们生活在一个数据互联的世界当中，稍有不慎不仅损害个人的安全，可能也损害国家的安全。如智能网联汽车特斯拉，车外有测绘系统，有 8 个摄像头；有 12 个雷达，微波雷达、毫米波雷达；车内有音视频监控系统，有摄像头、有麦克风，有远程更新和远程控制系统，还有车辆数据传输和集中管理系统。它所带来的风险，包括重要场所的精细测绘，1 辆车上 8 个摄像头、12 个雷达，开到重要场所后精细测绘实时完成。车内有监控系统、车辆远程在线控制及车辆传感运行数据采集。它给人们带来便利的同时又对个人的信息包括隐私，甚至国家安全带来一些风险。2021 年 8 月 20 日通过的《中华人民共和国个人信息保护法》第十条规定，任何组织、个人不得非法收集、使用、加工、传输他人个人信息，不得非法买卖、提供或者公开他人个人信息。2021 年，全国公安机关共破获侵犯公民个人信息案件 9800 余起，抓获犯罪嫌疑人 1.7 万余名。很多人收集信息后然后批量卖出信息。滴滴公司通过违法手段收集用户剪切板信息、相册中截图信息、亲情关系信息，严重侵犯个人隐私。从违法处理个人信息数量看，公司违法处理个人信息达 647 亿条，数量巨大，其中包括人脸识别信息、精准位置信息、身份证号等多类敏感个人信息。2022 年 7 月，国家互联网信息办公室依据国家网络安全法、数据安全法、个人信息保护法等法律规定，对滴滴处人民币 80.26 亿元的罚款。①

▶▶ 四、完善社会治理体系

健全共建共享共治的社会治理制度，提高社会治理效能。在社会基层坚持和发展新时代的"枫桥经验"，完善正确处理新形势下人民内部矛盾机制，加强和改进人民信访工作，畅通和规范群众的诉求表达、利益协调、权益保障通道，完善网格化管理、精细化服务、信息化支撑的基层治理平台，健全城乡社会治理体系，及时把矛盾纠纷化解在基层、化解在萌芽状态。加快推进市域社会治理现代化，提高市域社会治理能力。强化社会治安整体防控，推进扫黑除恶常态化，依法严惩群众反映强烈的各类违法犯罪活动。建设人人有责、人人尽责、人人享有的社会治理共同体。新时代的"枫桥经验"精髓和本质的要求即正确处理新形势下人民内部矛盾，畅通渠道，处理好维权与维稳的关系，把矛盾化解在基层，化解在萌芽状态。

【思考题】

1. 谈谈对"推进国家安全体系和能力现代化"的理解。

2. 总体国家安全观的内涵、外延、地位、作用是什么？

---

① 昨夜今晨：滴滴回应 80 亿元处罚　微信内测打车出行服务［EB/OL］．（2022 - 07 - 22）［2023 - 09 - 25］．https://www.163.com/dy/article/HCSH8QL70511CTRI.html.

第三章　国家安全法制体系

　　法制，一般是指法律制度体系的简称，包括一个国家的全部法律、法规以及立法、执法、司法、守法、法律监督等主要内容①。与法治相对，法制体系强调的是呈静态的法律本身的体系构成和法定制度的运转机制，也就是说，法制体系是指由一国现行的全部法律规范按照不同与法律部门分类组合而形成的一个体系化的、有机联系的统一整体。党的十八大以来，我国在国家安全领域立法取得重大成就，已初步形成具有中国特色的国家安全法律法规制度体系。因此，本章重点在于解读国家安全法制体系主要内容，从国家安全法制建设基本情况、体系构成等视角阐释科学内涵，进一步强调深入学习掌握国家安全法律知识，切实提升国家安全工作的法治化水平，是做好新时代国家安全工作的迫切要求。

第一节　我国国家安全法制体系的构成

　　党的十八大以来，我国在国家安全法律法规建设方面成绩斐然。2015 年 7 月 1 日，国家安全法正式颁布实施，标志我国国家安全法制建设进入了快车道。据不完全统计，近年来，与国家安全直接相关的法律有 45 部，与国家安全直接相关的行政法规有 60 部，与国家安全治理有关的法律法规有 200 余部。地方性法规和地方政府规章这一层级的规范，也有不少涉及国家安全管理事项。

　　从功能和地位分析，纳入国家安全法律体系的各部法律在性质与地位上各有不同。依据各法体现国家安全相关问题的程度不同，可将国家安全法律体系的类别划分

---

① 中国社会科学院语言研究所词典编辑室．现代汉语词典（第 7 版）［M］．北京：商务印书馆，2018：355.

为国家安全综合性法律、专门国家安全法律、关涉国家安全法律三种。① 国家安全综合性法律即国家安全法，是我国国家安全体系建设制度化、法治化的集中体现和重要保障。专门国家安全法律包括国防法、反分裂国家法、保密法、戒严法、反间谍法、反恐怖主义法、国家情报法等等。关涉国家安全法律包括中国缔结或加入的有关国家安全的国际公约；我国多部法律中涉及国家安全的内容；中央军委系统颁行了诸多军事法规和军事规章；国家安全主管部门及相关中央国家机关颁行了一系列具有较强操作性的部、委、局行政规章；很多地方颁行了适用于各省、自治区、直辖市、特别行政区的国家安全地方性法规与地方政府规章等。这些或集中或分散的立法，共同构成了中国国家安全法律规范体系。

我国国家安全法和其他相关法律都是社会主义经济基础之上的上层建筑和国家意志的体现，它们既互相分工，又互相配合，共同为维护国家的安全和利益、保卫人民民主专政的政权和我国社会主义制度以及保障改革开放和社会主义现代化建设的顺利进行服务。因此，国家安全法与其他相关法律既有着密切的内在联系，又有着不同的调整对象和调整方法。

一、宪法中有关国家安全的规定

作为国家的根本大法，宪法是国家安全法的立法依据和权力来源。宪法在总纲以及公民的基本权利和义务章节均涉及国家安全的内容，国家安全法律规范均是对宪法中相关条文的具体化。

首先，宪法在序言中规定了宪法最高的法律效力，是其他法律制定的依据。党的十八大以来，习近平主席提出依法治国首先要依宪治国，依法执政首先要依宪执政，突出了宪法在国家治理中的重要地位。依法维护国家安全作为全面依法治国的重要组成部分，势必要在宪法的统领下展开维护国家安全的工作。宪法②在总纲第二十八条中规定"国家维护社会秩序，镇压叛国和其他危害国家安全的犯罪活动"；第二十九条中规定："中华人民共和国的武装力量属于人民，它的任务是巩固国防，抵抗侵略，保卫祖国，保卫人民的和平劳动，参加国家建设事业，努力为人民服务。"总纲章节的规定强调了宪法打击危害国家安全犯罪，维护国家安全的决心。宪法在公民的基本权利与义务一章规定，公民依据宪法享有通信自由和通信秘密受法律保护的权利，同时也作出例外规定，即因国家安全或追查刑事犯罪的需要，公安机关或检察机关可以依照法定程序对通信进行检查；第五十一条规定公民行使权利和自由时，不得

---

① 李竹，肖君拥. 国家安全法学 ［M］. 北京：法律出版社，2019：33.
② 除有特别规定外，均指《中华人民共和国宪法》（2018 年修正文本）。

危害国家利益。另外，该章还规定了公民应当承担维护国家统一和民族团结，保守国家秘密，维护祖国安全、荣誉和利益，保卫祖国、抵抗侵略的义务。宪法中有关国家安全的规定构成了国家安全立法的基础，国家安全立法是对宪法中相关条款的具体展开。

▶▶ 二、刑事法律中有关国家安全的规定

刑事法律是指与刑事案件相关的法律法规的总称，包括刑法、刑事诉讼法、司法解释等。这里主要解读刑法和刑事诉讼法中有关国家安全的规定。

（一）刑法

刑法是规定什么行为属于犯罪以及对犯罪行为给予何种刑罚处罚的法律规范的总称。我国刑法在 1997 年修订时，首次将"反革命罪"更名为"危害国家安全罪"，标志着刑法中国家安全概念的正式形成。应当注意的是刑法危害国家安全罪中的"国家安全"与"总体国家安全观"中的国家安全在概念上并非等同，刑法只是规定了国家安全问题的一部分，对于非传统安全领域的规定还是要国家安全专门性法律进行规制。

《中华人民共和国刑法》①（以下简称"刑法"）第二条规定："中华人民共和国刑法的任务，是用刑罚同一切犯罪行为作斗争，以保卫国家安全，保卫人民民主专政的政权和社会主义制度，保护国有财产和劳动群众集体所有的财产，保护公民私人所有的财产，保护公民的人身权利、民主权利和其他权利，维护社会秩序、经济秩序，保障社会主义建设事业的顺利进行。"从这一规定可以看出，维护国家安全是我国刑法的首要任务。这是因为，国家的安全、社会的稳定是我国改革开放和现代化建设的根本保证，人民民主专政的政权和社会主义制度，是我国人民在中国共产党的领导下，经过长期艰苦卓绝的革命斗争所取得的革命胜利成果，是全国人民的根本利益所在。危害国家安全的犯罪分子总是把希望集中在推翻人民民主专政的政权和社会主义制度上，国外敌对势力的一切渗透、颠覆和"和平演变"活动也无不把目标集中在这个根本问题上。对于犯罪分子危害国家安全、敌视和破坏我国社会主义建设的罪行，应给予无情的打击。否则，就不可能有效地保护国家和人民的利益，社会主义现代化建设和中华民族伟大复兴就不可能顺利进行。为此，我国刑法的打击锋芒首先指向危害国家安全罪，并把它列为我刑法分则的第一章，规定用更严厉的刑罚手段予以处罚，以保卫我国的人民民主专政政权和社会主义制度。在我国刑法分则第一章

---

① 除非特别指出，书中所引均为 2020 年 12 月 26 日修正后的版本。

"危害国家安全罪"这个总罪名下，具体规定了背叛国家罪，分裂国家罪，煽动分裂国家罪，武装叛乱、暴乱罪，颠覆国家政权罪，煽动颠覆国家政权罪，资助危害国家安全犯罪活动罪，投敌叛变罪，叛逃罪，间谍罪，为境外窃取、刺探、收买、非法提供国家秘密、情报罪，资敌罪等罪名。此外，在刑法分则第二章"危害公共安全罪"的总罪名下，规定了放火罪，决水罪，爆炸罪，投毒罪，以危险方法危害公共安全罪，组织、领导、参加恐怖组织罪等。在第六章"妨害社会管理秩序罪"的总罪名下，规定了非法获取国家秘密罪，非法持有国家绝密、机密文件、资料、物品罪，非法生产、销售间谍专用器材罪，非法使用窃听、窃照专用器材罪，非法侵入计算机信息系统罪，破坏计算机信息系统罪，扰乱无线电通讯管理秩序罪等。在第九章"渎职罪"的总罪名下，规定了故意泄露国家秘密罪，过失泄露国家秘密罪等。由此可见，刑法与国家安全法在维护国家安全方面是相辅相成、互为补充的。

（二）刑事诉讼法

刑事诉讼法是规定审理刑事案件程序的法律。《中华人民共和国刑事诉讼法》（以下简称"刑事诉讼法"）的任务，是保证准确、及时地查明犯罪事实，正确运用法律，惩罚犯罪分子，保障无罪的人不受刑事追究，教育公民自觉遵守法律，积极同犯罪行为作斗争，以维护社会主义法制，保护公民的人身权利、财产权利、民主权利和其他权利，保障社会主义建设事业的顺利进行。我国刑事诉讼法共分为四编：总则，立案、侦查和提起公诉，审判，执行。该法对各种刑事案件的全部诉讼过程，包括侦查、拘留、预审、批准逮捕和检察（包括侦查）、提起公诉、审判、执行等各方面的权力、原则、法律程序等作出了明确的规定。国家安全法与刑事诉讼法的关系。是实体法与程序法的关系。对各种危害国家安全的犯罪行为，都是通过刑事诉讼程序来追究其刑事法律责任的。2018 年修订并施行的刑诉法第一条明确规定"保障国家安全和社会公共安全，维护社会主义社会秩序"，并且在第四条中规定了国家安全机关办理刑事案件的职权。对于危害国家安全犯罪和恐怖活动犯罪的案件，刑事诉讼法规定了特别的程序，例如在案件级别管辖上，危害国家安全和恐怖活动犯罪案件由中级人民法院一审管辖；涉及国家安全犯罪和恐怖活动犯罪的，侦查期间辩护律师会见犯罪嫌疑人，需要经侦查机关许可；辩护律师对委托人相关信息保密的例外规定等。国家安全法也具体规定了国家安全机关相应的刑事执法权。办理危害国家安全的刑事案件，必须依据刑事诉讼法规定的程序，正确、合理、有效地惩治危害国家安全的犯罪，维护国家的安全和利益。

三、行政法中有关国家安全的规定

行政法是调整国家行政关系的法律规范的总称。行政机关的外部关系，一是行政机关同其他国家机关（国家权力机关、军事机关、审判机关和法律监督机关）之间的关系，这种关系是不同职能约机关之间的关系；二是行政机关与其行使行政职能中的相对一方，即相对人（包括公民、法人和其他组织）之间的关系，这种关系属于命令与服从的关系。从我国现行行政法律、法规和国家安全法的内容来看，国家安全法与行政法也是相辅相成、互为补充的关系。一方面，诸多行政法律、法纪中有关于保守国家秘密和维护国家安全的规定，如 2018 年修订的《中华人民共和国公务员法》第十四条第二款规定："忠于国家，维护国家的安全、荣誉和利益。"第五款规定："保守国家秘密和工作秘密。"2020 年修订的《中华人民共和国专利法》第四条规定："申请专利的发明创造涉及国家安全或者重大利益保密的，按照国家有关规定办理。"第七十八条规定："违反本法第十九条规定向外国申请专利，泄露国家秘密的，由所在单位或者上级主管机关给予行政处分；构成犯罪的，依法追究刑事责任。"另一方面，国家安全法律中也有一些内容属于行政法律规范，如国家安全机关的性质、职责和权利，行政权的行使、监督，行政处罚，等等。由此可以看出，行政法与国家安全法中的一些规定和内容是一致的，而且也是相辅相成、互为补充的关系。

另外，行政法中还有一大类是行政法规。目前在国家安全领域现行有效的行政法规有 9 部，另有部门规章 2987 部。① 内容涵盖国家安全的各个领域，这些行政法规包括《国家科学技术奖励条例》《中华人民共和国反间谍法实施细则》《中华人民共和国保守国家秘密法实施条例》《中华人民共和国国家安全法实施细则》等。例如，反间谍法实施细则（2017 年 11 月 22 日公布）中明确了反间谍法中"境外机构、组织""间谍组织代理人""敌对组织"的具体含义及间谍行为的具体表现。第二章规定了国家安全机关在反间谍工作中的职权，第三章规定公民和组织维护国家安全的义务和权利，第四章规定公民和组织违反规定要承担的法律责任。该条例将反间谍法中规定具体化，在反间谍斗争中发挥重要作用。在保守国家秘密方面，国务院颁布了保守国家秘密法实施条例，规定国家保密行政管理部门和县级以上地方各级保密行政管理部门主持保密工作。该条例对国家秘密的范围和密级进行划分，详细规定国家保密制度和监管制度、相关主体的法律责任，将保守国家秘密的规定落到实处，切实维护国家安全和利益。另外国务院还在维护基础设施安全方面颁布了《关键信息基础设施安全保护条例》，在人类遗传资源管理方面颁布《人类遗传资源管理条例》，保护无线电资源的《无线电管理条例》，有关宗教活动的《宗教事务条例》等一系列国家安全方面的行政法规。

---

① 数据来源截止到 2024 – 01 – 14．北大法宝网，https：//www.pkulaw.com/law？isFromV5 = 1.

▶ 四、国家安全专门立法——国家安全法

1993 年我国颁布第一部《中华人民共和国国家安全法》，该法以国家安全机关的反间谍工作作为立法重心，随着国家安全形势的发展，该法已经不能够满足全面维护国家安全的需求。2015 年 7 月 1 日，新国家安全法通过，旧法随之废止。国家安全法分为七章，共八十四条，规定了国家安全的概念、国家安全制度、维护国家安全的任务和职责、国家安全保障、公民、组织的义务和权利等内容。该法在整个国家安全法律体系中起统领作用，是我国国家安全法律体系的核心法律。

国家安全法的颁布弥补了以往我国国家安全领域基本法的缺失，是国家安全领域的综合性立法，奠定了国家安全法律体系的基础。国家安全法以"总体国家安全观"为指导，契合我国国家安全形势变化的特点，是新时期国家安全工作的根本遵循；该法第三条明确规定国家安全工作以人民安全为宗旨，强调了人民安全对国家安全的重要性，体现了人民民主专政的社会主义国家的本质。同时 2015 年颁布的国家安全法第一次明确提出国家安全的具体含义，明确了国家安全工作的内容和范围，采用兜底性表述"国家其他重大利益"以适应国家安全形势的发展变化。总体国家安全观的提出为我国国家安全指明了前进方向，极大丰富了国家安全的内涵和外延。国家安全法以总体国家安全观为指导思想，将传统国家安全领域和非传统国家安全领域纳入其中，并且开创性地提出"网络空间主权"的概念。

国家安全法要求国家安全工作要统筹内部和外部安全、国土和国民安全、传统和非传统安全、自身和共同安全，明确规定国家维护能源安全、粮食安全、文化安全、网络与信息安全[1]等非传统领域安全。该法为国家安全领域专门性立法指明了方向，奠定了立法基础，为网络安全法、生物安全法、数据安全法的颁布探明了道路。2015年国家安全法颁布以前，我国国家安全法律体系中不同位阶的法律之间缺乏连接，宪法作为国家根本大法规定的是总领性的条文，其他专门领域的立法对国家安全相关规定过于细化，两者之间缺少一部基本法来过渡。从当前世界各国的立法模式上看，"混合型Ⅱ"即"专门式"＋"分散式"＋"综合式"模式发展趋势较为明显，综合性的国家安全基本法将逐渐普及。我国颁布国家安全法这一综合性法律是顺应时代发展的大趋势，同时解决了以往强调国家安全工作的政治价值而常以政策或命令的方式实现国家安全，忽视了法治对于国家安全的重要意义的问题。[2]

---

[1] 李竹. 国家安全立法研究 [M]. 北京：北京大学出版社，2006：116.

[2] 周叶中，庞远福. 论国家安全法：模式、体系与原则 [J]. 四川师范大学学报（社会科学版），2016（3）：90.

▶▶ 五、国家安全重点领域专门立法

国家安全专门性立法，指在总体国家安全观指导下的关于十一类领域的法律，包括政治安全、国土安全、军事安全、经济安全、文化安全、社会安全、科技安全、信息安全、生态安全、资源安全、核安全领域的专门性法律。

在总体国家安全观理念提出之前，我国在政治安全、军事安全、经济安全等领域已经出台了多部国家安全法律，如：1988 年颁布的保守国家秘密法、1992 年颁布的矿山安全法、1990 年颁布的军事设施保护法、1997 年颁布的国防法等。总体国家安全观理念提出以后，除了在传统的政治、军事安全领域继续出台一系列相关法律之外，国家安全立法将目光转向社会安全、科技安全以及信息安全等非传统安全领域。据统计，当前我国在国家安全重点领域具有"法律"效力位阶规范性文件，就有 86 部之多。除了具有综合性"基本法"地位的国家安全法外，按照国家安全在传统和非传统领域的分类，大体有以下重点领域的法律规范。

一是，国家在反恐怖主义、反间谍等领域颁布了专门立法。例如在非传统国家安全领域，2015 年颁布《中华人民共和国反恐怖主义法》，该法是党和国家反恐怖主义斗争经验的总结，是对新形势下反恐怖主义斗争现实要求的回应，对于国家开展反恐怖主义斗争具有十分重要的意义。当前我国国家安全面临的威胁日益多元化，传统与非传统安全问题交织，间谍活动随着网络的发展变得日益复杂。作为反间谍斗争领域的专门性法律，2023 年反间谍法将"坚持总体国家安全观"作为指导思想写入总则部分，并完善了安全防范规定、反间谍调查处置措施，增加间谍行为的种类以及反间谍行政执法权。新修订的反间谍法严密了反间谍领域的法网，对于完善国家安全法律体系建设意义重大。

二是，在其他非传统国家安全领域颁布网络安全法、核安全法、生物安全法、数据安全法等专门性法律。随着信息网络技术的不断发展，网络空间逐步成为各国开展竞争的新领域，网络安全成为国家安全的重要组成部分。随着网络诈骗、网络暴力、网络恐怖主义等严重危害网络环境的现象出现，用法律的方式维护网络空间安全成为当务之急。2016 年我国出台了第一部专门维护网络安全的综合性立法，网络安全法的出台填补了我国在网络信息安全领域基本法律、核心法律和专门性法律的空白，推动网络治理现代化。2017 年《中华人民共和国核安全法》颁布，为我国核能的健康发展和持久安全提供了法制保障。该法共八章，规定了核安全管理制度、监管制度，加强核设施安全保卫工作；明确核设施营运单位以及为其提供设备、工程、服务等单位相应的安全责任；设立信息公开制度，确保公众对核安全管理知情权、参与权与监督权。2020 年全球暴发新冠疫情，这次疫情是对国家治理体系和治理能力的一次大

考，让我们充分认识到生物威胁对国家安全造成的巨大威胁。2021 年《中华人民共和国生物安全法》正式施行，这是生物安全领域基础性、综合性的法律，对于提高国家生物安全治理能力具有十分重要的意义。该法规定了生物安全的基本原则和基本制度，结构完整、内容全面，涵盖了防控重大突发传染病、疫情、生物技术的研发、人类遗传资源安全管理等与生物安全相关的活动。随着信息技术和人类生产生活交汇融合，各类数据迅猛增长、海量聚集，对经济发展、社会治理、人民生活都产生了重大而深刻的影响，数据安全已成为事关国家安全与经济社会发展的重大问题。《中华人民共和国数据安全法》自 2021 年 9 月 1 日起施行。这部法律对于有关单位和个人收集、存储、使用、加工、传输、提供、公开数据资源，依法建立健全数据安全管理制度，采取相应技术措施保障数据安全提供了重要的法律依据。

三是，国家安全法除了与上述法律有着密切的联系外，还与其他一些法律法规密切相关，国家安全法与它们也是衔接协调、互为补充的。如《中华人民共和国保守国家秘密法》中规定的"国家秘密"，也是国家安全法所规定的保护对象，国家秘密及其密级的范围，应当由国家保密工作部门分别会同外交、公安、国家安全和其他中央有关机关规定。《中华人民共和国海关法》中规定的海关有权检查出入境运输工具、查验出入境货物、查询出入境人员证件等，都是为了维护国家的安全和利益，《中华人民共和国公民出入境管理法》规定，被认为入境或出境可能有危害国家安全和利益的行为人，国家安全机关或者公安机关可以不批准其入境或出境。《中华人民共和国邮政法》规定，公民通信自由和通信秘密受法律保护，任何组织和个人不得侵犯，但公安机关、国家安全机关、人民检察院因国家安全或追查刑事犯罪的需要，可以依法进行检查。2010 年施行的《中华人民共和国统计法》第九条规定，统计机构和统计人员对在统计工作中知悉的国家秘密、商业秘密和个人信息，应当予以保密。此外，国家安全法与行政处罚法、行政复议法、行政诉讼法、国家赔偿法、治安管理处罚法、集会游行示威法、民族区域自治法、宗教事务条例、计算机信息系统安全保护条例等法律、法规也有着十分密切的联系。

六、地方法规中有关国家安全领域的立法情况

国家安全地方性立法是国家安全法律体系的重要组成部分，具体指以维护国家安全为立法宗旨的地方性法规、地方政府规章、自治条例以及单行条例。地方性立法在将中央立法具体化、协调国家安全机关与其他社会主体在维护国家安全上的合作路径、为中央立法积累经验等方面发挥着十分重要的作用。对国家安全地方性立法状况进行探究，有助于国家安全法律体系的构建。

（一）地方性法规

目前在北大法宝中检索标题中带有"国家安全"的地方性法规，共得到 7 条结果。① 除已经被修改的《河南省国家安全技术保卫条例》和《山西省涉及国家安全事项建设项目管理条例》外，现行的地方性法规中有两部在内容上规定国家安全技术保卫事项（河南省、南昌市）；有两部关于建设项目管理事项（山东省、四川省），还有一部《新疆维吾尔自治区实施〈中华人民共和国国家安全法〉办法》。

此外，以国家安全法为上位立法的地方性法规共 28 部，现行有效的共 21 部。这些地方性法规规定的事项集中在反间谍领域，目前重庆市、上海市、陕西省、四川省、黑龙江省、江苏省以及西藏自治区均出台了反间谍工作条例。在信息安全方面，西藏自治区出台了《西藏自治区网络信息安全管理条例》、山西省和宁夏回族自治区均出台了计算机信息系统安全保护条例。除了前文已经提到的五部名称中带有"国家安全"的地方性法规外，上海市和黑龙江省在宗教事务方面也出台了相关条例②；四川省和浙江省出台了粮食安全保障条例；山西省出台了《山西省实施〈中华人民共和国矿山安全法〉办法》。

从立法的数量来看，相比于中央立法，地方性法规在国家安全方面立法滞后，尤其是近年来随着中央在非传统国家安全领域立法进程的加快，地方应当根据本地区实际情况制定相应的法规将中央立法落到实处。近五年内（2019—2023 年）几乎每年出台 2 部地方性法规，2021 年出台 3 部。2015 年《中华人民共和国国家安全法》通过，然而这一年并没有相关地方性法规颁布，直到 2022 年《新疆维吾尔自治区实施〈中华人民共和国国家安全法〉办法》的颁布才打破这一现象。从立法内容上看，当前国家安全的地方立法还是集中在传统国家安全领域，主要是反间谍相关领域，在非传统国家安全领域还存在着大量空白。2005 年计算机信息系统安全保护条例颁布，直到 2008 年山西省才根据该行政法规出台相应的地方性法规，2009 年宁夏回族自治区颁布计算机信息系统安全保护条例。从立法的时效性来看，新国家安全法出台以后，以原国家安全法为上位法依据的地方性法规仍然有效，如 2011 年的《山东省国家安全技术保卫条例》、2013 年的《南昌市涉及国家安全事项建设项目管理条例》。

（二）地方政府规章

地方政府规章的数量明显比地方性法规要多，根据实证调查仅名称中带有"国家安全"的地方政府规章就有 51 部，现行有效的有 26 部。③ 自 1996 年南京市人民

---

① 数据来源：北大法宝网，https：//www.pkulaw.com/law？isFromV5=1.
② 《黑龙江省宗教事务管理条例》现已废止。
③ 数据来源：北大法宝网，https：//www.pkulaw.com/law？isFromV5=1.

政府颁布《南京市国家安全机关工作人员使用侦察证暂行办法》① 起，除个别年份外每年都会出台名称中带有国家安全的地方政府规章。这些地方政府规章的内容主要分为国家安全事项建设项目管理、国家安全机关侦察证和车辆特别通行标志、国家安全技术保卫工作、实施国家安全法四大类。其中地方政府发布的关于实施国家安全法的规定均是在 2015 年颁布的，即其上位法依据是旧国家安全法，2015 年以后并没有地方政府制定关于实施新国家安全法的规定。

尽管 2015 年以后地方政府没有新的实施国家安全法规定出台，但是很多地方政府根据新国家安全法对相关内容进行了修正。如河南省在 2022 年 11 月 26 日对《河南省国家安全技术保卫条例》进行修正，浙江省人民政府在 2018 年 12 月 29 日对《浙江省国家安全技术保卫办法》进行修正，河北省人民政府在 2015 年 11 月和 2020 年 10 月对《河北省涉及国家安全事项建设项目管理规定》进行修正。另外地方政府也废止了包括《山西省建设项目国家安全事项管理规定》在内的 14 部地方政府规章。

以国家安全法为上位法依据的地方政府规章共 73 部，其中 14 部已被修改，21 部失效，现行有效的有 30 部，由于篇幅限制笔者仅对现行有效的地方政府规章进行研究。从内容上看，该类地方政府规章除了国家安全事项建设项目管理、国家安全机关侦察证和车辆特别通行标志、国家安全技术保卫、实施国家安全法这四类内容外，贵州省人民政府、浙江省人民政府分别颁布了反间谍安全防范办法，西藏自治区人民政府颁布《西藏自治区网络通信活动管理规定》、福建省人民政府颁布《福建省国家安全工作若干规定》。总体来看，地方政府规章在规定事项上与地方性法规相差无几，均是对技术事项和国家安全机关标志的使用进行规定。尽管地方政府规章"改废"的比例要明显高于地方性法规，但对 30 部地方政府规章进行考察发现有 12 部是 2015 年《中华人民共和国国家安全法》出台后颁布的，仍然有超过一半的是以原国家安全法为立法依据。值得注意的是，地方政府规章已经从传统安全领域向非传统安全领域转变，如地方政府从出台反间谍安全防范办法到对网络通信活动进行规定的转变。

地方政府规章比较重视经济发展中的安全问题，因为经济安全是国家安全的基础，经济因素对于国家安全地方立法也有十分重要的影响。江苏省在科技领域和数据领域颁布了多部地方性法规，如《江苏省科学技术进步条例》《无锡市科技创新促进条例》《苏州市科技创新促进条例》《苏州市数据条例》。另外，为促进知识产权的发展，江苏省还出台了《江苏省知识产权促进和保护条例》，在保护数字经济发展方面

---

① 《南京市国家安全机关工作人员使用侦察证暂行办法》现已废止。

出台了《江苏省数字经济促进条例》，在维护数据安全方面出台地方政府规章《江苏省公共数据管理办法》。这些地方性立法是江苏省为促进经济发展和科学技术进步制定的，在推动江苏省经济发展，维护经济安全等方面发挥着重要作用。

第二节　我国国家安全法制体系的特点与建设发展

》　一、我国国家安全法制体系的特点

（一）坚持以总体国家安全观为指导

国家安全地方立法作为国家安全法律体系的重要组成部分，必须坚持总体国家安全观，将总体国家安全观作为其立法的指导思想。总体国家安全观作为顶层设计，无论是中央立法还是地方立法都要在其理论指导下进行，才能推进国家安全体系和能力建设，建立完善的国家安全法治体系。

国家安全地方立法通常以直接在总则中明确总体国家安全观的指导思想地位的方式，或虽然在总则中未直接明确其指导地位，但是指明国家安全法为上位法依据，以间接的方式确定总体国家安全观的指导地位。[①] 目前有 9 部地方性法规中都以直接的方式规定了总体国家安全观的指导思想地位，"坚持总体国家安全观"共计出现 4 次，"贯彻总体国家安全观"共计出现 3 次，"贯彻落实总体国家安全观"共计出现 2 次；在地方政府规章中均以"坚持总体国家安全观"的表述出现。而以间接方式确定总体国家安全观指导思想的地方性立法则通常在第一条中写明："为了维护国家安全，规范国家安全技术保卫工作，根据《中华人民共和国国家安全法》等法律、法规，结合本省实际，制定本条例。"[②] 总体国家安全观是党中央结合新时代国家安全发展的形势，在坚持中国特色社会主义和马克思主义国家安全观基础上提出的战略思想，为新时期国家安全工作提供了行动指南，是国家安全立法的根本遵循。

（二）法规数量总体呈上升趋势

从整体上看，我国国家安全地方立法在数量上呈上升趋势。经查证，自 1994 年

---

① 蔡艺生，翁春露. 国家安全地方性立法：理论界定与实证检视［J］. 福建警察学院学报，2021（6）：18.

② 见《河南省国家安全技术保卫条例》第一条：为了维护国家安全，规范国家安全技术保卫工作，根据《中华人民共和国国家安全法》等法律、法规，结合本省实际，制定本条例。

以来，共 101 部地方性立法，有 20 部已被修改，8 部部分失效。现行有效 51 部，其中 2015 年以后颁布的有 28 部，约占 54.9%。近年来在国家安全领域每年都有地方性法规规章出台，尤其是 2020 年和 2021 年这两年颁布的数量最多，其中 2020 年出台 2 部地方性法规和 5 部地方政府规章；2021 年出台 3 部地方性法规和 5 部地方政府规章。① 在 2020 年出台的地方性法规《西藏自治区反间谍安全防范条例》和《江苏省反间谍安全防范工作条例》均是反间谍领域的，另外辽宁省、河北省、江西省 3 个省份颁布的地方政府规章均是与涉及国家安全建设项目和国家安全机关工作规定有关的内容，其中河北省人民政府根据反间谍法和反间谍实施条例颁布了《河北省人民政府关于废止和修改部分省政府规章的决定》。2021 年，上海市人大常委会、陕西省人大常委会以及贵州省人民政府根据国家安全法和反间谍法结合本地区实际情况制定了具体地方法规。从省份来看，目前我国部分地区在有关国家安全方面还存在立法空白，地区间立法不均衡，部分地区立法活动频繁，其中江西省、黑龙江省分别出台 6 部，山西省出台 7 部，浙江省共出台 8 部，河北省出台 13 部国家安全地方法规，而贵州省、安徽省和福建省均只有 1 部。

（三）立法内容侧重于非传统安全领域

从上文分析可以得知，国家安全的地方立法重点在传统国家安全领域，仅就反恐怖领域来讲，有九个省、自治区、直辖市出台了实施反恐法的办法；仅就反间谍法领域来讲，在 101 部地方立法中就有 22 部是反间谍领域的，约占整体的 21.8%。随着总体国家安全观的提出，国家安全的内涵和外延不断丰富，中央层面在网络安全、生物安全等非传统国家安全领域出台专门性法律，也有部分地方紧跟着在非传统安全领域出台了地方立法。

随着信息技术的发展，为了应对复杂多变的网络环境维护网络安全，2016 年国家颁布《中华人民共和国网络安全法》，为地方维护网络安全制定地方法规规章提供了上位法依据。2017 年贵阳市人民代表大会常务委员会颁布《贵阳市政府数据共享开放条例》，这是地方在网络安全领域颁布的第一部地方性法规。该法规在第一条中明确"根据《中华人民共和国网络安全法》《贵州省大数据发展应用促进条例》和有关法律法规的规定，结合本市实际，制定本条例"。目前河北省、黑龙江省、浙江省、江西省、河南省、广东省、四川省、贵州省、海南省 9 个省份，重庆市以及西藏和新疆两个自治区在内的 12 个地方以网络安全法为依据共出台 25 部地方性法规和地方政府规章，其中地方性法规有 17 部，地方政府规章 8 部。

---

① 数据来源：北大法宝网，http://www.pkulaw.com.

2019 年新冠疫情暴发，凸显了国家制定生物安全法的紧迫性。2021 年《中华人民共和国生物安全法》的颁布回应了人民群众的热切关注，满足了国家在防范和应对生物安全风险、维护国家安全方面的需要。2022 年 12 月深圳市第七届人民代表大会常务委员会第十四次会议通过了《深圳经济特区细胞和基因产业促进条例》，该条例规定了细胞的采集和储存、细胞和基因产品研发、基因技术应用等方面的内容，对于贯彻落实生物安全法，推动细胞和基因产业健康持续发展具有十分重要的意义。当前在生物安全领域地方配套立法还不够完善，未来应该在该领域加强地方性立法。另外，在数据安全领域目前已有 16 部地方性立法，其中包括《苏州市数据条例》《四川省数据条例》在内的 10 部地方性法规和《江西省公共数据管理办法》《江门市公共数据共享和开放利用管理办法》等地方政府规章 6 部。国家安全的地方性立法在非传统安全领域不断地完善和丰富，这不仅有利于中央立法具体化、实操化，也对地方在维护国家安全方面发挥着重要作用。

二、我国国家安全法制体系建设发展展望

当前我国在国家安全领域已经形成了中国特色社会主义法律体系。站在国家安全法治建设的新起点，我们要立足本国国情，坚持以人民安全为宗旨，中央立法先行，地方配套立法跟进，多领域立法协同推进，充分发挥中国特色社会主义法律体系的优势，以不断适应维护国家安全的新情况、新挑战。

（一）中央立法先行

依法治国首先要有法可依，国家安全领域同样如此。为了规范立法活动，保证法律体系的高效运行，建立中国特色社会主义法律体系，根据立法法的规定，全国人大和全国人大常委会行使国家立法权；省级人大及其常委会在不与宪法、法律、行政法规抵触的情况下制定地方性法规。我国国家安全立法正是遵循了这一立法特点，在立法过程中呈现中央立法先行的特点。党的十八大以来，习近平总书记多次强调要加强重点领域、新兴领域立法，加强生物安全、生态文明等重要领域立法，加快人工智能、数字经济等新兴领域立法。在党中央统一领导下，全国人民代表大会常务委员会制定和修改了二十多部国家安全领域的法律，为国家安全工作提供了充分的法律依据。据统计，目前国家安全多领域已经存在基础性、综合性的法律，国务院在此基础上也制定了相应的行政法规推进法律的实施。国家安全法、网络安全法、生物安全法等中央立法的出台为地方立法提供了上位法依据，确保各地方在国家安全具体领域立法是"有法可依"，保证法律体系的完整和统一。

（二）完善地方配套立法

国家安全的地方性立法结合本地区实际情况在中央立法具体化方面发挥着重要作

用。从前文对国家安全地方立法进行实证分析可知，目前在国家安全地方立法方面存在部分省份立法比较完善，部分省份立法滞后的问题。2015年国家安全法出台后，部分地方及时根据新国家安全法的内容对地方立法进行修改以适应新时期国家安全发展的新形势，也有部分地区现行有效的国家安全地方性立法仍是以旧国家安全法为依据，在立法依据上缺乏合法性。同时，各地方在国家安全地方立法方面侧重点不同，作为反恐怖主义斗争的一线，新疆在反恐怖主义犯罪规制方面较其他省份更为完善。未来在完善国家安全法治体系的过程中，要加强地方配套立法，集中开展国家安全地方立法的立、改、废、释工作，提高地方立法质量，缓解地方立法与现实需求之间的关系。尤其是加强国家安全重点领域、新兴领域的配套性地方立法，解决地方国家安全立法需求，推动国家安全法律体系的建设。

（三）多领域立法协同推进

我国国家安全是整体意义上的国家安全，不仅包括政治、军事等传统安全领域，还包括生态、网络、生物等非传统安全领域。国家安全法确立了总体国家安全观的指导思想地位，更是在第二章明确规定了国家在具体安全领域的任务。国家安全是整体安全，维护国家安全不能单纯依靠某一领域，要认识到国家安全工作的系统性和整体性。近年来国家安全形势不断发展变化，面临的威胁和挑战呈现出新的特点，非传统安全领域威胁增多，维护国家安全就必须构建传统和非传统安全领域在内的整体安全法律体系。国家安全法作为国家安全法律体系的综合性、基础性法律，为国家安全立法指明了方向，2015年后中央加快在国家安全具体领域的立法速度。目前在网络安全、核安全、生物安全、数据安全等非传统安全领域均出台了综合性的法律，为具体领域的法律体系建设提供了基础。未来在太空安全、极地安全及深海安全领域会继续出台相应的法律，完善国家安全法治体系的建设。

【思考题】

1. 在当前百年变局背景下，如何坚定不移贯彻总体国家安全观，走出一条具有中国特色的国家安全法治道路？

2. 如何把握和理解我国国家安全法制体系主要特点？我国在国家安全领域还有哪些方面需要进一步加强法制建设？

第二编 国家安全法学实务

第四章 国家安全法

当前，我国国家安全形势日益严峻，面临着对外维护国家主权、安全、发展利益，对内维护政治安全和社会稳定的双重压力，各种可以预见和难以预见的风险因素明显增多，非传统领域安全风险日益凸显。2015 年新的国家安全法公布并施行，共七章八十四条，对维护国家安全的任务与职责，国家安全制度，国家安全保障，公民、组织的义务和权利等方面进行了规定。这是一部立足全局、统领国家安全各领域工作的综合性法律，为制定其他有关维护国家安全的法律奠定良好基础，有利于中国特色国家安全法律制度体系的建立，并为维护我国国家安全提供坚实的法律制度保障。

第一节 国家安全法概述

▶ 一、国家安全法的立法背景、主要内容及评价

（一）立法背景

党的十八大以来，为适应我国国家安全面临的新形势新任务，以习近平同志为核心的党中央提出总体国家安全观，强调全面维护各领域国家安全，对加强国家安全工作作出了重要部署。按照中央部署和贯彻落实总体国家安全观的要求，为适应我国国家安全面临的新形势新任务，制定一部具有综合性、全局性、基础性的国家安全法，是十分必要的。

第一，当前，随着我国综合国力和国际地位的历史性提升，国际力量对比向更为均衡的方向发展，我国与美国等西方国家在发展模式、发展利益、发展空间、发展理念方面竞争日趋激烈，严峻的国家安全形势，呼唤新的国家安全法出台。

第二，2014 年 4 月 15 日，习近平同志在主持召开中央国家安全委员会第一次会议时提出，坚持总体国家安全观，走出一条中国特色国家安全道路，首次提出了国家安全体系囊括的"11 种安全"。为此，有必要以法律的形式确立总体国家安全观的指导地位。科学界定国家安全的内涵和外延，明确维护国家安全的各项任务，建立健全国家安全制度和国家安全保障，为构建国家安全体系、走出一条中国特色国家安全道路奠定坚实的法律基础。

第三，为落实党的十八届三中全会要求，党中央成立了中央国家安全委员会，建立了集中统一、高效权威的国家安全领导体制。针对维护国家安全工作存在的国家安全资源和力量分散、统筹协调不够，国家安全战略规划缺乏、顶层设计不足等问题，有必要以法律的形式确立国家安全工作的相关制度，明确各部门、各地方维护国家安全的职责，规范国家机关、公民和组织维护国家安全的责任、权利和义务，形成维护国家安全的整体合力。

第四，党的十八届四中全会要求，贯彻落实总体国家安全观，加快国家安全法治建设，抓紧出台反恐怖等一批急需法律，推进公共安全法治化，构建国家安全法律制度体系。1993 年版本的国家安全法主要规定国家安全机关特别是反间谍工作方面的职责，已难以适应全面维护各领域国家安全的需要。为此 2014 年 11 月第十二届全国人大常委会第十一次会议审议通过反间谍法，废止 1993 年版本的国家安全法。按照中央的部署，2014 年 4 月国家安全法立法工作领导小组成立。中央国安委办公室会同全国人大常委会法制委员会组建了由十几个有关部门参加的工作专班，着手国家安全法的起草工作。经反复研究沟通，进一步完善，形成了《中华人民共和国国家安全法（草案）》，经 2015 年 7 月 1 日第十二届全国人大常委会第十五次会议通过并施行。

（二）主要内容

国家安全法总结了我国多年来维护国家安全的工作经验，同时借鉴了国际通行做法和一些国家的成功立法，结合了我国当前和今后一个时期内国家安全工作的实际需要，是我国第一部全面系统地规范国家安全工作的综合性法律；对贯彻落实总体国家安全观，构建国家安全法律制度体系，防范和惩治危害国家安全的违法犯罪活动，维护国家安全、公共安全和人民生命财产安全，具有重大意义。[①] 国家安全法一共七章八十四条，正文六章，第七章是附则。正文六章包括总则，维护国家安全的任务，维护国家安全的职责，国家安全制度，国家安全保障，公民、组织的义务和权利。

---

① 贾宇，舒洪水．中国国家安全法教程［M］．北京：中国政法大学出版社，2021：34.

第一章　总则。包括一些基本的法律概念和法律原则等。如国家安全的含义、立法宗旨、指导思想、领导体制、机构职责、国家安全战略等。立法原则包括法治原则、尊重和保障人权原则、统筹兼顾原则、标本兼治、专群结合原则、共同安全原则等。

第二章　维护国家安全的任务。具体任务包括维护政治安全、人民安全、国土安全、军事安全、经济安全、金融安全、资源能源安全、粮食安全、文化安全、科技安全、网络信息安全、社会安全、生态安全、核安全、新型领域安全、海外利益安全等任务；同时，还规定了民族领域维护国家安全的任务，宗教领域维护国家安全的任务、防范和处置恐怖主义和极端主义的任务。

第三章　维护国家安全的职责。包括全国人大及其常委会的职责、国家主席的职责、国务院的职责、中央军委的职责、中央国家机关各部门职责、地方的职责、司法机关的职责、专门机关的职责，以及国家机关及其工作人员的履职要求。

第四章　国家安全制度。除了一般规定之外，还从情报信息，风险预防、评估和预警，审查监管，危机管控等方面作出了制度设计。其中，一般规定包括基本的要求和目标，以及重点领域工作的协调机制等；情报信息包括情报工作制度、情报信息运用现代科技手段等；风险预防、评估和预警包括制定完善应对各领域国家安全风险预案，建立国家安全风险评估机制等。

第五章　国家安全保障。包括法制、经费、物资、科技、人才、专门工作手段、宣传教育保障。

第六章　公民、组织的义务和权利。在义务方面规定公民和组织维护国家安全的一般义务，机关、人民团体、企业事业组织和其他社会组织的特殊义务，企业事业组织配合有关部门的义务；在权利方面规定获得赔偿和抚恤优待的权利，提出批评建议以及申诉、控告和检举的权利等等。

第七章　附则。规定了国家安全法的实施日期。

（三）评价

国家安全法是一部以宪法为根据，以维护国家安全为目的，同时兼顾保障人权内容的综合性法律。

首先，国家安全法是国家安全领域的"基本法"。国家安全法根据宪法制定，在各个方面对国家安全领域做了总本性的顶层设计：从社会稳定、国家发展、人民利益、民族振兴等角度，明确了我国维护国家安全的根本任务；结合当前国家安全的新发展和新特点，从传统安全和非传统安全两个方面确定国家安全的内涵；从指导思想、宗旨等方面，确定国家安全工作的工作体制、领导机制；规定遵守宪法和法律、坚持社会主义法治、尊重和保障人权等原则；规定维护国家安全与经济社会发展相协调、统筹内部和外部安全、国土安全和国民安全、传统安全和非传统安全、自身安全和共同安全的工作要求；提出坚持专群结合和内外结合的工作方针；规定国家安全制度、机制及公民和组织的义务和权利；等等。

可以说，国家安全法基本涵盖了一部国家安全事务基本法该含有的内容，对国家安全事务作出了一系列原则性和指导性的规定，对我国国家安全领域立法起到一种统领作用。它在国家安全领域立法中处于核心位置，作为反恐怖主义法、反间谍法、核安全法及未来的太空法等国家安全领域立法的法律渊源。

其次，国家安全法在本质上属于行政法范畴。随着现代经济社会的发展，在客观上要求社会事务和社会关系得到有序安排，政府权力的扩张就成为合理的客观必需。国家安全法的行政法性质表现在几个方面：规定国家安全领导机构是"中央国家安全领导机构"；规定维护国家安全的主体是公安机关、安全机关、外交机关等，包括在情报信息搜集、配合调查、公民保护等方面的职责；规定包括"行政处罚"在内的法律责任；规定因"支持、协助国家安全工作导致财产损失、人身伤害或者死亡的"可给予法律补偿的内容。由此可见，通过国家安全法，国家行政部门广泛维护着各个领域的国家安全。

最后，国家安全法以人民安全为宗旨。国家安全法第三条规定，国家安全工作以人民安全为宗旨。人民的安全和利益是国家安全的核心，是国家安全活动的根本目的，体现了以人为本、以民为本的安全观，体现了我国社会主义国家政权的民主本质。"皮之不存，毛将焉附"，人是国家存在和发展的第一要素，没有人便没有国家。人民安全天然是国家安全第一位的重要内容，是国家安全不可分割的最核心组成部分。国家安全法把保护人民的根本利益确定为立法目的，把人民福祉确定为国家核心利益，把尊重和保障人权，依法保护公民的权利和自由确定为维护国家安全的重要原则，把保卫人民安全确定为维护国家安全的重要任务，为维护人民的安全和利益提供坚固屏障。

总之，国家安全法是一部立足全局、统领国家安全各领域工作的综合性法律，同时为制定其他有关维护国家安全的法律法规提供基础支撑。对全党全国全社会共同维护国家安全明确了法律要求，同时统筹国际和国内两个大局，对当前和今后一个时期维护国家安全的主要任务和保障做出了安排。这部法律为构建和完善中国特色的国家安全法律制度体系提供了完整框架，预留了重要接口，将为完善国家安全法律制度体系提供坚实的法律和制度支撑。

▶ 二、国家安全工作的指导思想

每个国家都有自己的国家安全观，国家制度不同，经济社会发展阶段不同，所处的安全环境不同，国家安全观也不相同。即使是同一个国家，也会随着国家所处的安全形势的发展变化适时调整自己的国家安全观。

（一）总体国家安全观的指导思想地位

维护国家安全是党和国家事业发展的重要保障，也是党和国家事业的重要组成部分。党的十八大以来，以习近平同志为核心的党中央高瞻远瞩，科学把握国家安全形势变化新特点新趋势，继承和发展新中国成立以来党和国家有关维护国家安全的一系列重要理论，深入总结维护国家安全取得的经验，审时度势提出总体国家安全观这一重大战略思想，从而把我党我国对国家安全的认识提升至新的高度和境界。

国家安全法第三条规定，国家安全工作应当坚持总体国家安全观，以人民安全为宗旨，以政治安全为根本，以经济安全为基础，以军事、文化、社会安全为保障，以促进国际安全为依托，维护各领域国家安全，构建国家安全体系，走中国特色国家安全道路。这是以法律的形式确立了总体国家安全观在国家安全工作中的指导思想地位，标志着总体国家安全观实现了从战略思想向法律制度的转化，这是适应形势任务发展需要的重大举措，也是做好国家安全工作，切实维护国家安全的迫切要求。

总体国家安全观是国家安全领域总结以往历史经验，适应当前形势任务的重要战略思想，是维护国家安全必须遵循的重要指导。

（二）贯彻总体国家安全观的体现

坚持总体国家安全观是国家安全工作中的指导思想，也是国家安全法的立法指导思想。国家安全法所有章节、条款都遵循了总体国家安全观的要求，充分体现其重大思想内涵。

第一，坚持党对国家安全工作的领导。①

第二，人民安全是总体国家安全观的根本宗旨。②

第三，总体国家安全观是全面系统的安全观。既立足国内，又放眼国际；既立足现实，又着眼可能。特别是鲜明提出统筹维护政治安全、国土安全、军事安全、经济安全、文化安全、社会安全、科技安全、信息安全、生态安全、资源安全、核安全等领域国家安全。同时提出国家安全领域也会不断拓展和变化，国家安全重点领域不限于列明的安全领域。

---

① 见本书第二章相关内容。
② 见本书第二章相关内容。

第四，总体国家安全观的提出，将为实现"两个一百年"奋斗目标和中华民族伟大复兴提供坚强保障。国家安全法第一条立法宗旨就鲜明提出"实现中华民族伟大复兴"，第二条规定国家安全的内涵，体现国家安全对于实现"两个一百年"奋斗目标和中华民族伟大复兴的重要基础意义。我国作为发展中大国，仍将长期处于社会主义初级阶段，发展不平衡、不协调、不可持续的问题依然突出，要对基本国情有清晰认识和正确判断，既不能过高估计自己的实力，盲目自大，也不能妄自菲薄，缺乏战略自信。要通过发展，增强主动塑造内外安全环境的能力；坚持科学发展，从根本上保障国家主权和安全。

总之，将总体国家安全观作为指导思想写入法律，为今后维护各领域国家安全奠定了重要制度基础。

三、国家安全领导体制

增强忧患意识，做到居安思危，是我们治党治国必须始终坚持的一个重大原则。党的十八届三中全会决定成立国家安全委员会，是推进国家治理体系和治理能力现代化、实现国家长治久安的迫切要求，是全面建成小康社会、实现中华民族伟大复兴中国梦的重要保障，目的就是更好适应我国国家安全面临的新形势新任务，建立集中统一、高效权威的国家安全领导体制，加强对国家安全工作的领导。

国家安全法第四条规定，坚持中国共产党对国家安全工作的领导，建立集中统一、高效权威的国家安全领导体制。

国家安全是安邦定国的重要基石，必须毫不动摇地坚持中国共产党对国家安全工作的绝对领导，这是维护国家安全的必然要求，也是发挥党总揽全局、统筹协调作用的重要体现。

从世界范围看，大多数国家都在冷战之后强化了国家安全领导体制，主要原因是：国家安全领域从传统安全领域向非传统安全领域不断拓展，特别是近些年恐怖主义、网络犯罪、重大疾病疫情传播等对一些主权国家形成重大威胁；与此相关联，在应对国家安全威胁多样化方面，需要加强统筹协调，促进国家安全决策的专业和高效。对于大多数国家而言，国家安全决策涉及军事、外交、国防、情报、安全、内政、经济发展等众多部门，在工作配合中，常常产生部门利益化、情报信息沟通不畅、协调不力甚至相互掣肘等问题，所以必须建立权威高效、协调有力的制度机制，减少决策和执行的成本。目前，美国、俄罗斯、英国、法国、日本等国家都建立了符合本国国情的国家安全领导体制，特别是在中央层面建立的国家安全领导机构，在维护国家安全方面发挥着领导决策的重要作用。

国家安全事务具有高度敏感、复杂的性质，既需要运筹帷幄也需要令行禁止，必须通过集中统一、高效权威的领导体制实现对国家安全事务的领导。我国建立国家安全领导体制也遵循了这一规律。2014 年 1 月中共中央政治局召开会议，决定中央国家安全委员会由习近平同志任主席，李克强、张德江同志任副主席，下设常务委员和委员若干名。中央国家安全委员会遵循集中统一、科学谋划、统分结合、协调行动、精干高效的原则，聚焦重点，抓纲带目，紧紧围绕国家安全工作的统一部署狠抓落实。

▶ 四、国家安全法的基本原则

国家安全法的基本原则是指贯穿于国家安全法律制度体系之中，指导和统领国家安全法律规范、在国家安全法律制度体系中具有基础性作用的基本法律原则。它是一部具有综合性、全局性、基础性的法律，在总则部分规定法治和保障人权原则、国家安全与经济社会发展相协调原则、统筹全面国家安全原则、预防为主与标本兼治原则、专门工作与群众路线相结合原则、共同安全原则、可持续安全原则。在上述国家安全法基本原则之中，既有与其他法律共性的一些法律原则，如法治和保障人权原则，也有体现国家安全工作特殊性的一些法律原则，如统筹全面国家安全原则、共同安全原则。

（一）法治和保障人权的原则

法治和保障人权原则体现了法律存在的核心价值，被明确写入国家安全法第七条，即"维护国家安全，应当遵守宪法和法律，坚持社会主义法治原则，尊重和保障人权，依法保护公民的权利和自由"。通过在法律条文中明确规定此原则，有利于在维护国家安全工作中强调安全价值的同时，不以牺牲公民基本权利为代价，体现现代国家法治精神，有效提升国家安全法治化水平。

1. 法治和保障人权原则的含义

法治原则包括宪法至上、尊重和保障人权、权力必须依法行使等内容。维护国家安全应坚持法治原则，除了遵循一般意义上的法治原则，尤其突出强调依法维护国家安全，坚持人民主体地位，坚持法律面前人人平等，坚持从国家实际出发。国家安全法既授予有关机关和部门充分必要的维护国家安全的职权，同时又对这些职权进行必要的约束和规制，防止权力滥用和误用，也防止法定权力的不作为造成人民和国家的损失。国家安全法既是授权法，也是限权法，体现了权由法定、权依法行使等基本法治观念，是运用法治思维和法治方式治国理政在国家安全工作上的生动体现。[①]

---

① 王振民. 维护国家安全的根本法律保障［N］. 人民日报，2015－07－30（11）.

人权是人人都应该享有的权利。我国国家安全法第七条规定，维护国家安全，应当尊重和保障人权，依法保护公民的权利和自由。这是"尊重和保障人权"继 1999 年写入宪法、2012 年写入刑事诉讼法后，再次写入我国重要立法之中，充分体现国家安全法对人权保障原则的重视和尊重。在国家安全法治领域，国家安全与人权保障的关系体现在两个方向：一是以积极的国家安全建设促进和保障公民获得安全的基本人权；二是以法律规制国家安全工作，防范国家机关及其工作人员违法侵犯公民权利，加强国家安全工作中的人权保障。①

2. 法治和保障人权原则的要求

新时期依法治国的"十六字方针"是：科学立法、严格执法、公正司法、全民守法。这为社会主义法治建设提出了新的发展方向和目标。国家安全法治是社会主义法治的重要组成部分，要使法治原则在维护国家安全活动中得到落实，就要推进科学立法、民主立法，逐步构建起以国家安全法为基本法律的国家安全法律制度体系；要加强国家安全领域的严格执法和公正司法，防范、制止和依法惩治一切危害国家安全的行为；要推进全民守法，坚持全民国家安全法治教育，增强全民国家安全法治观念。②

国家安全法治是社会主义法治有机组成部分，通过规范立法、执法、司法等环节，努力实现国家安全工作由主要依靠政策转向主要依靠法律，在法律授权的边界内开展活动，做到依法决策、依法行政和依法管理，才能不断提高法治化水平。

3. 法治和保障人权原则的体现

（1）在国家安全法中的体现

法治原则的核心要义是限制公权、保护私权。落实法治原则，就必须确保任何组织和个人都不得有超越宪法和法律的特权，在国家安全工作领域也不例外。国家安全法对公权力的约束，既有内部视角关于权力行使的程序、权限、范围、条件等限制，也有外部视角的监督。如国家安全法第六十六条规定，采取处置国家安全危机的管控措施，应遵循合理性原则。该法第八十二条规定了公民和组织提出批评建议、申诉控告和检举的权利，实质上就是公民、组织就国家安全工作对国家安全机关及其工作人员的监督权。该法第八十三条规定，在国家安全工作中，采取限制公民权利和自由的特别措施时，应遵循合法性和合理性要求。

（2）在其他的国家安全法律中的体现

在其他的国家安全法律中的体现形式可分为三种：其一，某项法律的出台本身就

---

① 刘小妹．《国家安全法》充分体现人权保障原则［J］．人民法治，2016（8）：24．
② 郑淑娜．中华人民共和国国家安全法解读［M］．北京：中国法制出版社，2016：31．

是法治原则的体现。如国家情报法的颁布实施，是中国由不公开承认情报工作到公开承认情报工作、由情报工作无法可依到情报工作有法可依、由行政命令主导情报工作到法律规范主导情报工作的重大转变，为中国情报工作健康发展提供了基本的法律依据和法律保障。① 其二，在具体法律条文中予以宣示。如反恐怖主义法第六条规定，反恐怖主义工作应当依法进行，尊重和保障人权，维护公民和组织的合法权益。反间谍法②第三条规定，反间谍工作应当依法进行，尊重和保障人权，保障个人和组织的合法权益。国家情报法③第八条规定，国家情报工作应当依法进行，尊重和保障人权，维护个人和组织的合法权益。网络安全法第十二条规定，国家保护公民法人和其他组织依法使用网络的权利。其三，规定公民组织获得赔偿等权利。如核安全法第十一条第二款规定："公民、法人和其他组织依法享有获取核安全信息的权利，受到核损害的，有依法获得赔偿的权利。"

（3）在规范性文件中的体现

《中共中央关于全面推进依法治国若干重大问题的决定》将完善的党内法规体系纳入中国特色社会主义法治体系。因此，应当重视党内法规和规范性文件在国家安全法治中的作用。如2015年1月，中共中央政治局审议通过《国家安全战略纲要》，纲要提出"要做好各领域国家安全工作，大力推进国家安全各种保障能力建设，把法治贯穿于维护国家安全的全过程"。2016年12月，中共中央政治局审议通过《关于加强国家安全工作的意见》，该意见提出："必须坚持国家安全一切为了人民，一切依靠人民；必须坚持社会主义法治原则；必须开展国家安全宣传教育，增强全社会国家安全意识。"

（二）国家安全与经济社会发展相协调的原则

国家安全是安邦定国的重要基石，经济社会发展是国家安全的基础。国家安全法第八条第一款规定："维护国家安全，应当与经济社会发展相协调。"

1. 国家安全与经济社会发展相协调原则的含义

随着科学技术的发展和世界政治经济格局的变化，国家安全问题已不仅局限于传统意义上的安全定位，我国当前确立的总体国家安全观涵盖的内涵和外延已经比历史上任何时期都更加广泛，以经济安全为基础、经济和社会协调发展成为总体国家安全观的一个重要组成部分。

国家安全与经济社会发展相协调原则指的是维护国家安全既要重视发展问题，又

---

① 刘跃进.《国家情报法》将情报权力关进法治笼子［EB/OL］.（2022－12－09）［2024－07－20］. https：//mp. weixin. qq. com/s/Kq0Gd5VfbMLTQY4CtlZxw.

② 除非特别指出，书中所引均为2023年修订并施行的版本。

③ 除非特别指出，书中所引均为2018年修正的版本。

要重视安全问题。发展是安全的基础，富国才能强兵，强兵才能卫国。安全是发展的条件，没有国家的安全和社会的稳定，经济与社会发展就会失去生存环境和发展根基，发展就无法持续下去。

2. 国家安全与经济社会发展相协调原则的内容

国家安全与经济社会发展相协调原则要求，在维护国家安全的立法、执法与司法工作中要做到以下两点：

第一，坚持维护国家主权、安全和发展利益，是国家繁荣发展、民族兴旺发达的重要保障和基础。中华人民共和国成立以来，特别是改革开放40多年来，党和国家始终将建设巩固国防和强大军队作为中国特色社会主义事业的重要组成部分，始终坚定维护国家统一、领土完整、人民安全，始终着力营造和平发展的内外环境，为社会主义现代化建设赢得了宝贵时间，确保我国各项事业取得长足发展，确保人民生活水平不断提高、国家实力不断增强。如果国家安全受到威胁，甚至政权不稳，边境不宁，人民处于流离失所的境地，经济社会各项事业仰人鼻息、漏洞频现，就无资格谈论发展，更不用说中华民族的伟大复兴。为此，要将坚定维护国家安全作为头等大事，始终保持头脑清醒，做到居安思危，防患于未然。根据国家安全法第二条对国家安全的定义，"国家政权、主权、统一和领土完整、人民福祉、经济社会可持续发展"是国家核心利益，这是国家存在和发展的根本，是民族生存和发展的根本，也是在任何发展阶段、发展水平都必须坚守的国家安全底线。

第二，维护国家安全要从国情出发，坚持发展是解决我国所有问题的关键这一重大战略判断。中国作为发展中大国，仍将长期处于社会主义初级阶段，发展不平衡、不协调、不可持续的问题依然突出；经济发展与资源环境的矛盾突出，贫富分化、收入分配不合理问题受到高度关注；同时，我国尚未完成祖国统一大业，为了建设和巩固强大的国防、进行有效的军事斗争还需要强大的经济后盾做支持。这些都要求我们清醒认识基本国情并判断国家所处的历史方位，踏踏实实进行社会主义建设，下力气增强国家综合国力、核心竞争力、抵御风险的能力，为维护国家安全提供坚实保障。①

（三）统筹全面国家安全的原则

统筹兼顾就是要总揽全局、科学筹划、协调发展、兼顾各方。国家安全工作应当统筹内部安全和外部安全、国土安全和国民安全、传统安全和非传统安全、自身安全和共同安全。

1. 统筹全面国家安全原则的概念

国家安全并不单纯是一个战争或政治问题，而是以国家利益、核心利益为灵魂的

---

① 乔晓阳. 中华人民共和国国家安全法释义 [M]. 北京：法律出版社，2016：35－36.

一套复杂系统。因此，维护国家安全要把握全局、统筹兼顾，协调好各方面利益关系，调动一切积极因素，促进国家发展。

习近平在中央国安委第一次会议上提出总体国家安全观的重要思想，指出贯彻落实总体国家安全观，必须既重视外部安全，又重视内部安全；既重视国土安全，又重视国民安全；既重视传统安全，又重视非传统安全；既重视发展问题，又重视安全问题；既重视自身安全，又重视共同安全。打造命运共同体，推动各方朝着互利互惠共同安全的目标同向而行。

综上所述，统筹全面国家安全原则指的是，维护国家安全的工作应当统筹内部安全和外部安全、国土安全和国民安全、传统安全和非传统安全、发展与安全、自身安全和共同安全。这些共同构成了"五对关系"，成为总体国家安全观的五项丰富内涵。统筹全面国家安全原则是 2015 年国家安全法与 1993 年国家安全法最大的区别，2015 年国家安全法的"新"主要就新在其全面贯彻上述总体国家安全观的丰富内涵和重大战略思想。

2. 统筹全面国家安全原则的内容

统筹全面国家安全原则明确了当前和今后一个时期我国国家安全工作必须坚持的根本工作纲领和行动指南，主要从五个方面进行把握：

（1）统筹内部安全和外部安全

内部安全主要强调我国社会内部因素对国家安全的影响，外部安全主要强调世界和地区因素对我国安全环境的影响。我国国家安全法第二条规定，国家安全是指国家处于不受内外威胁的状态，这就要求统筹内部安全和外部安全，只有同时既免除外部威胁和侵害，又免除内部混乱和疾患，才能实现真正的国家安全。当前我国的国家安全形势，"内外因素比历史上任何时候都要复杂"，可以说是内忧外患并存，内忧甚于外患，因而讲国家安全时，就不能只讲外部安全或对外安全问题，而必须更重视内部安全或对内安全问题。① 此外，还有一些安全问题，既是内部安全问题，也是外部安全问题，如恐怖主义所导致的安全问题，这类问题体现了境内、境外安全威胁的交织，对这类问题必须统筹应对。

（2）统筹国土安全和国民安全

国土安全涵盖领土、自然资源、基础设施等要素，是指领土完整、国家统一、海洋权益及边疆边境不受侵犯或免受威胁的状态。国土安全是立国之基，是传统安全备受关注的首要方面。② 国民安全是指国民群体和个体在生存繁衍和发展等方面的根本

---

① 刘跃进. 论总体国家安全观的五个"总体"［J］. 学术前沿，2014（11）：15.

② 《总体国家安全观干部读本》编委会. 总体国家安全观干部读本［M］. 北京：人民出版社，2016：89.

利益及基本权利的不受侵害和威胁。① 一定范围的国土和一定数量的国民是一个国家最基本的构成要素，国土安全与国民安全理应得到人们的同等关注。然而长期以来，人们谈到维护国家安全时，更多的是指捍卫国家的主权独立和领土完整，人的安全几乎被忽略。② 国土安全立足于对物的关切，但国家不是物的简单累积和拼凑，脱离了人民这一国家主体，国土安全就成了没有意义的口号。国家安全法第三条提出，总体国家安全观强调以人民安全为宗旨。在国家安全法中"人民安全"与"国民安全"概念大致可以通用，对此可从两个方面来理解：一方面，以人民安全为宗旨说到底就是要维护中华民族的生存权和发展权，让全体中国人民分享发展成果，基本权利得到保护，人的尊严受到尊重，安全得到保障。③ 另一方面，以人民安全为宗旨，意味着人民安全是国家安全第一位的重要内容，是国家安全最核心的组成部分，是国家安全活动的根本目的，这是我国社会主义国家政权的民主本质。

（3）统筹传统安全和非传统安全

传统的安全观把主权、领土、政治安全作为国家安全的重中之重，维护国家安全主要依靠军事力量和手段。随着人类社会发展和国际形势的变化，恐怖主义、网络、生态等非传统领域的安全问题日益突出，成为威胁国家安全的重要因素。政治安全、国土安全、军事安全等传统安全领域与经济安全、文化安全、科技安全、生态安全、资源安全等非传统安全领域的问题相互联系、相互影响，并在一定条件下可能相互转化。习近平指出，随着形势任务的发展变化，国家安全的领域将不断拓展和延伸，统筹传统安全与非传统安全，才能准确把握安全问题的综合性、联动性、多变性等属性和特点。总体国家安全观既讲非传统国家安全问题又讲传统国家安全问题，因而在国家安全构成要素及安全威胁因素和安全保障上实现了传统与非传统的统一。④

（4）统筹发展与安全⑤

（5）统筹自身安全和共同安全

自身安全更多强调从一国本身角度出发考虑的安全状态，共同安全则是从全局出发，充分考虑国与国在维护各自安全中的相互关系，努力形成"1 + 1 > 2"的安全状态。2017 年 2 月习近平召开国家安全工作座谈会时指出："认清国家安全形势，维护国家安全，要立足国际秩序大变局来把握规律，立足防范风险的大前提来统筹，立足我国发展重要战略机遇期大背景来谋划。"一方面，统筹自身安全和共同安全，与我

---

① 刘跃进. 国家安全学 [M]. 北京：中国政法大学出版社，2004：56.
② 李黎. 总体国家安全观中国特色国家安全新理念 [J]. 党政论坛，2015 (3)：17.
③ 郑淑娜. 中华人民共和国国家安全法解读 [M]. 北京：中国法制出版社，2016：15.
④ 刘跃进. 非传统的总体国家安全观 [J]. 国际安全研究，2014 (6)：3 - 25.
⑤ 发展与安全的关系参见前文"国家安全与经济社会发展相协调的原则"。

国面临的外部安全环境密切相关。当今时代，国际安全问题越来越多需要通过多边机制和合作对话解决。① 另一方面，我国进入实现中华民族伟大复兴的关键阶段，既面临重要发展机遇，也面临前所未有的困难和挑战。历史经验表明，国家安全失去保障，中华民族就无法掌握自己的命运。统筹自身安全和共同安全，才能为实现中华民族伟大复兴的中国梦提供坚实的安全保障。

（四）预防为主，标本兼治的原则

为有效维护国家安全，国家安全法确立了预防为主、标本兼治原则。国家安全法第九条规定："维护国家安全，应当坚持预防为主、标本兼治……"

1. 预防为主、标本兼治原则的概念

预防为主、标本兼治原则指的是，在国家安全工作中要有预见性，努力将危害国家安全的因素尽早控制或者消除，所采取的措施要既能够解决眼前的困难和危机，又有利于解决长远的根本问题。

预防为主、标本兼治原则是中国共产党领导中国人民从革命战争年代到社会主义建设时期的长期对敌斗争实践中，形成并坚持的基本原则和经验、做法，对克敌制胜发挥了重要的指导和保障作用，是对实践经验的总结。

2. 预防为主、标本兼治原则的内容

预防为主、标本兼治原则就是要坚持将预防和治乱结合起来，既防患于未然，又正本清源，既要坚持充分发挥专门机关和其他有关机关维护国家安全的职能作用，又要广泛动员公民和组织，防范、制止和依法惩治危害国家安全的行为，建立起维护国家安全的强大防线。② 习近平所说，"当前我国国家安全内涵和外延比历史上任何时候都要丰富，时空领域比历史上任何时候都要宽广，内外因素比历史上任何时候都要复杂"，③ 威胁国家安全的隐患不会完全消除，维护国家安全是一个动态的、不断发展的过程。因此，国家安全工作要坚持预防为主、标本兼治。

（五）专门工作与群众路线相结合原则

国家安全法第九条既确立了维护国家安全，应当坚持预防为主、标本兼治的原则，又指出做好国家安全工作，需要将"专门工作与群众路线相结合，充分发挥专门机关和其他有关机关维护国家安全的职能作用，广泛动员公民和组织，防范、制止和依法惩治危害国家安全的行为"，确立了专门工作与群众路线相结合的原则。

---

① 《总体国家安全观干部读本》编委会：总体国家安全观干部读本［M］．北京：人民出版社，2016：30.
② 郑淑娜．中华人民共和国国家安全法导读与释义［M］．北京：中国民主法制出版社，2016：25，65.
③ 官力．坚持总体国家安全观，走中国特色国家安全道路［EB/OL］．（2016 – 07 – 12）［2023 – 09 – 27］. http：//theory. people. com. cn/n1/2016/0712/c40531 – 28545243. html.

1. 专门工作与群众路线相结合原则的概念

依靠人民群众是我国国家安全工作的基本原则，是同危害国家安全行为作斗争的优良传统和经验总结，也是我国国家安全工作的一个重要特点。专门工作与群众路线相结合原则包含两层含义：

第一，专门工作。维护国家安全的专门工作，主要是指专门机关和其他有关机关依照职权开展的有关国家安全的专业工作，包括依法搜集涉及国家安全的情报信息，依法行使行政执法和刑事执法职权，对危害国家安全的活动开展有关侦查、调查工作等等。

第二，群众路线。坚持"一切为了群众，一切依靠群众"，"从群众中来，到群众中去"的群众路线，一直是我们党的优良传统。专门工作与群众路线相结合是国家安全工作的政治优势和重要原则，是我们克敌制胜的重要法宝和鲜明特色。没有人民群众的积极参与和大力支持，国家安全工作就成为"无源之水、无本之木"，失去了基础，也就失去了胜利的保障。

2. 专门工作与群众路线相结合原则的内容

（1）坚持专门机关与有关部门相结合

坚持专门机关与有关部门相结合，就是要充分发挥专门机关和其他有关部门维护国家安全的职能作用，形成维护国家安全的整体合力，战无不胜，百战不殆。

国家安全法第十一条规定，一切国家机关和武装力量都有维护国家安全的责任和义务。第三章专章规定了维护国家安全的职责，并在第三十九条、第四十条分别规定了中央国家机关各部门和地方维护国家安全的职责。这些规定都体现了专门机关与有关部门相结合的原则。

（2）坚持群众路线

国家安全工作虽然是一项专业性很强的工作，但是做好此项工作、切实维护国家安全离不开人民群众的支持与参与。

维护国家安全要坚持以民为本、以人为本，坚持国家安全一切为了人民、一切依靠人民，这样才能真正夯实国家安全的群众基础。实践证明，危害国家安全的活动大多是秘密进行的，但这些活动又都是在社会生活中进行的，很多情况下，人民群众的发现、及时报告和协助配合，是专门机关开展侦察调查工作所必需的，对及时发现、防范和处置危害国家安全的活动非常重要。①

国家安全法中多处体现了专门工作与群众路线相结合的原则。除国家安全法外，有关国家安全的其他一些法律法规也明确了专门工作与群众路线相结合的原则。比

---

① 郑淑娜.《中华人民共和国国家安全法》导读与释义［M］. 北京：中国民主法制出版社，2016：67.

如，反恐怖主义法第五条规定："反恐怖主义工作坚持专门工作与群众路线相结合，防范为主、惩防结合和先发制敌、保持主动的原则。"反间谍法第二条规定："反间谍工作坚持党中央集中统一领导，坚持总体国家安全观，坚持公开工作与秘密工作相结合、专门工作与群众路线相结合 坚持积极防御、依法惩治、标本兼治，筑牢国家安全人民防线。"

（六）共同安全原则

为落实和体现总体国家安全观，国家安全法确定了坚持促进共同安全的原则。国家安全法第十条规定："维护国家安全，应当坚持互信、互利、平等、协作，积极同外国政府和国际组织开展安全交流合作，履行国际安全义务，促进共同安全，维护世界和平。"

1. 共同安全原则的概念

当今世界，各国人民命运与共，唇齿相依。全球化的深入发展意味着，国与国之间利益交织，彼此关切，形成深层次的相互依赖。任何国家都不可能脱离世界而实现自身安全，也不可能将自身安全建立在其他国家不安全的基础之上。

共同安全原则主要针对国际层面而言，指的是维护国家安全，在保障自身安全的同时，也要尊重和保障其他国家的安全。不能追求一国安全而其他国家不安全、一部分国家安全而另一部分国家不安全，更不能牺牲别国安全谋求自身的所谓"绝对安全"。

构建人类命运共同体是对世界各国和人民现实关系的写照，符合和平、发展、合作、共赢的时代潮流和各国人民的共同期盼，是中国为实现世界共同安全和共同发展提出的"中国方案"。2013 年，习近平主席在莫斯科国际关系学院演讲时提出："我们主张，各国和各国人民应该共同享受安全保障。各国要同心协力，妥善应对各种问题和挑战。越是面临全球性挑战，越要合作应对，共同变压力为动力、化危机为生机。面对错综复杂的国际安全威胁，单打独斗不行，迷信武力更不行，合作安全、集体安全、共同安全才是解决问题的共同选择。"①

2. 共同安全原则的内容

在维护国家安全工作中要实现共同安全，需要做好以下工作②：

第一，坚持互信、互利、平等、协作原则。2011 年国务院新闻办发表的《中国的和平发展》白皮书指出，中国倡导互信、互利、平等、协作的新安全观，寻求实现综合安全、共同安全、合作安全。中国追求共同安全，在经济全球化条件下，各国

---

① 《总体国家安全观干部读本》编委会. 总体国家安全观干部读本 ［M］. 北京：人民出版社，2016：64－66.
② 郑淑娜. 《中华人民共和国国家安全法》导读与释义 ［M］. 北京：中国民主法制出版社，2016：70－72.

命运休戚与共，国际社会应增强共同安全意识，既要维护本国安全也要尊重别国安全。

第二，积极开展安全交流合作，履行国际安全义务。我国积极促进国际安全交流合作。战争和对抗只会导致以暴制暴的恶性循环，对话和谈判是解决争端的有效和可靠途径。要以合作谋和平、以合作保安全、以合作化干戈、以合作促和谐，反对动辄使用武力或者以武力相威胁。

党的十八届四中全会提出："积极参与国际规则制定，推动依法处理涉外经济、社会事务，增强我国在国际法律事务中的话语权和影响力，运用法律手段维护我国主权、安全、发展利益。强化涉外法律服务，维护我国公民、法人在海外及外国公民、法人在我国的正当权益，依法维护海外侨胞权益。深化司法领域国际合作，完善我国司法协助体制，扩大国际司法协助覆盖面。加强反腐败国际合作，加大海外追赃追逃、遣返引渡力度。积极参与执法安全国际合作，共同打击暴力恐怖势力、民族分裂势力、宗教极端势力和贩毒走私、跨国有组织犯罪。"

当今世界面临的安全挑战复杂多样，很多问题需要各国携手应对。我国主张超越"零和"思维，以和平方式解决争端，通过对话沟通增进互信。各国应寻求安全利益的最大公约数，既让自己安全，也让别人安全，共同应对各种安全问题和挑战。

（七）可持续安全原则

追求国家安全状态的可持续性是总体国家安全观的重要目标。国家安全法所阐述的国家安全概念中就体现了可持续安全的原则。国家安全法第二条规定："国家安全是指国家政权、主权、统一和领土完整、人民福祉、经济社会可持续发展和国家其他重大利益相对处于没有危险和不受内外威胁的状态，以及保障持续安全状态的能力。"

1. 可持续安全原则的概念

2017 年 1 月 18 日，习近平主席在联合国日内瓦总部发表题为《共同构建人类命运共同体》的主旨演讲，主张为建设一个普遍安全的世界，各方应该树立共同、综合、合作、可持续的安全观，从而使可持续安全观成为共建人类命运共同体的有机组成部分。由此，可持续安全观成为中国向世界提出的系统完整的有关国际安全的新理念。[①] 可持续安全原则就是指，谋求国家安全不是权宜之计，而是立足长远实现国家的持久安全。可持续也意味着国家安全应当与发展并重，统筹国家安全各要素，持续

---

① 刘江永. 可持续安全观是照亮世界和平的一盏明灯（深入学习贯彻习近平同志系列重要讲话精神）：深入学习习近平同志关于树立共同、综合、合作、可持续安全观的重要论述［N］. 人民日报，2017 － 03 － 16（7）.

回应和持久关注人民的安全需求。①

2. 可持续安全原则的内容

中国应与世界各国一道，以可持续安全观统筹国内国际安全大局，处理传统与非传统安全领域热点问题。这将是世界各国共同构建人类命运共同体的必由之路。

第一，着眼总体和长远。总体国家安全观的持续性，首先表现在实现国家安全的总体设想上，即国家谋求安全，不是权宜之计，而是为了长治久安。国家所面临的安全问题短期内不会消失，甚至可能会发生复杂变化。第二，追求可持续性。可持续性是总体国家安全观的重要目标。统筹现在和未来的国家安全工作，实现国家安全状态的可持续，就不能只是被动应付，而必须前瞻性地针对各种安全问题，开展机制化和常态化的治理。第三，重视可持续发展。发展是安全的基础，安全是发展的条件，要实现可持续安全，就必须实现可持续发展。第四，发展国际合作。可持续安全观涉及国内安全与国际安全两个大局，是世界各国都要面对的重大问题。任何一个主权国家的发展都离不开本国的稳定安全，也离不开和平、友好的国际环境。

可持续安全原则，是在发展和安全并重的国际合作中，以实现持久安全为目的形成的共识与成果。人类没有可持续安全就不会有可持续发展。可持续发展理论如果没有各国的认同和相关政策及行动，只会是空论。中国积极倡导可持续安全原则，展现了国际安全维护者、共同发展促进者、国际体系建设者形象，并将与国际社会一道努力走出共建、共享、共赢、共护的安全新路。

第二节　维护国家安全的任务与职责

▶▶ 一、维护国家安全的任务

国家安全法（第十五条至第三十四条）从政治安全、人民安全、国土安全、军事安全、经济安全、金融安全、资源能源安全、粮食安全、文化安全、科技安全、网络信息安全、社会安全、生态安全、核安全、新型领域安全、海外利益安全等方面详细规定了维护国家安全的任务，着力防范危害国家安全的各类风险挑战。本节介绍各

---

① 习近平主席在亚信峰会讲话中倡导的共同、综合、合作、可持续的安全观，也被集中概括为"可持续安全四项原则"，即共同安全原则、综合安全原则、合作安全原则与可持续安全原则。作为科学的安全观，可持续安全是总体安全的纲，纲举目张。共同安全是保障，综合安全是手段，合作安全是路径，可持续安全是目标与指针。换言之，可持续安全的基本特点就是共同安全、综合安全、合作安全，这是一个完整的统一体。

领域维护国家安全的任务。

（一）政治安全

政治安全是国家安全的根本，是社会稳定发展、人民安居乐业的根本保障。确保政治安全是维护国家安全的首要任务。维护政治安全的任务分为维护和依法惩治两个方面的具体内容。

1. 维护政治安全的主要任务

（1）坚持中国共产党的领导。坚持党的领导是我国宪法确立的基本原则，是人民民主专政的具体体现。坚持中国共产党的领导，要发挥党总揽全局、协调各方的领导核心作用，确保党在中国特色社会主义事业中的领导核心作用。

（2）维护中国特色社会主义制度。根据宪法第一条的规定，社会主义制度是中华人民共和国的根本制度。中国共产党领导是中国特色社会主义最本质的特征。中国特色社会主义制度的内容包括：在政治领域，人民代表大会制度是国家的根本政治制度，中国共产党领导的多党合作和政治协商制度、民族区域自治制度和基层群众自治制度是国家的基本政治制度，依法治国及健全社会主义法治是中国特色社会主义制度的重要目标等。

（3）发展社会主义民主政治。以保证人民当家作主为根本，坚持和完善人民代表大会制度、中国共产党领导的多党合作和政治协商制度、民族区域自治和基层群众自治制度，健全民主制度，丰富民主形式。

（4）健全社会主义法治。全面推进依法治国，建设社会主义法治体系，坚持依法治国、依法执政、依法行政共同推进，法治国家、法治政府、法治社会一体建设。发挥法治在国家治理中的重要作用，科学立法、严格执法、公正司法、全民守法，保证有法必依、执法必严、违法必究。树立依法治国、执法为民、公平正义、服务大局、党的领导的社会主义法治理念。依法保障全体公民的合法权益。

（5）强化权力运行制约和监督机制。按照结构合理配置科学、程序严密、制约有效的原则，建立健全决策权、执行权、监督权相互制约协调的权力结构和运行机制。强化权力运行公开，推进政府信息公开制度。加强权力监督，建立完善纪律监察体制机制，健全党内监督、民主监督、法律监督和舆论监督体系。

（6）保障人民当家作主的各项权利。保障人民依法通过各种途径和形式管理国家事务、经济和文化事业以及其他社会事务。保证人民通过人民代表大会行使国家权力，健全民主协商和基层民主制度，保障人民当家作主的各项权利。

2. 惩治危害政治安全行为和活动的主要任务

惩治危害政治安全行为和活动的主要任务是与当前政治安全面临的现实威胁密不

可分的。这些威胁主要包括：（1）"台独""港独""疆独""藏独"等分裂势力活动仍然猖獗，"法轮功"等邪教组织及其他敌对势力抹黑丑化我国政府、企图颠覆国家政权的活动依然存在；（2）境外反华势力对我国的渗透、颠覆、破坏和分裂活动不断升级、形式变化多样；（3）窃密与反窃密斗争激烈，境外间谍情报机关通过境内外交流渠道、互联网平台对我国公民实施拉拢、策反，窃取国家秘密。针对上述现实威胁，惩治危害政治安全行为和活动的主要任务包括三个方面的内容：第一，防范、制止和依法惩治任何叛国、分裂国家、煽动叛乱、颠覆或者煽动颠覆人民民主专政政权的行为；第二，防范、制止和依法惩治窃取、泄露国家秘密等危害国家安全的行为；第三，防范、制止和依法惩治境外势力的渗透、破坏、颠覆、分裂活动。国家安全法规定的同宪法、刑法、反分裂国家法、反间谍法、反恐怖主义法、保守国家秘密法等法律规定的维护政治安全的内容相互衔接和呼应。

（二）人民安全

2017年2月17日习近平总书记在国家安全工作座谈会上指出，"国家安全工作归根结底是保障人民利益，要坚持国家安全一切为了人民、一切依靠人民，为群众安居乐业提供坚强保障"。人民安全是国家安全的宗旨，维护和发展最广大人民的根本利益是我国维护人民安全的价值理念。维护人民安全的任务主要包括以下几个方面的内容。

1. 保卫人民安全

保卫人民安全是维护人民安全的核心任务。维护人民安全的基本内容是维护人民的人身和财产安全。在新形势下维护人民安全面临的风险因素主要包括：生产事故引发的安全问题；自然灾害引发的安全问题；恐怖袭击、群体性暴力事件等造成的安全问题；境外中国公民安全问题；等等。

2. 创造良好生存发展条件和安定工作生活环境

创造良好的生存发展条件，顺应人民对生存发展条件的需求，抓紧解决空气污染、水污染、土壤污染等环境问题以及农产品、食品、药品质量安全问题等严重危及人民群众基本生命健康权利的重大问题，确保生态安全、食品安全、药品安全。营造安定的工作生活环境，坚决防范和抵御外敌入侵，依法惩治境内暴力犯罪行为，打击恐怖主义、分裂主义、极端主义活动，依法应对处理大规模群体性事件，加强社会治安综合治理，维护安定和谐的社会环境。

3. 保障公民的生命权、财产权和其他合法权益

我国宪法规定，公民的合法私有财产不受侵犯，中华人民共和国公民在法律面前一律平等，国家尊重和保障人权，保障公民享有宪法和法律规定的权利，公民的人身

自由、人格尊严、住宅等不受侵犯。然而，公民的权益不会自动实现，需要国家不断创新社会治理体系，健全利益表达、利益协调和保护机制，确保公民权益得到公平对待、合法诉求得以满足和维护。

（三）国土安全

1. 维护国土安全的任务目标

根据国家安全法第十七条的规定，维护国土安全的任务是保卫领陆、内水、领海和领空安全，维护国家领土主权和海洋权益。

领土是国际法上国家的四个构成要件之一，国家对其领土享有主权。国家主权不容侵犯是国际法的基本原则之一。根据相关法律规定，我国的海洋权益主要包括：领土内岛屿和群岛的主权；在领海上空、领海的海床及底土享有的主权；在毗连区的管制权和紧追权；在专属经济区和大陆架的主权权利和管辖权；我国享有的历史性权利（传统捕鱼权、历史航行权）；等等。

2. 维护国土安全的防务活动和防卫管控措施

维护国土安全要加强边防、海防和空防建设，采取一切必要的防卫和管控措施保卫领土主权、安全和海洋权益。国家维护国土安全的措施分为两类：一类是和平措施，主要是国家在和平时期进行的边防、海防、空防的防务活动包括防卫工作和管控措施。另一类是非和平措施。国防法规定，当我国主权、统一、领土完整和安全遭受威胁时，依照宪法和法律规定可进行全国或局部动员。

此外，维护国土安全的措施也可分为对外和对内两类措施，包括对外防备和抵御侵略、制止武装颠覆的措施，以及防范和制止国内企图分裂国家的武装叛乱、暴乱等活动的措施。根据反分裂国家法的规定，"台独"分裂势力以任何名义、任何方式造成台湾从中国分裂出去的事实，或者发生将会导致台湾从中国分裂出去的重大事变，或者和平统一的可能性完全丧失，国家得采取非和平方式及其他必要措施，捍卫国家主权和领土完整。

（四）军事安全

军队是国家安全的强有力支柱和重要保障。强国必须强军，强军才能卫国。国家安全法关于维护军事安全的任务与宪法、国防法的规定高度一致，主要包括三个方面的内容。

1. 武装力量建设

我国宪法第二十九条规定，国家加强武装力量的革命化、现代化、正规化的建设，增强国际力量。落实这一要求可从四个方面入手：（1）坚持党对武装力量的领导权，特别是党对军队的绝对领导。（2）推进军队现代化、信息化建设。（3）推进依法治军、从严治军。（4）深化国防和军队改革，建立与国家安全需求相吻合的国防军事力量。

2. 积极防御

实施积极防御军事战略方针，防备和抵御侵略、武装颠覆和分裂活动。国家安全法关于积极防御的战略与国防法的规定相一致。在新的历史时期，为了更好地防备和抵御侵略、制止武装颠覆和分裂活动，要顺应新的历史时期下的任务要求，调整军事斗争准备基点，创新作战思想，优化军事布局，坚决捍卫国家安全。

3. 国际军事合作

我国军队近年来积极实行"走出去"战略，参加国际多边、双边机制内一系列海外军事行动，具体包括实施联合国维和、国际灾难救援和人道主义救援、海上护航、中外联演联训和维护国家海外利益的军事行动等。

（五）经济安全

经济安全是非传统安全中的重要内容，不仅关系着国家的经济发展，而且诸如大规模失业、金融市场紊乱、通货膨胀、经济危机等问题还可能危及一国社会稳定、政治独立和主权完整。

维护经济安全的主要任务包括三个方面：维护国家基本经济制度和社会主义市场经济秩序；健全预防和化解经济安全风险的制度机制；保障国家重大经济利益安全。

（六）金融安全

习近平总书记强调，"金融安全是国家安全的重要组成部分，是经济平稳健康发展的重要基础。维护金融安全，是关系我国经济社会发展全局的一件带有战略性、根本性的大事"。金融行业风险高、突发性强，一旦发生金融危机，波及面广、危害巨大，会严重危及经济安全甚至社会政治稳定，影响改革开放和现代化建设进程。

根据相关法律规定，我国维护金融安全的任务和目标主要分为健全金融宏观审慎管理制度机制；健全金融风险防范和处置机制；加强金融基础设施和基础能力建设；防范和化解系统性、区域性以及来自外部的金融风险等。

（七）资源能源安全

资源能源安全，是指一个国家或地区可以持续、经济、稳定、及时、充足地获取所需自然资源和能源的状态。广义的资源安全包括能源安全。根据是否具有战略地位，资源安全可分为战略性资源安全和非战略性资源安全；根据资源的内容种类可分为水资源安全、土地资源安全、矿产资源安全、生物资源安全、环境资源安全、海洋资源安全等。

资源能源安全在国家安全中占有基础性地位，为国家生存和发展提供物质基础，因此，需要合理利用和有效管控战略资源能源开发、加强战略资源能源储备、完善运输战略通道等多措并举，切实维护资源能源安全。

（八）粮食安全

习近平总书记指出，"保障粮食安全对中国来说是永恒的课题，任何时候都不能放松"。粮食安全关系公民生存和发展的基本权利，维护粮食安全是我国经济发展、社会稳定和国家安全的基础。

当前，我国粮食安全形势总体平稳，储备充足，供需平衡，供给丰富，但随着人口增长和人民生活水平提高，城镇化发展对耕地的侵蚀，以及气候环境变化带来的不利影响，粮食供给将长期处于紧平衡状态，粮食安全面临严峻挑战。因此，需要从健全粮食安全保障体系、保护和提高粮食综合生产能力、保障粮食质量安全等多方面入手，夯实我国粮食安全的基础。

（九）文化安全

文化是一个民族历史的传承和积淀，是将各族人民凝聚在一起的精神力量。文化安全是国家安全的重要组成部分。维护文化安全包括维护国家文化主权和尊严不受侵犯，保障文化传统和选择得到尊重，保证与经济基础和社会制度相适应的意识形态占主导地位。目前，我国出台了一系列与文化安全相关的法律法规和规范性文件，包括《中华人民共和国文物保护法》《中华人民共和国著作权法》《中华人民共和国非物质文化遗产法》《广播电视管理条例》《出版管理条例》《音像制品管理条例》《互联网信息服务管理办法》《互联网文化管理暂行规定》等。

具体而言，维护文化安全，需要坚持社会主义先进文化前进方向、继承和弘扬中华优秀传统文化、培育和践行社会主义核心价值观、防范和抵制不良文化影响、增强文化整体实力和竞争力等。

（十）科技安全

科技安全广泛应用于国家安全的各个领域，在当前国际科技竞争日益激烈的形势下，科技安全成为影响国家安全其他方面的重要内容。科技安全包括两方面主要内容：第一，保护国家安全和利益免受境外科技威胁，免受敌对势力和破坏势力利用科技手段的威胁，免受科技发展自身的不良影响。第二，国家以科技手段维护国家安全，保障科学技术健康发展，提高国家综合国力。维护科技安全的重要任务就是要着眼未来，抓住战略机遇，促进科技研发，抢占新科技革命制高点，实现核心关键技术和战略制高技术的自主可控，鼓励科技成果落地转化和保护，防止科技泄密，保障重大科技项目和成果安全。为此，要加强科技自主创新能力建设、实现战略高新技术和核心关键技术自主可控、加强知识产权的运用和保护、完善和加强科技保密能力建设等。

（十一）网络与信息安全

习近平总书记在中央网络安全和信息化领导小组第一次会议上指出，网络安全和信息化是事关国家安全和发展、事关广大人民群众工作生活的重大战略问题。广义的信息安全不仅包括网络信息安全，还包括传统领域的信息安全。在网络技术普遍应用的当今时代，信息安全、网络安全、网络信息安全几个名词往往交替使用。

具体而言，维护网络与信息安全的任务主要包括：建设网络与信息安全保障体系，提升网络与信息安全保护能力；加强网络与信息安全技术研发应用，实现安全可控；加强网络监督管理，防范和依法处置网络违法犯罪行为；维护国家网络空间主权；等等。

（十二）民族领域国家安全

我国是由 56 个民族组成的统一的多民族国家。民族自治地方的面积占全国面积的 64%，并且陆地国界线 90% 在民族自治地区。民族领域的安全问题对于维护国家安全和领土统一具有重要意义。

民族领域维护国家安全的任务主要包括：坚持和完善民族区域自治制度；巩固和发展平等团结互助和谐的社会主义民族关系；防范、制止和依法惩治民族分裂活动，维护国家统一和民族团结；实现各民族共同团结奋斗和繁荣发展。

（十三）宗教领域国家安全

我国宪法规定公民有宗教信仰自由，国家保护正常的宗教活动，任何人不得利用宗教进行破坏社会秩序、损害公民身体健康、妨碍国家教育制度的活动。《宗教事务条例》规定，宗教事务管理坚持保护合法、制止非法、遏制极端、抵御渗透、打击犯罪的原则，宗教团体、宗教院校、宗教活动场所和信教公民应当遵守法律规定，践行社会主义核心价值观，维护国家统一、民族团结、宗教和睦与社会稳定。

宗教领域维护国家安全的任务主要包括：依法保护公民宗教信仰自由和正常宗教活动，维护宗教活动秩序；坚持宗教独立自主自办的原则，反对境外势力干涉；防范、制止和依法惩治利用宗教名义危害国家安全的违法犯罪活动；依法取缔邪教，防范、制止和依法惩治邪教违法犯罪活动。

（十四）防范和处置恐怖主义、极端主义的任务

1. 我国对恐怖主义的认定

根据国家安全法的规定，国家应加强防范和处置恐怖主义能力建设。在具体工作上，做好情报、调查、防范、处置及资金监管等工作，依法取缔恐怖活动组织，严厉惩处暴力恐怖活动。我国于 2015 年通过了反恐怖主义法。该法为开展反恐怖主义、

极端主义工作提供了法律依据。此外，2015 年 8 月，全国人大常委会通过了刑法修正案（九），包括 9 条涉及恐怖主义、极端主义的防范和处罚规定。

2. 我国防范和惩治恐怖主义、极端主义的任务

（1）防范工作是反恐怖主义、极端主义工作的重要环节。（2）情报信息工作是防范和处置恐怖主义、极端主义的关键环节。（3）应对和处置恐怖主义事件，制止恐怖主义活动，是反恐怖主义的重要任务。（4）对恐怖主义的资金监管任务。（5）依法取缔恐怖主义组织、惩治恐怖主义活动的任务。（6）反恐怖主义、极端主义的国际合作。反恐怖主义法规定，我国根据缔结或参加的国际条约或按照平等互惠的原则，与其他国家、地区、国际组织开展反恐怖主义合作等。

（十五）社会安全、生态安全、核安全

国家安全法规定，维护社会安全要从以下几个方面入手：健全有效预防和化解社会矛盾的体制机制，预防、减少和化解社会矛盾；健全公共安全体系；妥善处置影响国家安全和社会稳定的突发事件；最终达到促进社会和谐、维护公共安全和社会安定的目标。

国家安全法规定维护生态安全的任务包括：完善生态环境保护制度体系；加大生态建设和环境保护力度；强化生态风险预警防控，妥善处置突发环境事件。

2017 年 9 月，我国出台核安全法。这部法律和其他法律法规共同构成我国核安全的法律制度体系。维护核安全从以下几方面入手：坚持和平利用核能与核技术；加强对核设施、材料、活动、废料处置的安全管理；加强核事故应急体系和能力建设；等等。

（十六）新型领域安全

国家安全法第三十二条规定，国家坚持和平探索和利用外层空间、国际海底区域和极地，增强安全进出、科学考察、开发利用的能力，加强国际合作，维护我国在外层空间、国际海底区域和极地的活动、资产和其他利益的安全。

（十七）海外利益安全

海外利益安全是指保护海外中国公民、组织和机构的安全和正当权益、国家的海外利益不受威胁和侵害，以及保障持续安全状态的能力。国家安全法第三十三条规定，国家依法采取必要措施，保护海外中国公民、组织和机构的安全和正当权益，保护国家的海外利益不受威胁和侵害。

（十八）其他维护国家安全的任务

以上所述，国家安全法第二章中，维护国家安全的任务共 20 条。此外，维护国家安全的领域存在着生物安全，新发突发传染病疫情防控、电磁空间安全等。国家安全法第三十四条规定，国家根据经济社会发展和国家发展利益的需要，不断完善维护国家安全的任务。

二、维护国家安全的职责

（一）全国人大及其常委会维护国家安全的职责

国家安全法第三十五条规定，全国人民代表大会依照宪法规定，决定战争和和平的问题，行使宪法规定的涉及国家安全的其他职权。全国人民代表大会常务委员会依照宪法规定，决定战争状态的宣布，决定全国总动员或者局部动员，决定全国或者个别省、自治区、直辖市进入紧急状态，行使宪法规定的和全国人民代表大会授予的涉及国家安全的其他职权。

（二）国家主席维护国家安全的职责

国家安全法第三十六条规定，中华人民共和国主席根据全国人民代表大会的决定和全国人民代表大会常务委员会的决定，宣布进入紧急状态，宣布战争状态，发布动员令，行使宪法规定的涉及国家安全的其他职权。

（三）国务院维护国家安全的职责

国家安全法第三十七条规定，国务院根据宪法和法律，制定涉及国家安全的行政法规，规定有关行政措施，发布有关决定和命令；实施国家安全法律法规和政策；依照法律规定决定省、自治区、直辖市的范围内部分地区进入紧急状态；行使宪法法律规定的和全国人民代表大会及其常务委员会授予的涉及国家安全的其他职权。

（四）中央军委维护国家安全的职责

国家安全法第三十八条规定，中央军事委员会领导全国武装力量，决定军事战略和武装力量的作战方针，统一指挥维护国家安全的军事行动，制定涉及国家安全的军事法规，发布有关决定和命令。

（五）中央国家机关各部门维护国家安全的职责

国家安全法第三十九条规定，中央国家机关各部门按照职责分工，贯彻执行国家安全方针政策和法律法规，管理指导本系统、本领域国家安全工作。

（六）地方维护国家安全的职责

国家安全法第四十条规定，地方各级人民代表大会和县级以上地方各级人民代表大会常务委员会在本行政区域内，保证国家安全法律法规的遵守和执行。地方各级人民政府依照法律法规规定管理本行政区域内的国家安全工作。香港特别行政区、澳门特别行政区应当履行维护国家安全的责任。

（七）司法机关维护国家安全的职责

国家安全法第四十一条规定，人民法院依照法律规定行使审判权，人民检察院依照法律规定行使检察权，惩治危害国家安全的犯罪。

（八）专门机关维护国家安全的职责

国家安全法第四十二条规定，国家安全机关、公安机关依法搜集涉及国家安全的情报信息，在国家安全工作中依法行使侦查、拘留、预审和执行逮捕及法律规定其他职权。有关军事机关在国家安全工作中依法行使相关职权。

国家安全法第四十三条规定了国家机关和工作人员的履职要求。

第三节　国家安全制度与保障

国安才能国治，治国必先治安。维护国家安全，根本的任务和目的是保卫人民民主专政的政权和中国特色社会主义制度，保护人民的根本利益，保障改革开放和社会主义现代化建设的顺利进行，实现中华民族伟大复兴。维护国家安全，首要的是维护国家政权和社会制度。①

一、国家安全制度

（一）国家安全制度和工作机制的提出

2013年，党的十八届三中全会决定成立中央国家安全委员会，建立集中统一、高效权威的国家安全领导体制，加强对国家安全工作的集中统一领导。中央国家安全委员会的主要职责是制定和实施国家安全战略，推进国家安全法治建设，制定国家安全工作方针政策。2014年1月24日，中央政治局会议明确中央国家安全委员会遵循"集中统一、科学谋划、统分结合、协调行动、精干高效"的原则开展国家安全工作。2014年4月15日中央国家安全委员会第一次会议提出，建立集中统一、高效权威的国家安全体制，加强对国家安全工作的领导。国家安全法对国家安全制度和工作机制予以法定化，规定"中央国家安全领导机构实行统分结合、协调高效的国家安全制度与工作机制"。

---

① 中国法制出版社. 国家安全法律知识读本：注解版［M］. 北京：中国法制出版社，2018：37.

（二）国家安全制度和工作机制的含义

国家安全法第四十四条规定，中央国家安全领导机构实行"统分结合、协调高效"的国家安全制度与工作机制。"统分结合"是实体要求，"协调高效"是程序目标。①

"统"是统一、统筹。国家安全事项在中央，国家安全工作必须高度集中，统于中央。习近平总书记在《关于〈中共中央关于全面推进依法治国若干重大问题的决定〉的说明》中明确指出，我们的安全工作体制机制还不能适应维护国家安全的需要，需要搭建一个强有力的平台统筹国家安全工作。设立国家安全委员会，加强对国家安全工作的集中统一领导。国家安全法第四条确立了"集中统一、高效权威"的国家安全领导体制；第五条明确规定的"统筹协调国家安全重大事项和重要工作"是中央国家安全领导机构的重要职能之一。这些都是"统"的具体体现。"分"，是指在国家安全事务上，各责任主体分兵把口、各负其责。我国政府行政管理体制的"条块结合"模式，通过层级化把整个行政区域切成块状，又通过各层级对应的部门把块块切成了条条，从而形成条块结合的体系。各部门对本系统业务、各地区对本辖区事务负有领导或指导的职能，都是维护国家安全的责任主体。因此，国家安全法第三章对有关国家机关和各地区、各部门维护国家安全的职责进行详细规定。我国的国家安全委员会主要职责是国家安全的决策和议事协调，而不是国家安全工作的执行机构，维护国家安全的责任必须且只能通过各责任主体分别承担。

"协调"，是指协调行动。国家安全因素的复杂性，决定国家安全工作牵一发而动全身，一旦国家安全危机出现或者次生、衍生灾害发生，需要有效动员各方力量，共享各方信息，调动各方资源，统筹协调，集中优势，形成合力共同应对危机和灾害，切实维护国家安全。我国政府各职能机构之间越来越相互依赖，政府的单一职能部门难以独立解决的、棘手的公共管理问题，通常通过部门之间进行议事协调，直至组成议事协调机构联合各职能部门加以解决。② 国家安全法第四十五条规定了国家安全重点领域协调工作机制，第四十八条规定了跨部门会商工作机制，第四十九条规定了中央与地方之间、部门之间、军地之间以及地区之间关于国家安全的协同联动机制。这些制度和机制的设立，确保国家安全工作能够协调一致，共同行动，调动一切能够调动的力量资源，形成维护国家安全的合力。

"高效"，是指运转高效。国家安全事关重大，要求国家安全工作体制机制必须高效运转，否则就会丧失战机、酿成大祸，造成不可挽回的后果。当代国家安全治理

---

① 郑淑娜. 中华人民共和国国家安全法解读［M］. 北京：中国法制出版社，2016：230.
② 王伟，曹丽媛. 作为任务型组织的政府议事协调机构［J］. 中共中央党校学报，2013（4）：52.

中的一个重要内容就是对各种重大事件和危机进行有效管理包括突发外交事件、恐怖主义袭击、严重暴力事件、自然灾害、公共卫生事件、环境事故、核事故等。处置要求决策者作出及时、专业和科学的判断，并进行有效和协同的应对。一般情况下，层次越多，信息沟通越迟缓，信息失真的可能性越大；管理幅度越宽，协调越困难。"精简、高效、统一"的原则，要求需要变金字塔结构为扁平式的非金字塔式结构。① 人员精干高效、层级紧缩，是各国国家安全机制运作高效的重要保证。

维护国家安全，要靠制度、机制来支撑，国家安全法第四十四条至五十八条规定了国家安全制度。在总结以往实践经验的基础上，既明确了国家安全制度建设的总体要求，即建立"统分结合、协调高效的国家安全制度和工作机制"，又规定了一些具体的国家安全工作机制，如国家安全重点领域工作协调机制、国家安全工作督促检查和责任追究机制、国家安全战略贯彻实施机制、重大事项跨部门会商工作机制、国家安全协同联动机制、国家安全决策咨询机制。此外，《国家安全法》还从维护国家安全工作的现实需要出发，规定了维护国家安全的具体制度，如情报信息收集研判、使用制度，风险评估、风险预警机制以及国家安全事件报告制度，国家安全重大事项的审查和监管制度，国家安全危机管控制度等。

▶ 二、国家安全保障

当前，我国面临来自国内国际诸多风险挑战，国家安全形势复杂严峻，维护国家安全的任务艰巨。国家安全事关一国生存发展，在世界各国都受到高度重视，国家通常采取各种措施保障维护国家安全的各种需要。国家安全法从六十九条至七十六条规定了国家安全保障，提出建立健全国家安全保障体系，在法制、经费、物资、科技、人才、专门工作手段、宣传教育等方面给国家安全工作提供全面的支持，提高维护国家安全的工作能力。

（一）总体保障

国家安全法第六十九条规定，国家健全国家安全保障体系，增强维护国家安全的能力。本条是对所有保障措施做出的总体性规定。这是由国家安全事务的重要性、国家安全法治要求、国家设置保障措施的目标所决定的。

"相较于以国家为中心、主要协调国与国之间关系的传统安全（traditional security）而言，以恐怖主义为中心的非传统安全（non-traditional security）正演变成一个全球性问题。非传统安全是一种除政治、军事、外交等传统安全以外的新型安

---

① 刘祖云. "高效行政"源于行政体制与机制创新［J］. 理论月刊，2004（9）：32－34.

全，其涵盖性往往超过一个国家的能力范围，强调的是以人类发展为中心，解决的是人与发展的问题。"① 为了能够增强维护国家安全的能力，就必须建立一个完备、全面、综合、协调的国家安全保障体系。

（二）其他保障

1. 法制方面

国家安全法第七十条规定，国家健全国家安全法律制度体系，推动国家安全法治建设。我国国家安全立法数量较多，据统计，涉及国家安全的法律法规达到 100 多部，其中有数十部主要规范国家安全问题，内容广泛，覆盖政治安全、国土安全、军事安全、经济安全、文化安全、社会安全、科技安全、网络信息安全、生态安全、能源资源安全、核安全等领域；形式多样，既有宪法、法律，也有行政法规、地方性法规、地方政府规章和部门规章，已初步搭建起我国国家安全法律制度框架。

2. 经费方面

国家安全法第七十一条规定，国家加大对国家安全各项建设的投入，保障国家安全工作所需经费和装备。国家安全的各项建设具体分为物质建设、人才建设与制度建设。物质建设包括有关维护国家安全的各种设备、器械、装置、基础设施等；人才建设包括从事国家安全工作的专业人才的培训、锻炼和储备；制度建设包括国家安全制度、体制、机制的建设与运作。做好这些工作都必须有适当的经费作为保障。

3. 物资方面

国家安全法第七十二条规定，承担国家安全战略物资储备任务的单位，应当按照国家有关规定和标准对国家安全物资进行收储、保管和维护，定期调整更换，保证储备物资的使用效能和安全。国家安全战略物资储备，是国家在平时有计划建立的对国计民生和国家安全具有重要影响的物质资料的储存和积蓄，以应对战争或其他意外情况，保障国民经济正常运转和国家安全的需求。国家安全战略物资储备只能在国家遇到非常情况时方可动用，一般情况下除非定期更换不得随意动用。国家安全战略物资储备包括：对国计民生和国家安全十分重要的物资，国内资源缺少或生产能力不足、需要进口的重要物资，高新技术产业发展必需的稀贵金属和材料等，诸如粮食、棉花、布料、药品、食盐、燃料、钢铁、有色金属、木材、橡胶、纸张机械设备、武器弹药、运输工具等。储备的原则包括：服从国家安全需要，兼顾经济效益避免造成浪费；尽量做到数量充足，但也符合国情，不盲目追求数量；既要确保种类齐全又突出重点；布局合理，确保调用物资能快速抵达使用现场。

---

① 康均心. 全球反恐背景下国家安全法治体系的构建［J］. 山东大学学报，2017（2）：1 – 11.

4. 科技方面

国家安全法第七十三条规定，鼓励国家安全领域科技创新，发挥科技在维护国家安全中的作用。涉及军事、政治、外交等传统国家安全领域的科技保障，相关法律法规明确规定；非传统安全领域包括资源能源、粮食、社会、环境等诸多领域的科技保障，相关法律法规明确规定。

5. 人才方面

国家安全法第七十四条规定，国家采取必要措施，招录、培养和管理国家安全工作专门人才和特殊人才。根据维护国家安全工作的需要，国家依法保护有关机关专门从事国家安全工作人员的身份和合法权益，加大人身保护和安置保障力度。

6. 专门工作手段保障

国家安全法第七十五条规定，国家安全机关、公安机关、有关军事机关开展国家安全专门工作，可以依法采取必要手段和方式，有关部门和地方应当在职责范围内提供支持和配合。

7. 宣传教育方面

国家安全法第七十六条规定，国家加强国家安全新闻宣传和舆论引导，通过多种形式开展国家安全宣传教育活动，将国家安全教育纳入国民教育体系和公务员教育培训体系，增强全民国家安全意识。

第四节　公民、组织的义务和权利

宪法第五十四条、第五十五条规定，"中华人民共和国公民有维护祖国的安全荣誉和利益的义务，不得有危害祖国的安全、荣誉和利益的行为"，"保卫祖国、抵抗侵略是中华人民共和国每一个公民的神圣职责"。国家安全法第十一条也规定："中华人民共和国公民、一切国家机关和武装力量、各政党和各人民团体、企业事业组织和其他社会组织，都有维护国家安全的责任和义务。中国的主权和领土完整不容侵犯和分割。维护国家主权、统一和领土完整是包括港澳同胞和台湾同胞在内的全中国人民的共同义务。"在此基础上，国家安全法在第六章对"公民、组织的义务和权利"作了进一步的明确规定。

国家安全关乎国家核心利益，在国家安全工作中，应当重点强调公民和组织维护国家安全的义务和责任。在强调维护国家安全义务的同时，也应注重保护公民、组织在维护国家安全中的权利，包括公民、组织在国家安全工作中有申请人身保护的权利，获得补偿和抚恤优待的权利，对国家机关及其工作人员提出申诉、控告和检举的权利，等等。

一、公民、组织的义务

（一）一般义务

国家安全法第七十七条规定，公民和组织应当履行下列维护国家安全的义务：①遵守宪法、法律法规关于国家安全的有关规定；②及时报告危害国家安全活动的线索；③如实提供所知悉的涉及危害国家安全活动的证据；④为国家安全工作提供便利条件或者其他协助；⑤向国家安全机关、公安机关和有关军事机关提供必要的支持和协助；⑥保守所知悉的国家秘密；⑦法律、行政法规规定的其他义务。任何个人和组织不得有危害国家安全的行为，不得向危害国家安全的个人或者组织提供任何资助或者协助。该条是关于公民和组织维护国家安全义务的规定。第一款详细规定了公民和组织在维护国家安全方面应当履行的、必须主动做出一定行为的七项积极义务，第二款规定了个人和组织在维护国家安全方面必须遵循的两项禁止性义务。

（二）机关、人民团体、企业事业组织和其他社会组织特殊义务

国家安全法第七十八条规定："机关、人民团体、企业事业组织和其他社会组织应当对本单位的人员进行维护国家安全的教育，动员、组织本单位的人员防范、制止危害国家安全的行为。"该条是关于单位对本单位的人员进行国家安全教育及防范、制止危害国家安全行为的规定，是对以往规定的继承和重申。

（三）企业事业组织配合有关部门的义务

国家安全法第七十九条规定："企业事业组织根据国家安全工作的要求，应当配合有关部门采取相关安全措施。"第七十五条也规定："国家安全机关、公安机关、有关军事机关开展国家安全专门工作，可以依法采取必要手段和方式，有关部门和地方应当在职责范围内提供支持和配合。"

二、公民、组织的权利

（一）公民和组织支持、协助国家安全工作受法律保护

国家安全法第八十条规定："公民和组织支持、协助国家安全工作的行为受法律保护。因支持、协助国家安全工作，本人或者其近亲属的人身安全面临危险的，可以向公安机关、国家安全机关请求予以保护。公安机关、国家安全机关应当会同有关部门依法采取保护措施。"反恐怖主义法中规定了因报告和制止恐怖活动等，本人和近亲属人身安全面临危险的，经本人或近亲属提出申请，公安机关和有关部门应当对其

人身和住宅采取专门性保护措施及其他的必要的保护措施等。

（二）获得赔偿和抚恤优待的权利

国家安全法第八十一条规定："公民和组织因支持、协助国家安全工作导致财产损失的，按照国家有关规定给予补偿；造成人身伤害或者死亡的，按照国家有关规定给予抚恤优待。"该条规定的是对个人和组织积极履行维护国家安全义务的行为给予法律上的有效保障。

（三）提出批评建议及申诉、控告和检举的权利

国家安全法第八十二条规定："公民和组织对国家安全工作有向国家机关提出批评建议的权利，对国家机关及其工作人员在国家安全工作中的违法失职行为有提出申诉、控告和检举的权利。"该条是关于公民和组织的批评建议权及申诉、控告和检举权的规定。国家机关是指，国家的各级权力机关、行政机关、审判机关、检察机关、监察机关、军事机关及其所属部门。国家机关不符合人民利益的所作所为，不限于违法失职方面的行为，还包括其他方面的不负责行为、不适当行为、效率不高行为等。因此，根据国家安全法第八十二条的规定，国家机关即使没有违法失职的行为，公民和组织对国家安全工作也有提出批评和建议的权利。

（四）特别措施的合法性与合理性要求

国家安全法第八十三条规定："在国家安全工作中，需要采取限制公民权利和自由的特别措施时，应当依法进行，并以维护国家安全的实际需要为限度。"本条是关于特别措施应遵循合法性和合理性的规定。

首先，按照法定的条件实施特别措施。国家安全法第六十五条规定的条件是"国家决定进入紧急状态、战争状态或者实施国防动员后"，相关国家机关才可以采取特别措施。有关法律法规也对于这些状态的前提条件作出明确规定。例如，根据戒严法的规定，在发生严重危及国家的统一、安全或者社会公共安全的动乱、暴乱或者严重骚乱，不采取非常措施不足以维护社会秩序、保护人民的生命和财产安全的紧急状态时，国家可以决定实行戒严。全国或者个别省、自治区、直辖市的戒严，由国务院提请全国人民代表大会常务委员会决定；中华人民共和国主席根据全国人民代表大会常务委员会的决定，发布戒严令。省、自治区、直辖市的范围内部分地区的戒严，由国务院决定，国务院总理发布戒严令。只有在出现上述法定条件的时候，有关国家机关才可以依法采取特别措施。①

其次，特别措施应以维护国家安全实际需要为限。例如，根据《人民警察使用

---

① 贾宇，舒洪水．中国国家安全法教程［M］．北京：中国政法大学出版社，2021：343．

警械和武器条例》第七条的规定，人民警察遇有八类情形，经警告无效的，可以使用警棍、催泪弹、高压水枪、特种防暴枪等驱逐性、制服性警械，但是人民警察依照规定使用警械，应当以制止违法犯罪行为为限度；当违法犯罪行为得到制止时，应当立即停止使用。《海关工作人员使用武器和警械的规定》第六条也规定："海关工作人员使用武器或者警械时，应当以制服对方为限度。"

国家安全法第十三条规定，国家机关工作人员在国家安全工作和涉及国家安全活动中，滥用职权、玩忽职守、徇私舞弊的，依法追究法律责任。任何个人和组织违反本法和有关法律，不履行维护国家安全义务或者从事危害国家安全活动的，依法追究法律责任。该条是关于国家机关工作人员因职务行为而带来的法律责任及公民和组织的法律责任。国家安全法是一部综合性、全局性、基础性的法律，涉及领域广泛，对违反国家安全的行为追究法律责任做出了原则性规定，但具体的法律责任还需要通过其他法律来明确①。

【思考题】

1. 阐释国家安全法的立法背景、主要内容及评价。

2. 为有效维护国家安全，如何理解国家安全法确立的"预防为主、标本兼治"的原则？

3. 国家安全法第十一条规定："中华人民共和国公民、一切国家机关和武装力量、各政党和各人民团体、企业事业组织和其他社会组织，都有维护国家安全的责任和义务。"谈谈对此条的理解。

---

① 李竹，肖君拥．国家安全法学［M］．北京：法律出版社，2019：294．

第五章　反恐怖主义法

《中华人民共和国反恐怖主义法》（以下简称"反恐怖主义法"）是为了防范和惩治恐怖活动，加强反恐怖主义工作，维护国家安全、公共安全和人民生命财产安全，根据宪法制定，2015 年 12 月 27 日经第十二届全国人大常委会第十八次会议审议通过，自 2016 年 1 月 1 日起施行。根据 2018 年 4 月 27 日第十三届全国人民代表大会常务委员会第二次会议《关于修改〈中华人民共和国国境卫生检疫法〉等六部法律的决定》修正）。① 本法共十章九十七条。立足于当前和今后一段时期反恐怖主义的斗争需要，规定了反恐怖主义工作的体制机制，明确反恐怖主义工作领导机构和有关部门的职责任务，规定了反恐怖主义必要的手段和措施，并注意平衡与法治、保障人权的关系。这是一部全面、系统地规定有关工作体制、机制和手段、措施的综合性法律，是反恐怖主义工作的基本法。

第一节　反恐怖主义法概述

▶▶ 一、恐怖主义的相关概念

（一）恐怖主义

"恐怖主义"一词带有鲜明的政治及情感色彩，其精确的定义难以辨识，学术研究上可以找到 100 多个相关解释，广义上讲，恐怖主义是对没有武装的人员，有组织、有计划地通过暴力手段威胁其生命财产安全，让目标对象处在恐怖的环境中，以实现恐怖实施者的既定目标的行为统称。但对事件和行为进行恐怖主义定义时，会因

---

① 除非特别指出，书中所引均为 2018 年 4 月 27 日公布并施行的《中华人民共和国反恐怖主义法》。

意识形态的差异而产生不同结论，也就是说，恐怖主义的定义很大程度上要根据我们的意识形态和政治理念来确认。① 如何界定恐怖主义、恐怖活动等概念，是反恐怖主义立法中的一个基本问题。当前大多数国家的反恐怖主义法中，都规定了恐怖主义、恐怖活动等定义。② 在反恐怖主义法出台之前，2011 年 10 月全国人大常委会通过的《全国人民代表大会常务委员会关于加强反恐怖工作有关问题的决定》，对恐怖活动的定义作了相关规定，对指导反恐怖主义工作发挥了积极作用。

　　国际社会对恐怖主义的定义一直存在争议，各种法律体制和政府机构在他们的国家法规当中对恐怖主义的界定和判断标准不同，导致确定恐怖行为的国际统一标准进程一直停滞不前，这是基于"恐怖主义"一词含有政治和情感意味。国际社会一直未能就恐怖主义建立一套可被接纳、全盘的定义。20 世纪 70—80 年代，联合国曾经试图对此作出定义，但成员国在民族解放和民族自决所引起的冲突而使用暴力的情况上有分歧，最终不了了之。这些分歧使联合国不能订立包含单一、全面、具备法律约束力的恐怖主义定义在内的《关于国际恐怖主义的全面公约草案》。不过，国际社会已采纳了一系列的部级公约，列明各种恐怖活动的定义及就此立法管制。自 1994 年，联合国大会再三以这样的言辞谴责恐怖活动，"企图引起公众恐慌的犯罪行动，不管是个人还是团体为追求政治目的而从事这些行为都是不可接受的，不管其背后的性质是政治、意识形态、哲学、种族、宗教等都不能使之合法化"。③

　　尽管客观上存在各种各样的难题和制约，国际统一标准的恐怖主义犯罪概念的制定在全球反恐活动中依然居于关键位置，一直被联合国进行分析和界定。2001 年 10 月的联合国第六委员会所提出的《关于国际恐怖主义的全面公约草案》，其中第二条详细指出："本公约所认定的犯罪行为，是指任何人或任何组织，通过任何方法和手段、有预谋造成任何人死亡或重伤，或者造成公共或个人财物的损失，包括公共设施、基础设施及生态环境等，并因此寻致或可能导致的其他重大经济损失，并且以胁迫某国政府或个人采取或者不采取某种行为为目的的所有暴力犯罪行为。"

　　为突出表明"反恐"的治本之策是防止恐怖主义思想的形成和传播，有利于动员、组织各有关方面和广大人民群众从源头上防范恐怖活动犯罪，便于开展国际合作，我国最终确定用"反恐怖主义法"作为法律名称。④ 在第三条规定了恐怖主义的定义，是指通过暴力、破坏、恐吓等手段，制造社会恐慌、危害公共安全、侵犯人身

　① 李军. 恐怖主义与主要大国的反恐战略研究［D］. 武汉：华中师范大学，2014：19.
　② 王爱立. 中华人民共和国反恐怖主义法解读［M］. 北京：中国法制出版社，2016：10.
　③ 李军. 恐怖主义与主要大国的反恐战略研究［D］. 武汉：华中师范大学，2014：34.
　④ 《中华人民共和国反恐怖主义法》解读［EB/OL］.（2021 - 12 - 15）［2023 - 11 - 10］. https：//baijiahao. baidu. com/s？ id = 1719182831074728437&wfr = spider&for = pc.

财产，或者胁迫国家机关、国际组织，以实现其政治、意识形态等目的的主张和行为。①

根据本条规定，恐怖主义主要包含以下几个要素：

一是恐怖主义具有明确的政治、意识形态等目的。恐怖主义的直接目的，是通过实施具体的暴力、破坏、恐吓等活动，在社会上制造恐怖气氛，恐吓政府机构、国际组织或者社会公众，从而强迫政府、国际组织等从事或者不从事某种行为。其根本目的是通过实现直接目的，胁迫国家机关、国际组织最终实现其特定的政治或者意识形态等目的。"特定的政治或者意识形态等目的"是恐怖主义的一个根本特征。实践中有很多犯罪行为，如一般的群体性案（事）件、邪教活动、黑社会性质组织活动、个人报复社会等不稳定因素引发的违法犯罪，使用暴力、恐吓、破坏等手段，也会造成社会恐慌，危害公共安全、侵犯人身财产。但这些犯罪行为与恐怖活动犯罪的一个本质区别，往往是其不具有"特定的政治、意识形态等目的"，对于这类行为，则不能认定为恐怖主义。

二是恐怖主义的手段包括使用暴力、破坏或者恐吓等手段。恐怖主义、恐怖活动的"恐怖性"，表现之一就在其手段的非常规性上。暴力或威胁使用暴力是其最基本的手段，包括杀害、伤害他人，爆炸、纵火、投放危险物质，劫持飞机、劫持人质等。破坏，是指损毁财物，破坏特定目标或者设施，如破坏公共信息网络，中断电、热、气等重要能源供应等。此外，恐怖主义还会使用恐吓、强迫、强制、敲诈等以暴力、破坏为支持力量的手段造成社会恐慌，严重影响社会正常生活秩序。

三是恐怖主义的危害后果包括危害国家安全尤其是政治安全，还有制造社会恐慌、危害公共安全、侵犯人身财产等等。这类犯罪的危害后果往往与其政治、意识形态等目的有密切联系。

四是恐怖主义表现为"主张"和"行为"。"主张"是通过发表文字或者发布言论等方式向他人表达出来的恐怖主义的意见、看法、理论或者思想体系，以诱骗、指使、策动他人接受这些意见、看法、理论或者思想体系，从而信奉恐怖主义，形成恐怖组织，或者从事恐怖活动。"行为"是指反恐怖主义法第三条第二款中规定的具有该款规定性质的五类恐怖活动，既包括采取具体的暴力、破坏、恐吓等方式，制造社会恐慌，给国家、社会或者他人造成身体伤害或者财产损失的暴力恐怖活动，也包括其他类型的恐怖活动，如准备实施恐怖活动，宣扬恐怖主义，煽动实施恐怖活动，或非法持有宣扬恐怖主义的物品，强制他人在公共场所穿戴宣扬恐怖主义的服饰、标

---

① 《中华人民共和国反恐怖主义法》解读［EB/OL］.（2021 - 12 - 15）［2023 - 11 - 11］. https：// baijiahao. baidu. com/s？id = 1719182831074728437&wfr = spider&for = pc.

志、组织、领导、参加恐怖活动组织，为恐怖活动组织、恐怖活动人员、实施恐怖活动或者恐怖活动培训提供信息、资金、物资、劳务、技术、场所等支持、协助、便利，其他恐怖活动。为此，恐怖活动则必须既具备恐怖主义性质，又具有"组织、策划、准备实施、实施恐怖活动"等法定表现形式①。

（二）恐怖活动及表现

全球恐怖活动的爆发式增长和活动范围的扩大说明全球各恐怖组织逐渐地壮大，成长速度也逐渐加快，越来越多的恐怖组织演化进入了成熟期。从背后的原因上讲，恐怖组织能够逐渐发展起来说明当今的国际环境为其提供了生长的土壤和空间，各组织从中找到了适合的成长机制；就活动本身特点来看，随着时间的推进，恐怖活动发生的地点由集中走向扩散、数量由稀疏趋向巨大。②

反恐怖主义法第三条第二款规定恐怖活动的定义。恐怖活动，是指恐怖主义性质的行为。恐怖活动是基于恐怖主义实施的符合第一款规定的手段、目的、危害等要素的行为。这是恐怖活动的本质属性。

第二款列举了恐怖活动的表现：

（1）组织、策划、准备实施、实施造成或者意图造成人员伤亡、重大财产损失、公共设施损坏、社会秩序混乱等严重社会危害的活动的。其中单独明确规定了"准备实施"恐怖活动的行为。这种"准备实施"的行为，是指为实施恐怖活动准备凶器、危险物品或者其他工具，组织恐怖活动培训或者积极参加恐怖活动培训，为实施恐怖活动与境外恐怖活动组织或者人员联络，为实施恐怖活动进行策划或者其他准备等行为。

（2）宣扬恐怖主义，煽动实施恐怖活动，或者非法持有宣扬恐怖主义的物品，强制他人在公共场所穿戴宣扬恐怖主义的服饰、标志的。除了实施暴力恐怖活动之外，恐怖活动组织和人员还通过各种方式宣扬恐怖主义，营造社会恐慌，蛊惑他人参与恐怖主义活动，煽动实施恐怖活动。这些行为具有极大的社会危害性，其中宣扬、煽动等会使他人受到恐怖主义的影响甚至被"洗脑"成为恐怖活动分子，造成或者助长恐怖主义蔓延；强制他人在公共场所穿戴恐怖主义服饰、标志在侵犯他人人身权利和正常的宗教信仰自由的同时，还会影响、控制信教群众，煽动狂热情绪，营造恐怖主义、极端主义氛围等。为维护正常的社会秩序有效防止恐怖主义、极端主义思想滋生蔓延，2015 年 8 月 29 日全国人大常委会通过的刑法修正案（九），将这些行为

---

① 国务院新闻办公室发布《中国的反恐怖主义法律制度体系与实践》白皮书［EB/OL］.（2024 – 01 – 24）［2024 – 01 – 30］. https：//baijiahao. baidu. com/s? id = 1788921487390260662&wfr = spider&for = pc.

② 刘子义. 恐怖组织及其活动的时空特征研究［D］. 郑州：解放军信息工程大学，2017：12.

增加规定为犯罪。

（3）组织、领导、参加恐怖活动组织的。"组织"是指鼓动、召集若干人建立恐怖活动组织。"领导"是指在恐怖活动组织中起指挥、决定作用的人员。"参加"是指参与到恐怖活动组织中，成为恐怖活动组织成员，并发挥一定作用的成员。通过组织、领导、参加恐怖活动组织而实施恐怖活动，对社会稳定、公民人身、财产的安全具有极大的社会危害性。

（4）为恐怖活动组织、恐怖活动人员、实施恐怖活动或者恐怖活动培训提供信息、资金、物资、劳务、技术、场所等支持、协助、便利的。实践中，恐怖活动组织、恐怖活动人员、实施恐怖活动或者恐怖活动培训，往往需要有相应的信息、资金和物资等支持，需要获得劳务、技术、场所等协助和便利。另外有一些组织、人员不直接从事暴力恐怖活动，而是专门为恐怖活动或者恐怖活动组织、恐怖活动人员等提供支持、协助、便利。这些帮助行为，使暴力恐怖活动易于实施并更易于成功，具有同等的危害，也属于一种恐怖活动。

（5）其他恐怖活动。这是根据实际情况所作的兜底规定。实践中对于本款前四项规定之外的根据第一款规定的要件可以认定为恐怖主义性质的行为，以及其他一些衍生出现新的恐怖活动行为的表现形式，都应当及时依法确定为恐怖活动并予以惩治。

（三）恐怖活动组织

根据第三款规定，本法所称恐怖活动组织，是指三人以上为实施恐怖活动而组成的犯罪组织。组织包括以下特征：（1）人员数量为三人以上。（2）为实施恐怖活动而组成。这里所说的"恐怖活动"，包括第二款规定的各种恐怖活动。不仅为实施杀人、放火、投放危险物质、爆炸、劫机等暴力恐怖活动而组成的犯罪组织，为实施其他恐怖活动，比如进行恐怖主义融资、恐怖活动培训、宣扬恐怖主义等而组成的犯罪组织，也是恐怖活动组织。（3）属于犯罪组织。包括为实施恐怖活动而组成较为固定的犯罪集团和三人以上为实施恐怖活动而组成的犯罪团伙。近些年来，恐怖活动组织形态出现了一些新的特点，除了一些组织严密、人员相对固定的恐怖活动组织外，也出现了一些组织形态相对松散、人员不太固定的恐怖活动犯罪团伙。对这些犯罪组织打早打小，将其消灭在萌芽状态，避免其形成气候，符合防范为主、先发制敌的原则。因此，反恐怖主义法规定的恐怖活动组织定义，不仅包括犯罪集团，也包括这种类型的犯罪团伙。

（四）恐怖活动人员

根据第四款规定，恐怖活动人员是指实施恐怖活动的人和恐怖活动组织的成员。

这类人员包括两种：一是恐怖活动组织成员包括组织、领导、参加恐怖活动组织的人员，以及在恐怖活动组织中从事恐怖活动准备、宣扬煽动、恐怖活动培训、恐怖主义融资等活动的人员。对参加了恐怖活动组织的人员，无论是否实施了恐怖活动，都应当认定为恐怖活动人员，并依照刑法第一百二十条的规定予以处罚。对于组织、领导、参加恐怖活动组织并实施杀人、爆炸、绑架等犯罪的，应当按照刑法第一百二十条第二款的规定数罪并罚。二是不属于恐怖活动组织成员而单独实施恐怖活动的人。比如，临时参与到恐怖活动中的人员，或者自己独立实施恐怖活动的所谓的"独狼"等。

（五）恐怖事件

第五款规定了恐怖事件的定义。恐怖事件，是指正在发生或者已经发生的、造成或者可能造成重大社会危害的恐怖活动。恐怖事件具有以下两个特征：一是时间特征，即正在发生或者已经发生。二是重大社会危害性特征，即造成或者可能造成重大社会危害。社会危害包括制造社会恐慌、危害公共安全、侵犯人身财产等，实践中主要是采取暴力、破坏、恐吓等手段实施的造成或者意图造成人员伤亡、重大财产损失、公共设施损坏、社会秩序混乱的活动，以及其他造成严重社会危害的活动。

▶ 二、反恐怖主义法的立法背景、主要内容及立法意义

（一）立法背景

随着国际社会的不断发展，恐怖主义的活动范围也在不断发生着变化，演变为在战争之外个人或团体出于某种政治目的而采取的暴力行为，针对对象由特定政治团体扩充为不特定的广大群众。自"9·11"开始，恐怖主义发展到一个顶峰，国际恐怖主义这一概念开始受到人们的重视。

恐怖主义是对人权和现有秩序的反动，是一种野蛮的行径，但是对恐怖主义的控制手段不能是野蛮的，现在世界各国普遍认同采用国际合作的方式来对抗国际恐怖主义，国际合作的前提就是需要针对恐怖主义进行立法。纵观国际上的立法情况，早在1996年2月，联合国就通过了国际反恐联盟的"消除国际恐怖主义的措施"的文件，该文件明确指出"强烈谴责一切恐怖主义行为、方法和做法"。美国、英国、德国也相继出台了反恐怖主义法案，迄今为止超过一百个国家表示支持国际反恐怖斗争，一些国家也同美国签订了反恐怖主义合作协议，全球大部分国家都开始重视反恐立法和合作。但是由于各国的经济发展水平不同，政治制度不同，在立法上很难统一，各国国情的不同也无法完全适用于国际或者某国的反恐怖主义法律规定，因此如何结合本国国情运用法制的手段有力地预防和打击恐怖主义也是我国面临的重要议题。

中国坚持主张反恐要遵守联合国宪章和国际法准则，支持联合国安理会通过的一系列反恐决议，积极参与联合国创制反恐法制的进程，对于中国已承担的国际法律义务，中国坚决认真地予以履行。早在 2001 年全国人大常委会就批准中国加入了《制止恐怖主义爆炸的国际公约》，国务院也已决定签署《制止向恐怖主义提供资助的国际公约》。截至 2012 年，我国已经批准或加入了 13 部国际反恐公约中的 12 部。区际反恐方面，我国于 2001 年与上海合作组织①的其他成员签署了《打击恐怖主义、分裂主义和极端主义上海公约》。中国关于反恐立法的讨论在"9·11"后就已经开始了，而我国真正开始酝酿反恐法是从 2005 年开始的，当时是为了确保奥运的安全；2013 年爆发了金水桥事件，接连又发生了昆明火车站事件、广州火车站事件和新疆乌鲁木齐针对民众的恐怖袭击，手段不断升级，国家逐步意识到反恐局势的严重，反恐怖主义立法正式提上了议事日程。

随着恐怖主义的发展，反恐形势日益严峻，仅仅加入国际公约，依据国际公约已不能满足中国反恐的需要了，中国需要有针对反恐局势的反恐法律。党的十八届四中全会《中共中央关于全面推进依法治国若干重大问题的决定》明确提出，抓紧出台反恐怖等一批急需法律。在 2014 年反恐怖法草案出台以前，我国反恐立法的宪法依据是不明确的。虽然我国宪法第一、四、三十六条大致可以看作我国反恐立法的宪法依据，但属隐含性规定，并没有提及"恐怖"二字。我国也不存在专门的反恐法律，而是由其他法律、法规、规章等共同发挥着反恐职能。2009 年起，全国人大、全国人大常委会、最高人民法院从实体、程序上对恐怖活动犯罪相关规定进行了修改，并出台了一些新的规定。2009 年 11 月 10 日，最高人民法院公布了《最高人民法院关于审理洗钱等刑事案件具体应用法律若干问题的解释》，明确了资助恐怖活动罪的罪状规定：一是规定资助包括筹集资金和提供资金两种具体行为，单纯的筹集资金行为，同样应以资助恐怖活动罪定罪处罚；二是规定"资助"的方式不以金钱为限，为恐怖活动组织或者实施恐怖活动的个人筹集、提供经费、物资或者提供场所及其他物质便利的行为，均属于资助行为；三是规定资助恐怖活动罪的成立不以被资助的人

---

① 上海合作组织（Shanghai Cooperation Organization, SCO），起源于 1996 年成立的上海五国会晤机制，是中华人民共和国、俄罗斯联邦、哈萨克斯坦共和国、吉尔吉斯共和国、塔吉克斯坦共和国的关于加强边境地区信任和裁军的谈判进程的组织。2001 年 6 月 15 日，上海五国元首在上海举行第六次会晤，乌兹别克斯坦以完全平等的身份加入上海五国，上海合作组织成为永久性政府间国际组织。六国元首签署了《上海合作组织成立宣言》和《打击恐怖主义、分裂主义和极端主义上海公约》。2004 年 1 月，启动上海合作组织秘书处及设在塔什干的地区反恐怖机构。2005 年 7 月 4 日，签署了《上海合作组织成员国元首宣言》。2010 年 6 月 11 日，批准《上海合作组织接收新成员条例》和《上海合作组织程序规则》。2017 年，上合组织完成首次扩员，印度、巴基斯坦成为正式成员国。2023 年，伊朗成为正式成员国。2024 年，白俄罗斯成为新成员。截至 2024 年 7 月 4 日，上合组织有 10 个正式成员国、2 个观察员国、14 个对话伙伴。成员国的总面积超过 3700 万平方公里，约占全球陆地面积的 25%；区域内总人口近 36 亿，占世界人口的一半，组织内各国国内生产总值总和超过 23 万亿美元。

具体实施恐怖活动为条件，预谋实施、准备实施和实际实施恐怖活动的个人，均属于刑法第一百二十条之一规定的"实施恐怖活动的个人"。

2011年2月25日，第十一届全国人大常委会第十九次会议通过了《中华人民共和国刑法修正案（八）》，刑法修正案（八）第五十条第二款规定："对被判处死刑缓期执行的累犯以及因故意杀人、强奸、抢劫、绑架、放火、爆炸、投放危险物质或者有组织的暴力性犯罪被判处死刑缓期执行的犯罪分子，人民法院根据犯罪情节等情况可以同时决定对其限制减刑。"第六十六条规定："危害国家安全犯罪、恐怖活动犯罪、黑社会性质的组织犯罪的犯罪分子，在刑罚执行完毕或者赦免以后，在任何时候再犯上述任一类罪的，都以累犯论处。"第八十一条规定："对累犯以及因故意杀人、强奸、抢劫、绑架、放火、爆炸、投放危险物质或者有组织的暴力性犯罪被判处十年以上有期徒刑、无期徒刑的犯罪分子，不得假释。"

2011年10月29日，第十一届全国人民代表大会常务委员会第二十三次会议通过了《全国人大常委会关于加强反恐怖工作有关问题的决定》，明确定义了恐怖活动和组织，明确了反恐指挥机构，规定公安机关、国家安全机关和人民检察院、人民法院、司法行政机关以及其他有关国家机关，各司其职、密切配合，依法做好反恐怖工作；中国人民解放军、中国人民武装警察部队和民兵组织依照法律、行政法规、军事法规以及国务院、中央军事委员会的命令，防范和打击恐怖活动。针对恐怖活动人员名单的公布和恐怖主义资金冻结方式等也做出了相关规定。

2012年3月14日，第十一届全国人民代表大会第五次会议通过了《全国人民代表大会关于修改〈中华人民共和国刑事诉讼法〉的决定》，其中第七十三条规定："监视居住应当在犯罪嫌疑人、被告人的住处执行；无固定住处的，可以在指定的居所执行。对于涉嫌危害国家安全犯罪、恐怖活动犯罪、特别重大贿赂犯罪，在住处执行可能有碍侦查的，经上一级人民检察院或者公安机关批准，也可以在指定的居所执行。但是，不得在羁押场所、专门的办案场所执行。"第六十二条规定："对于危害国家安全犯罪、恐怖活动犯罪、黑社会性质的组织犯罪、毒品犯罪等案件，证人、鉴定人、被害人因在诉讼中作证，本人或者其近亲属的人身安全面临危险的，人民法院、人民检察院和公安机关应当采取以下一项或者多项保护措施：（一）不公开真实姓名、住址和工作单位等个人信息；（二）采取不暴露外貌、真实声音等出庭作证措施；（三）禁止特定的人员接触证人、鉴定人、被害人及其近亲属；（四）对人身和住宅采取专门性保护措施；（五）其他必要的保护措施。证人、鉴定人、被害人认为因在诉讼中作证，本人或者其近亲属的人身安全面临危险的，可以向人民法院、人民检察院、公安机关请求予以保护。人民法院、人民检察院、公安机关依法采取保护措施，有关单位和个人应当配合。"第八十三条第二款规定："拘留后，应当立即将被拘留人送看守所羁押，至迟不得超过二十四小时。除无法通知或者涉嫌危害国家安全犯罪、恐怖活动犯罪通知可能有碍侦查的情形以外，应当在拘留后二十四小时以内，通知被拘留人的家属。有碍侦查的情形消失以后，应当立即通知被拘留人的家属。"

党的十八届四中全会提出，抓紧出台反恐怖等急需法律。我国反恐怖活动中取得的一些成功经验有必要通过制定法律明确下来。反恐怖工作的体制、机制需要通过立法来解决问题。现行法律分散在不同的法律文件中，需要进一步规范完善，健全我国的反恐怖主义法律体系。目前有关反恐怖主义的法律规定散见于刑法、刑事诉讼法、反洗钱法、人民武装警察法等多部法律和《全国人大常委会关于加强反恐怖工作有关问题的决定》等，同时我国还缔结参加了一系列反恐怖主义国际条约。在现有法律规定的基础上，制定一部专门的反恐怖主义法，既是当前打击恐怖主义的现实需要，也是我国的国际责任①。

按照中央的有关部署，2014 年 4 月，由国家反恐怖工作领导机构牵头，公安部会同全国人大常委会法制工作委员会、国家安全部、工业和信息化部、人民银行、国务院法制办、武警总部等部门成立起草小组，组成专班，着手起草反恐怖主义法。在起草过程中，多次深入一些地方调查研究，召开各种形式的研究论证会，听取各方面意见，并反复征求中央国家安全委员会办公室、各有关单位、地方和专家学者的意见，同时还研究借鉴国外的有关立法经验，形成了《中华人民共和国反恐怖主义法》，自 2016 年 1 月 1 日起施行。同时，2011 年 10 月 29 日第十一届全国人民代表大会常务委员会第二十三次会议通过的《全国人大常委会关于加强反恐怖工作有关问题的决定》废止。

（二）中国反恐怖主义立法的主要内容

我国面临的恐怖主义威胁主要来自新疆、西藏等地的"东突""藏独"民族分裂势力、暴力恐怖势力、宗教极端势力，这些势力甚至有与"港独""台独"的分裂势力相互勾结的趋势。随着改革开放的不断深入，我国的国际交流合作日益增多，但随之而来的是国际恐怖主义的势力也逐步渗入我国，反恐形势愈加严峻。近年来，随着大数据技术的不断发展与完善，互联网平台已成为恐怖分子策划、组织恐怖活动与信息传递的重要场所。恐怖分子通过网络平台散播恐怖视频和恐怖谣言以制造社会舆论恐慌的现象不断增多，使传统恐怖活动出现新的形态与特征。② 恐怖主义是当今世界各国普遍关注的问题之一，而依靠法治化路径打击治理恐怖主义业已成为各国

---

① 国家制定反恐怖主义法的意义何在？[EB/OL].（2016 – 12 – 17）[2023 – 11 – 19］. http：//www. xs180. cn/Article/1481. html.

② 金冬雪. 新时期我国反恐情报工作法治化保障研究 ［J］. 中国人民警察大学学报，2023（9）：57 – 62.

共识。①

2015 年 12 月 27 日第十二届全国人大常委会第十八次会议通过反恐怖主义法。内容包括：总则、恐怖活动和人员的认定、安全防范、情报信息、调查、应对处置、国际合作、保障措施、法律责任、附则等十章共九十七条。该法规定反恐怖工作体制、机制，明确反恐怖领导机构和有关部门职责任务；规定反恐怖手段和措施，并注意平衡与法治、保障人权的关系。该法将反恐怖主义工作纳入国家安全战略，标志着我国走上专门反恐怖主义立法的道路。

（三）立法意义

1. 应对反恐斗争的现实需要

当前恐怖主义已成为影响世界和平与发展的重要因素。近年来，受国际恐怖活动高发、境内外"东突"势力渗透煽动的影响，我国国内面临的暴恐活动威胁愈发凸显。暴力恐怖势力、宗教极端势力、民族分裂势力等"三股势力"以分裂国家为最终目标，以极端主义为思想基础，以恐怖主义为手段，境内外相勾结，利用包括传统传播媒介、互联网在内的新型传播媒介，打着民族、宗教等幌子，以歪曲宗教教义等非法方式，大肆宣扬传播恐怖主义、极端主义思想，制造宗教狂热，煽动仇恨、煽动歧视、鼓吹暴力，相继制造乌鲁木齐"7·5"事件、北京"10·28"暴恐案，昆明"3·1"暴恐案等恐怖袭击事件，给我国国家安全、社会稳定、经济发展、民族团结和人民生命财产安全构成了严重威胁。为此必须依法进行严厉打击惩治，坚决遏制暴恐活动的多发频发态势，坚决防止其向全国发展蔓延，坚决维护我国国家和公民海外利益、生命财产安全。

2. 实施国家安全战略的需要

在现有法律规定的基础上，制定一部专门的反恐怖主义法，既是当前打击恐怖主义的现实需要，也是我国的国际责任。反恐怖主义法全面系统地规定了我国反恐怖工作的机制、体制、责任、手段、措施，是反恐怖工作的基本法。它将为实施国家安全战略，依法打击暴恐活动，维护国家安全、公共安全和人民生命财产安全，加强国际反恐合作提供更加坚实的法律支撑与保障。

3. 保障人权的需要

强化反恐怖主义的措施和尊重保障人权这两者之间应该是相辅相成的。反恐措施和人权保障之间的平衡至少有两个方面：一方面，恐怖主义是对国家安全、公共安全、公民生命财产安全的重大威胁，所以强化反恐怖主义措施，有效防范和打击恐怖

① 万红. 域外反恐怖主义地方立法：范式、路径与启示［J］. 广西警察学院学报，2023（3）：45–54.

主义活动本身就是人权保障的一个重要表现；另一方面，在反恐怖主义措施当中要赋予执法机关必要的手段，同时要加强对执法的规范，防止执法手段本身侵害公民和组织的合法权益。

4. 完善反恐法律体系的需要

这部反恐怖主义法是我国反恐立法的里程碑。它为反恐体制机制、队伍建设、防范、情报、合作等提供法律依据。为完善我国的反恐法律体系，全民依法反恐提供了坚实的基础和法律保障。

▶ 三、我国反恐怖主义立场、方针、原则、领导体制及工作责任制

（一）基本立场

我国反恐怖主义的基本立场在反恐怖主义法第二条中明确，国家反对一切形式的恐怖主义，依法取缔恐怖活动组织，对任何组织、策划、准备实施、实施恐怖活动，宣扬恐怖主义，煽动实施恐怖活动，组织、领导、参加恐怖活动组织，为恐怖活动提供帮助的，依法追究法律责任。国家不向任何恐怖活动组织和人员作出妥协，不向任何恐怖活动人员提供庇护或者给予难民地位。

恐怖主义是世界各国面临的共同敌人。反对一切形式的恐怖主义，是我国一贯坚持的立场和态度，是与我国的性质和根本利益一致的。在反恐怖主义法中明确宣示这一立场和态度，有利于各方面加深对恐怖主义本质及其残暴行径的认识，深刻理解、准确执行有关政策法律，做好反恐怖主义工作，有利于达成共识，加强反恐怖主义国际合作，共同打击恐怖主义。

（二）工作方针

反恐怖主义法第四条第一款是关于反恐怖主义工作方针的规定。本款规定主要包括以下几个方面的内容：

一是国家将反恐怖主义纳入国家安全战略。国家安全法对总体国家安全观作了明确规定。该法第三条规定，国家安全工作应当坚持总体国家安全观，以人民安全为宗旨，以政治安全为根本，以经济安全为基础，以军事、文化、社会安全为保障，以促进国际安全为依托，维护各领域国家安全，构建国家安全体系，走中国特色国家安全道路。第六条规定，国家制定并不断完善国家安全战略……国家安全总体战略是根据新的总体国家安全观制定的全面维护我国国家安全的整体战略。反恐怖主义工作是维护国家安全的一个重要领域。将反恐怖主义工作纳入国家安全总体战略，是贯彻总体国家安全观的要求，有利于各方面全面客观认清当前的反恐怖主义工作局势和面临的挑战，从党和国家事业发展全局的战略高度，切实增强政治责任感和历史使命感，充

分认识加强反恐怖主义工作的极端重要性和紧迫性，强化忧患意识，增强底线思维，保持战略定力，冷静应对挑战，将反恐怖主义工作作为维护国家安全工作的重要内容，摆在更加突出的位置抓紧抓好。

二是要综合施策，标本兼治。恐怖主义在我国滋生的原因复杂，有外部敌对势力的因素，也有国内"三股势力"的因素，是国际国内因素综合影响的结果。恐怖主义的表现形式多样，既包括暴力、破坏、恐吓等活动，也包括使用传统和现代技术手段进行宣扬、煽动、教唆等活动。恐怖主义危害面广，既威胁国家主权、统一，危害国家安全，也危害世界和平与发展。其对国家安全的威胁，包括社会安全稳定，危害公民人身财产安全等传统安全领域，以及科技、文化、信息等非传统安全领域。这些特点决定反恐怖主义斗争不能是单一的，而是必须针对各方面问题，综合各方面力量，在各个领域，采取各种手段，开展反恐怖主义斗争。反恐怖主义斗争必须一手抓专项打击，一手抓源头治理。所谓"综合施策"，就是指在对恐怖主义滋生、蔓延的原因及其活动规律特点进行宏观综合分析基础上，把防范、应对、打击恐怖主义到消除恐怖主义滋生蔓延等作为一个系统工程，扎扎实实做好当前及长远的各项工作，包括开展反恐怖主义国家合作，共同打击恐怖主义。反恐怖主义工作也要"标本兼治"。治标，就是要严厉惩治恐怖活动，取缔恐怖活动组织，防止恐怖主义的现实活动，消除恐怖主义的危害。治本，就是要消除恐怖主义滋生和存在的根源和土壤。治标和治本是一个问题的两个方面，既要双管齐下，不能偏废，也要坚持重在治本，做扎实细致的工作。①

三是要加强反恐怖主义的能力建设。反恐怖主义的能力建设包括提升恐怖事件应对处置能力，增强安全防范、情报信息工作能力，防止恐怖事件发生的能力；包括提升反恐怖主义专业力量的能力，也包括提升各有关单位、人民群众防恐反恐的能力；既包括反恐怖主义专门工作的能力水平建设，也包括相关的经济、社会、教育、文化等工作的能力水平。

四是要运用政治、经济、法律、文化、教育、外交、军事等手段，开展反恐怖主义工作。在反恐怖主义工作中，要充分发挥专门机关和其他有关机关反恐怖主义工作职能作用，也要广泛动员公民和组织，防范、制止和依法惩治恐怖主义；要加强国内反恐怖主义工作，也要开展广泛的国际合作；要做好应对处置、打击处理等工作，又要做好宣传教育、安全防范等工作；要使用军事、司法等手段进行打击，也要使用文化、教育等手段争取民心，团结群众。

---

① 王爱立. 中华人民共和国反恐怖主义法解读［M］. 北京：中国法制出版社，2016：24.

（三）原则

在法律中规定反恐怖主义的基本原则，对于宣示我国反恐怖主义的基本立场，指导各有关方面有效开展反恐怖主义工作，具有重要的意义。反恐怖主义法第五条、第六条规定了反恐怖原则。

一是坚持专门工作与群众路线相结合的原则。恐怖主义是针对国家、社会和人民群众的严重犯罪，是我国人民的敌人，也是全世界人民的共同敌人。同恐怖主义作斗争，必须坚持"一切为了群众，一切依靠群众""从群众中来，到群众中去"的群众路线，实行专门工作与群众路线相结合。在坚持充分发挥专门机关作用和职能的同时，广泛动员、组织、依靠广大人民群众，发挥全社会的积极性，才能真正做好反恐怖主义工作，取得反恐怖主义斗争的真正胜利，切实维护国家安全、公共安全、人民生命财产安全。

二是坚持防范为主、惩防结合的原则。它包含两个方面的内容：一方面，要做好安全防范工作。"防恐"是反恐怖主义工作的重点。面对恐怖活动，我们首要的是完善安全防范措施，做好安全防范工作，使恐怖活动组织和人员无隙可乘。安全防范工作要常抓不懈，要像防台风一样，宁愿十防九空，也不能漏掉一次。反恐怖主义法对安全防范做了专章规定，明确了一系列反恐怖主义安全防范措施和制度，以形成全方位立体式社会防控体系。另一方面，要坚持惩防结合。要在有效防范的基础上，对恐怖主义和恐怖活动给予严厉打击。首先，既要加强安全防范工作，也要对恐怖活动组织、恐怖活动人员以及恐怖活动及时依法予以惩治，取缔恐怖活动组织，不使其逍遥法外。其次，惩治和防范工作是可以相互转化、相互促进的。通过有效的安全防范工作，及时发现恐怖活动组织、恐怖活动人员及其实施恐怖活动的阴谋并及时惩治；通过严厉打击惩治，有效打击恐怖主义的嚣张气焰，预防和减少恐怖活动。

三是先发制敌、保持主动的原则。开展反恐怖主义工作，要敌未动我先动，采取积极的制敌措施，打好反恐怖主义的主动仗。在不断完善安全防范措施，防止恐怖事件发生的前提下，要不断提高反恐怖主义斗争的能力和技术，完善反恐怖主义情报信息制度，主动开展情报信息、调查等工作，通过收集、分析、研判、预警等工作，及时获取恐怖活动的动态和信息。对恐怖活动组织和人员，不待其养成气候，就要直接采取主动准确的出击措施，使用包括法律、军事等在内的一切手段，出重拳、下重手，坚决打掉暴力恐怖分子的嚣张气焰。

四是依法反恐的原则。反恐怖主义法第六条规定：反恐怖主义工作要依法进行……一方面，惩治恐怖活动犯罪要依法进行，要严格按照罪刑法定、罪责刑相适应的原则，根据其犯罪的主客观要件、实际危害等情节依法确定其罪名及应当承担的法律责任，在刑事诉讼过程中严格遵守法律规定的各项程序。另一方面，反恐怖主义工作专门机关和有关部门开展各项反恐怖主义工作，应当遵守本法对反恐怖主义安全防范、情报信息、调查、应对处置等制度规定，依照法定的职责分工，严格依照法律确定的条件和程序采取各项反恐怖主义措施，执行各项反恐怖主义任务。

五是尊重和保障人权的原则。反恐怖主义法第六条规定，尊重和保障人权，维护公民和组织的合法权益。这一原则，也是依法治国原则的一个重要方面。在法律制定过程中，特别注意处理好反恐措施与保障人权的平衡。反恐怖主义法很多具体制度规定都体现这一原则。第六十条规定，应对处置恐怖事件，应当优先保护直接受到恐怖活动危害、威胁人员的人身安全。第七十八条规定，开展反恐怖主义工作对有关的单位和个人的合法权益造成损害的，要依法给予赔偿、补偿。

第六条第二款规定，在反恐怖主义工作中，应当尊重公民的宗教信仰自由和民族风俗习惯，禁止任何基于地域、民族、宗教等理由的歧视性做法。宪法第四条第一款规定，中华人民共和国各民族一律平等。国家保障各少数民族的合法的权利和利益，维护和发展各民族的平等团结互助和谐关系。禁止对任何民族的歧视和压迫，禁止破坏民族团结和制造民族分裂的行为。从当前的反恐怖主义工作来看，各部门各地方在开展反恐怖主义工作中，严格遵守宪法和法律的有关规定，注意防止在实践中出现针对特定地域、民族、宗教、群体的人的公共汽车拒载、出租车拒租、宾馆拒绝提供住宿服务等歧视性做法，注意避免工作简单化、片面化，以防止法律适用的失误和偏差引起对反恐怖主义工作的误解，激化矛盾。

（四）领导体制与工作责任制

反恐怖主义法第七条第一款规定，国家设立反恐怖主义工作领导机构，统一领导和指挥全国反恐怖主义工作。这种领导和指挥，是对全局性工作的领导和指挥。如制定、落实国家反恐怖主义工作的方针、政策，研究解决反恐怖主义工作的源头性、全局性问题，组织、协调、指导开展安全防范、情报信息、调查、应对处置、国际合作等工作，统筹协调各地区各有关部门抓好中央各项反恐怖主义决策部署的落实，协调反恐怖主义综合治理工作等。其中规定的"指挥"，包括国家反恐怖主义工作领导机构依据本法的规定，直接指挥一些具体的反恐怖主义工作。如根据第四十三条的规定，国家反恐怖主义工作领导机构建立国家反恐怖主义情报中心，实行跨部门、跨地区情报信息工作机制，统筹反恐怖主义情报信息工作；根据该法第五十六条的规定，国家反恐怖主义工作领导机构负责指挥跨省、自治区、直辖市发生的恐怖事件或者特别重大恐怖事件的应对处置工作等。

第七条第二款规定，设区的市级以上地方人民政府设立反恐怖主义工作领导机构，县级人民政府根据需要设立反恐怖主义工作领导机构，在上级反恐怖主义工作领导机构的领导和指挥下，负责本地区反恐怖主义工作。

第二款还明确了上下级反恐怖主义工作领导机构之间的关系。根据本款规定，上下级反恐怖主义工作领导机构之间是领导、指挥与被领导、被指挥的关系，下级反恐怖主义领导机构要落实上级反恐怖主义工作领导机构的方针、政策，服从并执行上级领导机构的命令，及时向上级领导机构请示、汇报问题、情况等。应当注意的是，反恐怖主义工作领导机构由不同部门、机构组成。如公安机关、国家安全机关、人民检察院、人民法院、司法行政机关、其他有关国家机关、中国人民解放军、中国人民武装警察部队等。各有关部门和国家机关应树立"一盘棋"思想，依据法律法规及反恐怖主义工作领导机构确定的职责，各司其职、各负其责，密切配合、通力协作，齐抓共管、整体作战，切实形成反恐怖主义工作整体合力，共同做好反恐怖主义工作。

反恐怖主义法第八条规定的是反恐怖主义工作责任制。公安机关、国家安全机关和人民检察院、人民法院、司法行政机关以及其他有关国家机关，应当根据分工，依法做好反恐怖主义工作。中国人民解放军、中国人民武装警察部队和民兵组织依照本法和其他有关法律、行政法规、军事法规以及国务院、中央军事委员会的命令，并根据反恐怖主义工作领导机构的部署，防范和处置恐怖活动。有关部门应当建立联动配合机制，依靠、动员村民委员会、居民委员会、企业事业单位、社会组织，共同开展反恐怖主义工作。

公安机关、国家安全机关、人民检察院、人民法院、司法行政机关等有关国家机关，以及中国人民解放军、中国人民武装警察部队、民兵组织等武装力量是反恐怖主义工作的核心力量，同时反恐怖主义工作也要依靠、动员基层组织、企事业单位等各方面的力量，建立健全联动配合机制。明确这些部门、组织的职责分工及配合机制，充分发挥其作用，是做好反恐怖主义工作的基础。

恐怖事件作为典型的社会安全类突发事件，具有种类多样性、处理复杂性、后果严重性、影响持久性等特点。从实践看，强化反恐跨部门协同建设是当前各国打击恐怖主义、防范应对恐怖活动的共同趋势，各相关职能部门间形成联合作战、协作参与的工作机制是做好反恐工作的根本保障。因此，现阶段我国亟须构建反恐跨部门协同的整体模式以应对日益复杂、尖锐且长期、持续的恐怖主义活动。突发事件应急管理的不同阶段对相关部门具有不同的职能要求和应急任务，同时多方面的职能与任务需求促使部门间的关系更为多元。①

----

① 刘纪达，张昕明，王健. 反恐跨部门协同模式研究：基于"防范—情报—处置"框架的网络分析 [J]. 中国应急管理科学，2021（7）：19－33.

▶▶ 四、恐怖活动组织和人员的认定

对恐怖活动组织和人员的认定主要依据反恐怖主义法第十二条至十六条。在认定恐怖活动组织和恐怖活动人员时，需要把握好恐怖主义和恐怖活动的定义。尤其是恐怖活动中组织、策划、准备实施、实施造成或者意图造成人员伤亡、重大财产损失、公共设施损坏、社会秩序混乱等严重社会危害活动的行为，如杀人、爆炸、放火等，是否属于恐怖活动，关键要看其性质和犯罪的目的。① 恐怖活动犯罪是以实现其政治、意识形态等目的而实施的恐怖主义性质的犯罪。

（一）行政认定

一是国家反恐怖主义工作领导机构对恐怖活动组织和人员的认定，要严格按照反恐怖主义法的规定掌握。一旦认定为恐怖活动组织和人员，就是被圈定的打击和防范恐怖活动犯罪的重点对象。二是国家反恐怖主义工作领导机构的办事机构要做到及时公告。恐怖活动组织和人员，可能随时都在策划并实施各种难以预料的恐怖活动犯罪，及时将他们公之于社会，能及时引起全社会对他们的警惕和防范，甚至能及时有效地挫败其实施恐怖活动犯罪的图谋。

（二）司法认定

反恐怖主义法第十六条规定，根据刑事诉讼法的规定，有管辖权的中级以上人民法院在审判刑事案件的过程中，可以依法认定恐怖活动组织和人员。对于在判决生效后需要由国家反恐怖主义工作领导机构的办事机构予以公告的，适用本章的有关规定。

根据刑事诉讼法的有关规定，恐怖活动案件的一审由中级人民法院管辖，如果案件是全省（自治区、直辖市）的重大刑事案件或者全国性的重大刑事案件，由高级人民法院或者最高人民法院管辖。为此，对恐怖活动案件，只有中级以上人民法院能够行使管辖权，由中级以上人民法院对恐怖活动组织和人员进行司法认定。人民法院在审判刑事案件过程中认定的恐怖活动组织和人员，不必要都报国家反恐怖主义工作领导机构再予以认定并由其办事机构公告。只有对于其中需要予以公告，以便采取相应的取缔、资产冻结及国际合作等措施的，才根据认定和公告的规定，由国家反恐怖领导机构的办事机构予以公告。

---

① 王爱立. 中华人民共和国反恐怖主义法解读［M］. 北京：中国法制出版社，2016：55.

第二节　反恐怖主义工作的主要内容

恐怖主义是影响世界和平与发展的重要因素，是全人类共同的敌人。做好反恐怖工作，事关国家安全、公共安全和人民生命财产安全。党中央历来高度重视反恐怖工作，特别是党的十八大以来，习近平总书记就统筹国内国际两个大局、发展和安全两件大事，多次发表重要讲话、作出重大决策，为深化我国反恐怖工作指明了前进方向，提供了根本遵循。习近平总书记深刻指出："要建立健全反恐工作格局，完善反恐工作体系，加强反恐力量建设。要坚持专群结合、依靠群众，深入开展各种形式的群防群治活动，筑起铜墙铁壁，使暴力恐怖分子成为'过街老鼠、人人喊打'。"习近平总书记突出强调："反恐是各国共同义务，既要治标，更要治本。要加强协调，建立全球反恐统一战线，为各国人民撑起安全伞。"反恐怖主义法涉及内容包括：安全防范、情报信息、调查、应对处置、国际合作、保障措施及法律责任。

▶▶　一、安全防范

安全防范机制的体系包括规范体系、识别机制、预警机制、甄别机制和阻断机制。同时，文化安全防范机制潜藏着侵犯文化自由的泛化风险，文化治理应在法治原则、人权原则、比例原则、群众原则的价值理性控制下实现全体社会成员更有尊严的安全保障。安全防范是反恐怖主义工作的基础环节。① 恐怖事件一旦发生，往往会对公共安全和公民人身安全造成重大危害。因此，需要重点做好事前的安全防范工作。反恐怖主义法规定了四个方面的安全防范措施：一是基础防范措施，包括宣传教育、网络安全管理、运输寄递货物信息查验、危险物品管理、防范恐怖主义融资、城乡规划和技防物防等。二是禁止极端主义。极端主义是当前我国恐怖主义的主要思想基础。反恐怖主义法第二十八条明确规定，公安机关和有关部门对宣扬极端主义，利用极端主义危害公共安全、扰乱公共秩序、侵犯人身财产、妨害社会管理的，应当及时予以制止，依法追究法律责任。公安机关发现极端主义活动的，应当责令立即停止，将有关人员强行带离现场并登记身份信息，对有关物品、资料予以收缴，对非法活动场所予以查封。任何单位和个人发现宣扬极端主义的物品、资料、信息的，应当立即

---

① 陈小彪，王祥传.恐怖主义文化治理模式之理论提倡与安全防范机制建构［J］.公安学研究，2023（3）：19－39＋123.

向公安机关报告。三是重点目标保护，包括重点目标范围、单位职责、主要安全制度及主管部门的管理职责等。四是国（边）境管控与防范境外风险，包括边防管理职责、出入境监管、境外利益保护、驻外机构内部安全防范等。

安全防范层面以公安机关为例，在维护电信、网络安全领域，反恐怖主义法第十九条第二款规定，公安机关执法关键词是"按照职责分工，责令停止传输、删除相关信息或者关闭相关网站、关停相关服务"。对于特定危险物品流转过程中的违规行为，第二十三条规定，公安机关执法关键词是"调查、扣押"。在维护社会治安秩序工作中，第二十八条、第二十九条规定，公安机关执法关键词是"制止违法行为、追究法律责任，责令停止活动、强行带离人员、收缴物品、查封现场，组织帮教"。在内部单位安全保卫工作中，第三十一条、第三十六条规定，公安机关执法关键词是"确定重点目标，监管和安保"。在出入境管理工作中，第三十八条第二款、第三十九条规定，公安机关执法关键词是"巡逻、查验，决定不准出境入境、不予签发证件、宣布证件作废"。在民用航空安全保卫工作中，第三十七条规定，公安机关的执法关键词是"按照职责分工，防范针对航空器或者利用飞行活动实施的恐怖活动"。

文化安全与文化治理，互为表里。共同、综合、合作、可持续的新安全观之下，常态反恐是法治与文化治理的融合，尤其在解决暴力问题上，两者目标是一致的，那就是和平与可持续。可持续体现在把恐怖主义行为犯罪化的同时，要运用多种手段构建防范恐怖主义的屏障，缓解"刑罚依赖症"。那就意味着，手段并不能代替目的，既要防范恐怖主义对文化安全的破坏，又要营造公民享有文化自由的良好环境。即在法治原则、人权原则、比例原则、群众原则等价值理性的控制下，实现全体社会成员更有尊严的安全保障。

二、情报信息与调查

情报信息是反恐怖主义工作的关键环节。做好情报信息工作，并与安全防范形成良性互动，有利于将恐怖袭击消除在发生之前和萌芽状态，避免恐怖活动造成实际危害。针对实践中存在的问题，反恐怖主义法对建立国家反恐怖主义情报中心和跨部门情报信息运行机制作了规定，并规定了情报部门、基层情报力量、信息化管理、"大数据"研判应用、情报信息通报等内容。为加强对恐怖活动及嫌疑人员调查和管控，本法还规定了技术侦察、调查、盘查、要求提供信息材料、查询、查封、扣押、冻结、对嫌疑人员的约束、立案侦查等措施。在情报预警工作中，第四十四条、第四十五条第一款、第四十七条规定，公安机关主要职责任务的关键词是"加强基层情报信息力量建设，依法采取技术侦察措施，情报信息应用"。在调查办案工作中，第五十条至第五十四条规定，公安机关执法关键词是"盘问、检查、传唤嫌疑人员，提取、采集人体生物识别信息和生物样本，询问、了解有关情况，收集、调取信息材料，查询、查封、扣押、冻结嫌疑人员的财产，对嫌疑人员采取约束措施，发现犯罪事实予以立案侦查"等。

情报工作对先期预防、后期打击恐怖犯罪具有重要意义，而大数据又在情报中扮演着越来越重要的角色。有学者认为，大数据在反恐情报中具有重要的地位与作用。如何有效地利用大数据、从中挖掘出有用的情报信息、为情报部门服务，是当前情报工作中值得研究的一个问题。[①] 受困于犯罪侦查形式的反恐措施存在信息量不足，反恐战争的垃圾信息和无用信息四处泛滥，国际合作中出于保密和主权的考量使得情报交换共享并不充分，反恐行动中难以运用大数据分析系统进行有效分析等问题出现。反恐行动情报分析系统大数据障碍的克服可以从反恐体系、反恐策略、数据共享和国际合作等途径入手，改进大数据的获取和处理环节，提高大数据的回报率等。[②] 由此可见，在情报工作中必须重视对大数据的应用。不过，我们也不可随意扩大大数据的概念范畴，应该在当前科技水平下，结合行业性质和特点，最大限度地发挥大数据的作用和价值。

▶ 三、应对处置

如何有效打击恐怖主义、防范恐怖主义活动、遏制恐怖袭击事件发生，是世界各国亟须面对与解决的重要现实问题。近年来，我国各级相关部门坚持"一盘棋"思想，以打防结合、标本兼治为原则，在国际暴恐活动日趋活跃的背景下，保持了我国反恐怖斗争的良好态势。做好反恐工作是坚持总体国家安全观的重要体现，是切实维护国家安全、维护社会发展稳定大局、保护人民群众安全的重要治理环节。[③]

总结近年来应对处置恐怖事件的经验教训，反恐怖主义法第五十五条至六十七条对应对处置机制、措施和恢复社会秩序等作了规定。一是国家建立健全恐怖事件应对处置预案体系，明确应对处置的指挥长负责制和先期指挥权。二是制止和处置恐怖活动，应当优先保护直接受到恐怖活动危害、威胁人员的人身安全。三是规定了可以采取的各项应对处置措施，并对使用武器条件、信息发布等作了规定。四是为最大限度

---

① 李浩楠. 数据安全治理下对我国情报工作的分析与研究 [J]. 网络空间安全，2023，14（4）：13 – 17 +28.

② 贾宇. 司法工作人员相关职务犯罪侦查的浙江实践 [J]. 人民检察，2022（6）：1 – 5.

③ 刘纪达，张昕明，王健. 反恐跨部门协同模式研究：基于"防范—情报—处置"框架的网络分析 [J]. 中国应急管理科学，2021（7）：19 – 33.

恢复社会秩序，降低并消除恐怖事件的影响，对恢复生产生活、查明真相、补偿援助、优先重建、总结评估等作了规定。

四、国际合作

开展反恐怖主义工作，必须并行推进国内国际两条战线，强化反恐怖主义国际合作。本法针对反恐怖主义国际合作依据、中央有关部门及边境地区地方政府开展反恐怖主义国际合作的规定、涉及恐怖活动犯罪的刑事司法协助、引渡和被判刑人移管、国务院有关部门、军事力量出境执行反恐怖主义任务、通过国际合作取得的材料的使用作了规定。

反恐怖主义法第六十八条规定，我国与其他国家、地区、国际组织开展反恐怖合作的依据是我国缔结或参加的国际条约。第六十九条规定，经国务院授权，有关部门与外国政府和有关国际组织开展反恐怖主义政策对话、情报信息交流、执法合作和国际资金监管合作。边境地区县级以上地方政府及其主管部门，经国务院及中央有关部门批准，可与相邻国家或地区开展情报信息交流、执法合作和国际资金监管合作。第七十条是关于涉及恐怖活动犯罪的刑事司法协助、引渡和被判刑人移管依法执行的规定。第七十一条对国务院有关部门、军事力量出境执行反恐怖主义任务进行规定。第七十二条对通过国际合作取得的材料作为证据的使用作了规定。

五、保障措施

随着恐怖主义的现实危险性的增加，反恐工作的重要性也越来越凸显，对反恐工作的保护措施的建设和完善越来越重要。无论是应对战争行为还是反恐怖主义行动，保障措施是否有力、充分，关系着行动的成败。

（一）经费保障

反恐怖主义工作经费是反恐怖主义工作的物质前提，是保障措施的一个重要方面。与突发事件应对法、人民警察法、人民武装警察法对相关工作的经费保障问题作出明确规定一样，反恐怖主义法对反恐怖主义经费保障作出了专门规定，对于具有反恐怖主义工作职责的部门和单位有效履行职责，提高工作效率，加强战斗力，具有十分重要的意义。反恐怖主义法第七十三条规定，国务院和县级以上地方各级人民政府应当按照事权划分，将反恐怖主义工作经费分别列入同级财政预算。国家对反恐怖主义重点地区给予必要的经费支持，对应对处置大规模恐怖事件给予经费保障。从某种意义上说，政府支出反恐经费是政府履行其职能的表现，政府对反恐经费进行预算，是为反恐提供公共物品和服务的职责和权力的体现。另外，根据国务院和地方人民政府的规定，将县级以上的反恐怖工作纳入财政预算，在相应的层面上提供了坚实的财政保障，是履行其对恐怖主义的职能，维护国家和社会的安全和稳定的职责体现。①

（二）队伍保障

按照反恐怖主义法第七十四条第一款的规定，公安机关、国家安全机关和有关部门，以及中国人民解放军、中国人民武装警察部队，应当依照法律规定的职责，建立反恐怖主义专业力量，加强专业训练，配备必要的反恐怖主义专业设备、设施。

首先，规定公安机关、国家安全机关和有关部门及中国人民解放军、中国武警部队等国家专业反恐部队是反恐工作的主体，在反恐活动中发挥主力作用。其次，依据第七十四条第一款的规定，上述国家机构履行以下反恐怖主义保障措施职责：（1）成立反恐怖主义专业力量。在实践中，反恐任务非常艰巨，打击恐怖主义犯罪活动，需要有一套专门的、完备的反恐机制和精英化、正规化的反恐队伍。建立反恐怖主义的专业力量，应坚持专业化和一体化的原则建立完善的反恐人员录用机制和保障机制。（2）加强专业训练。在实践中，各专门部门负责如发生恐怖分子实施绑架、人质爆炸等暴力恐怖活动时具体的反恐工作。这就要求专业化、精英化的反恐人员，必须具备过硬的身体素质和过硬的专业技能，这是落实反恐任务，保障反恐人员的安全的重要保障，因此，加强反恐专业的定期培训和技能培训至关重要。（3）配备必要的反恐专业设备、设施。反恐怖主义的行动方式和设备构成复杂多样，技术含量高，设备支持综合性强，可靠性要求较高。因此，我们应该更加重视反恐怖主义的设备和设施的配置，保障打击恐怖活动犯罪的同时，保障反恐人员的人身安全。

第七十四条第二款规定，县级、乡级人民政府根据需要，指导有关单位、村民委员会、居民委员会建立反恐怖主义工作力量、志愿者队伍，协助、配合有关部门开展反恐怖主义工作。这是对反恐怖主义的社会力量做了规定。反恐怖主义社会力量是反恐怖主义力量的有机组成部分。之所以要加强反恐怖主义社会力量建设，主要是因为：首先，群众是反恐怖主义的重要基础力量和依靠力量，依靠群众反恐怖主义是经实践检验行之有效的方法，是我国反恐怖主义的一条原则。其次，普通民众是恐怖袭击的主要目标之一，是恐怖活动的受害者，人民群众有保护自身安全和国家社会安全的需求。最后，恐怖活动具有隐蔽性，恐怖袭击在时间和地点上具有不确定性和突发性等，使得单纯依靠专业反恐怖主义职能部门和力量很难及时、全面遏制恐怖主义的发展态势，需要民众在反恐怖主义领域发挥作用。

---

① 吕江鸿. 反恐怖主义保障措施研究 [J]. 法制与社会, 2016 (27): 141 + 160.

（三）因履行反恐职责或协助反恐工作受损人员的经济保障

不同于传统意义上的恐怖犯罪活动，现代恐怖活动犯罪更加倾向于恐怖分子使用残忍的暴力行为来杀害无辜的人，其破坏性大、损伤性严重、社会影响大，这是恐怖活动犯罪攻击模式的基本特征。因此，直接从事反恐工作的人员面临人身伤害或财产损失的风险是巨大的，国家以立法形式对这些反恐怖战争英雄提供一定的抚恤优待，这可以坚定其从事打击恐怖主义工作的信心和决心。为此，第七十五条规定，对因履行反恐怖主义工作职责或者协助、配合有关部门开展反恐怖主义工作导致伤残或者死亡的人员，按照国家有关规定给予相应的待遇。

（四）对反恐怖工作相关人员的保护措施

第七十六条规定，因报告和制止恐怖活动，在恐怖活动犯罪案件中作证，或者从事反恐怖主义工作，本人或者其近亲属的人身安全面临危险的，经本人或者其近亲属提出申请，公安机关、有关部门应当采取下列一项或者多项保护措施：不公开真实姓名、住址和工作单位等个人信息；禁止特定的人接触被保护人员；对人身和住宅采取专门性保护措施；变更被保护人员的姓名，重新安排住所和工作单位；其他必要的保护措施。

公安机关、有关部门应当依照前款规定，采取不公开被保护单位的真实名称、地址，禁止特定的人接近被保护单位，对被保护单位办公、经营场所采取专门性保护措施，以及其他必要的保护措施。

第一款是针对个人采取的保护措施；第二款是针对相关单位采取的保护措施。

（五）反恐怖主义工作的技术保障

反恐怖主义法第七十七条是对为反恐怖主义工作提供技术支持保障的规定。一方面，国家应鼓励和支持反恐怖主义的科学研究和技术创新。另一方面，国家应重视对先进的反恐技术装备开发和推广应用，以利于更好地打击恐怖主义。首先，反恐工作的顺利进行离不开高科技的支持和帮助，无论是对恐怖分子和恐怖组织的直接攻击，还是在对恐怖主义犯罪调查取证、隐匿性追捕行动中，或者是对恐怖犯罪实施全面预防，都离不开技术。如用于安检的 X 光检测仪利用 X 射线透射成像技术，可以对行李物品进行透视；利用激光拉曼技术可以检查可疑危险液体、爆炸固体粉末、毒品；利用金属探测技术可以检查人身携带的金属物品；利用介电常数测量技术检查可疑液体；等等。机场安检中有毫米波人体成像技术设备，能够清晰地显示出人身上的钱币、纽扣、钢笔、钥匙等物，随身藏匿的手枪、炸弹、毒品等违禁品更是一览无遗。这些先进技术和设备的应用，对预防恐怖活动起到了至关重要的作用。可以说，在反恐战争中是否能够利用高科技已成为反恐任务能否顺利完成的关键。其次，当前恐怖主义发展趋势的基本特征之一，是在恐怖主义活动中利用高科技来犯罪。为了实现目的，恐怖分子不仅会利用各种传统手段制造各种恐怖事件，而且利用现代科学技术的最新成果不断增强其犯罪能力。因此，在恐怖主义犯罪发展现状的基础上，针对处理恐怖主义活动的突发性和其利用高新技术具有巨大破坏力性，有必要通过立法的方式进行规制，制定反恐怖主义的技术保障措施①。

（六）反恐怖工作的征用制度、赔偿、补偿制度

第七十八条规定，公安机关、国家安全机关、中国人民解放军、中国人民武装警察部队因履行反恐怖主义职责的紧急需要，根据国家有关规定，可以征用单位和个人的财产。任务完成后应当及时归还或者恢复原状，并依照规定支付相应费用；造成损失的，应当补偿。因开展反恐怖主义工作对有关单位和个人的合法权益造成损害的，应当依法给予赔偿、补偿。有关单位和个人有权依法请求赔偿、补偿。

第一款规定的征用制度。征用是国家因紧急需要，强制征调使用公民或者有关组织财产，事后予以归还或给予相应补偿的一种制度。征用制度实际上体现了法律对公民和组织的财产权这一"私权利"的保护与政府保障社会公共利益实现的"公权力"的有机统一。第二款规定的赔偿、补偿制度。如应对处置力量依法使用武器，或者采取相关行动，可能会造成人员误伤或财产损毁的情况。如果出现这种情况，有关方面应当依法给予合法权益被损害的单位和个人相应的赔偿或者补偿。同时，合法权益被损害的单位和个人，也享有相应的请求有关方面给予赔偿、补偿的请求权。

第三节　法律责任及相关规定

为了严厉、有效打击本法规定的恐怖主义和极端主义活动，保证相关主体的反恐怖主义义务和职责得到贯彻落实，反恐怖主义法以单列第九章的方式对实施恐怖活动和极端主义行为，以及违反本法规定的行为设定了相应法律责任，并将具体处罚的种类与幅度与现行法律、行政法规进行了衔接、协调。目前反恐怖主义法以及刑法、治安管理处罚法等相关法律的规定已基本覆盖了各类恐怖活动以及违反反恐怖主义义务的法律责任。

反恐怖主义法所涉及的法律责任主要集中在刑法和行政法领域，分为刑事法律责

---

① 吕江鸿. 反恐怖主义保障措施研究［J］. 法制与社会, 2016,（27）: 141 + 160.

任和行政法律责任。刑事法律责任的具体规定见于我国刑法分则各章，行政法律责任则以行政处罚为主要表现，具体规定见于本法第八十条至九十三条。

▶ 一、刑事法律责任及相关规定

（一）恐怖活动犯罪的刑事责任

关于恐怖活动犯罪刑事责任的规定，主要见于刑法第一百二十条（组织、领导、参加恐怖组织罪①）、第一百二十条之一（帮助恐怖活动罪②）、第一百二十条之二（准备实施恐怖活动罪③）、第一百二十条之三（宣扬恐怖主义、极端主义、煽动实施恐怖活动罪④）、第一百二十条之四（利用极端主义破坏法律实施罪⑤）、第一百二十条之五（强制穿戴宣扬恐怖主义、极端主义服饰、标志罪⑥）以及第一百二十条之六（非法持有宣扬恐怖主义、极端主义物品罪⑦）。此外，若触犯上述罪名并实施杀人、爆炸、绑架等犯罪的，可依照刑法的有关规定定罪处罚。追究特定种类恐怖活动犯罪的具体刑事责任，应依照刑法有关条文的明文规定以及相关司法解释⑧进行，程序上应当遵循《中华人民共和国刑事诉讼法》的有关规定。

为确保我国刑法典的相对完备与统一，反恐怖主义法仅于第九章第七十九条集中

---

① 组织、领导、参加恐怖组织罪：组织、领导恐怖活动组织的，处十年以上有期徒刑或者无期徒刑，并处没收财产；积极参加的，处三年以上十年以下有期徒刑，并处罚金；其他参加的，处三年以下有期徒刑、拘役、管制或者剥夺政治权利，可以并处罚金。犯前款罪并实施杀人、爆炸、绑架等犯罪的，依照数罪并罚的规定处罚。

② 帮助恐怖活动罪：资助恐怖活动组织、实施恐怖活动的个人的，或者资助恐怖活动培训的，处五年以下有期徒刑、拘役、管制或者剥夺政治权利，并处罚金；情节严重的，处五年以上有期徒刑，并处罚金或者没收财产。为恐怖活动组织、实施恐怖活动或者恐怖活动培训招募、运送人员的，依照前款的规定处罚。单位犯前两款罪的，对单位判处罚金，并对其直接负责的主管人员和其他直接责任人员，依照第一款的规定处罚。

③ 准备实施恐怖活动罪：有下列情形之一的，处五年以下有期徒刑、拘役、管制或者剥夺政治权利，并处罚金；情节严重的，处五年以上有期徒刑，并处罚金或者没收财产：（一）为实施恐怖活动准备凶器、危险物品或者其他工具的；（二）组织恐怖活动培训或者积极参加恐怖活动培训的；（三）为实施恐怖活动与境外恐怖活动组织或者人员联络的；（四）为实施恐怖活动进行策划或者其他准备的。有前款行为，同时构成其他犯罪的，依照处罚较重的规定定罪处罚。

④ 宣扬恐怖主义、极端主义、煽动实施恐怖活动罪：以制作、散发宣扬恐怖主义、极端主义的图书、音频视频资料或者其他物品，或者通过讲授、发布信息等方式宣扬恐怖主义、极端主义的，或者煽动实施恐怖活动的，处五年以下有期徒刑、拘役、管制或者剥夺政治权利，并处罚金；情节严重的，处五年以上有期徒刑，并处罚金或者没收财产。

⑤ 利用极端主义破坏法律实施罪：利用极端主义煽动、胁迫群众破坏国家法律确立的婚姻、司法、教育、社会管理等制度实施的，处三年以下有期徒刑、拘役或者管制，并处罚金；情节严重的，处三年以上七年以下有期徒刑，并处罚金；情节特别严重的，处七年以上有期徒刑，并处罚金或者没收财产。

⑥ 强制穿戴宣扬恐怖主义、极端主义服饰、标志罪：以暴力、胁迫等方式强制他人在公共场所穿着、佩戴宣扬恐怖主义、极端主义服饰、标志的，处三年以下有期徒刑、拘役或者管制，并处罚金。

⑦ 非法持有宣扬恐怖主义、极端主义物品罪：明知是宣扬恐怖主义、极端主义的图书、音频视频资料或者其他物品而非法持有，情节严重的，处三年以下有期徒刑、拘役或者管制，并处或者单处罚金。

⑧ 2018年3月16日最高法、最高检、公安部、司法部《关于办理恐怖活动和极端主义犯罪案件适用法律若干问题的意见》。

作出了关于追究恐怖活动犯罪刑事责任的原则性规定，旨在与刑法进行有效衔接，强化对恐怖活动犯罪的刑事打击力度。而根据第七十九条规定应依法追究刑事责任的七类涉恐行为，与本法第三条所规定的恐怖活动虽在表述上不尽一致，但其内涵无本质区别。

（二）其他类型犯罪的刑事责任

除恐怖活动犯罪外，反恐怖主义法第九章中还针对各类主体违反本法规定的行为确定了相应法律责任。虽然条文多以行政处罚的规定呈现，但相应行为仍存在触犯刑法的可能性。

例如本法第八十二条所规定的"明知他人有恐怖活动犯罪、极端主义犯罪行为，窝藏、包庇……"以及"在司法机关向其调查有关情况、收集有关证据时，拒绝提供……"的行为，可能触犯刑法第三百一十条（窝藏、包庇罪①）、第三百一十一条（拒绝提供间谍犯罪、恐怖主义犯罪、极端主义犯罪证据罪②）；本法第八十四条所规定的"未落实网络安全、信息内容监督制度和安全技术防范措施，造成含有恐怖主义、极端主义内容的信息传播，情节严重"的行为，可能触犯刑法第二百八十六条之一（拒不履行信息网络安全管理义务罪③）；本法第八十八条第二款所规定的行为，若造成严重后果则可能触犯刑法第一百三十五条之一（大型群众性活动重大安全事故罪④）；本法第九十条所规定的"编造、传播虚假恐怖事件信息"的行为，可能触犯刑法第二百九十一条之一（编造、故意传播虚假恐怖信息罪⑤）；本法第九十二条所规定的"阻碍有关部门开展反恐怖主义工作"的行为，若以暴力、威胁方法实施

① 窝藏、包庇罪：明知是犯罪的人而为其提供隐藏处所、财物，帮助其逃匿或者作假证明包庇的，处三年以下有期徒刑、拘役或者管制；情节严重的，处三年以上十年以下有期徒刑。犯前款罪，事前通谋的，以共同犯罪论处。

② 拒绝提供间谍犯罪、恐怖主义犯罪、极端主义犯罪证据罪：明知他人有间谍犯罪或者恐怖主义、极端主义犯罪行为，在司法机关向其调查有关情况、收集有关证据时，拒绝提供，情节严重的，处三年以下有期徒刑、拘役或者管制。

③ 拒不履行信息网络安全管理义务罪：网络服务提供者不履行法律、行政法规规定的信息网络安全管理义务，经监管部门责令采取改正措施而拒不改正，有下列情形之一的，处三年以下有期徒刑、拘役或者管制，并处或者单处罚金：（一）致使违法信息大量传播的；（二）致使用户信息泄露，造成严重后果的；（三）致使刑事案件证据灭失，情节严重的；（四）有其他严重情节的。单位犯前款罪的，对单位判处罚金，并对其直接负责的主管人员和其他直接责任人员，依照前款的规定处罚。有前两款行为，同时构成其他犯罪的，依照处罚较重的规定定罪处罚。

④ 大型群众性活动重大安全事故罪：举办大型群众性活动违反安全管理规定，因而发生重大伤亡事故或者造成其他严重后果的，对直接负责的主管人员和其他直接责任人员，处三年以下有期徒刑或者拘役；情节特别恶劣的，处三年以上七年以下有期徒刑。

⑤ 编造、故意传播虚假恐怖信息罪：编造爆炸威胁、生化威胁、放射威胁等恐怖信息，或者明知是编造的恐怖信息而故意传播，严重扰乱社会秩序的，处五年以下有期徒刑、拘役或者管制；造成严重后果的，处五年以上有期徒刑。

或故意阻碍并造成严重后果，可能触犯刑法第二百七十七条（妨害公务罪、袭警罪①）；本法第九十四条所规定的国家机关工作人员的渎职侵权行为，可能触犯刑法第三百九十七条（滥用职权罪、玩忽职守罪②）、第三百九十八条（故意泄露国家秘密罪、过失泄露国家秘密罪③）、第三百九十九条（徇私枉法罪④），第二百一十九条（侵犯商业秘密罪⑤）、第二百五十三条之一（侵犯公民个人信息罪⑥）。

▶▶ 二、行政法律责任及相关规定

反恐怖主义法中的行政法律责任，主要表现为行政处罚，即行政主体为达到对违法者予以惩戒和教育，促使其以后不再犯，有效防范和惩治恐怖活动，加强反恐怖主义工作，维护国家安全、公共安全和人民生命财产安全的目的，依法对行政相对人违反本法但尚未构成犯罪的行为，以减损权益或者增加义务的方式给予法律制裁的行政行为。

除行政处罚外，针对本法第九十四条中国家机关工作人员在反恐怖主义工作中滥用职权、玩忽职守、徇私舞弊或有违规泄露国家秘密、商业秘密和个人隐私等其他违法违纪行为的，除违法情节较重、构成犯罪，应依法追究刑事责任外，也存在违法情

---

① 妨害公务罪、袭警罪（部分条款）：以暴力、威胁方法阻碍国家机关工作人员依法执行职务的，处三年以下有期徒刑、拘役、管制或者罚金。故意阻碍国家安全机关、公安机关依法执行国家安全工作任务，未使用暴力、威胁方法，造成严重后果的，依照第一款的规定处罚。暴力袭击正在依法执行职务的人民警察的，处三年以下有期徒刑、拘役或者管制；使用枪支、管制刀具，或者以驾驶机动车撞击等手段，严重危及其人身安全的，处三年以上七年以下有期徒刑。

② 滥用职权罪、玩忽职守罪：国家机关工作人员滥用职权或者玩忽职守，致使公共财产、国家和人民利益遭受重大损失的，处三年以下有期徒刑或者拘役；情节特别严重的，处三年以上七年以下有期徒刑。本法另有规定的，依照规定。国家机关工作人员徇私舞弊，犯前款罪的，处五年以下有期徒刑或者拘役；情节特别严重的，处五年以上十年以下有期徒刑。本法另有规定的，依照规定。

③ 故意泄露国家秘密罪、过失泄露国家秘密罪：国家机关工作人员违反保守国家秘密法的规定，故意或者过失泄露国家秘密，情节严重的，处三年以下有期徒刑或者拘役；情节特别严重的，处三年以上七年以下有期徒刑。非国家机关工作人员犯前款罪的，依照前款的规定酌情处罚。

④ 徇私枉法罪：司法工作人员徇私枉法、徇情枉法，对明知是无罪的人而使他受追诉、对明知是有罪的人而故意包庇不使他受追诉，或者在刑事审判活动中故意违背事实和法律作枉法裁判的，处五年以下有期徒刑或者拘役；情节严重的，处五年以上十年以下有期徒刑；情节特别严重的，处十年以上有期徒刑。

⑤ 侵犯商业秘密罪：有下列侵犯商业秘密行为之一，情节严重的，处三年以下有期徒刑，并处或者单处罚金；情节特别严重的，处三年以上七年以下有期徒刑，并处罚金：（一）以盗窃、贿赂、欺诈、胁迫、电子侵入或者其他不正当手段获取权利人的商业秘密的；（二）披露、使用或者允许他人使用以前项手段获取的权利人的商业秘密的；（三）违反保密义务或者违反权利人有关保守商业秘密的要求，披露、使用或者允许他人使用其所掌握的商业秘密的。明知前款所列行为，获取、披露、使用或者允许他人使用该商业秘密的，以侵犯商业秘密论。本条所称权利人，是指商业秘密的所有人和经商业秘密所有人许可的商业秘密使用人。

⑥ 侵犯公民个人信息罪：违反国家有关规定，向他人出售或者提供公民个人信息，情节严重的，处三年以下有期徒刑或者拘役，并处或者单处罚金；情节特别严重的，处三年以上七年以下有期徒刑，并处罚金。违反国家有关规定，将在履行职责或者提供服务过程中获得的公民个人信息，出售或者提供给他人的，依照前款的规定从重处罚。窃取或者以其他方法非法获取公民个人信息的，依照第一款的规定处罚。单位犯前三款罪的，对单位判处罚金，并对其直接负责的主管人员和其他直接责任人员，依照各该款的规定处罚。

节尚不构成犯罪、应依据法律和规定给予处分的情况。因处分属于一种基于行政隶属关系的内部责任形式，而非严格意义上的法律责任，不涉及一般行政相对人的权益，此处不予讨论。

如前所述，综观本法有关行政法律责任的规定，可大致将其分为三类。

（一）尚不构成犯罪的恐怖主义、极端主义活动的法律责任

我国反对一切形式的恐怖主义，反对一切形式的以歪曲宗教教义或者其他方法煽动仇恨、煽动歧视、鼓吹暴力等极端主义，对任何组织、策划、准备实施、实施恐怖主义活动、极端主义活动，宣扬恐怖主义、极端主义，煽动实施恐怖主义活动、极端主义活动，组织、领导、参加恐怖活动组织，为恐怖主义活动、极端主义活动提供帮助的，依法追究法律责任。刑法仅对具有严重社会危害性的行为追究刑事责任，对尚不构成犯罪的恐怖主义、极端主义活动，依照本法对其科以的行政处罚表现为人身罚、财产罚。

1. 宣扬恐怖主义、极端主义，帮助恐怖主义、极端主义活动的行政处罚

此类违法行为，情节轻微，尚不构成犯罪的，依照本法第八十条，由公安机关处十日以上十五日以下行政拘留，可以并处一万元以下罚款。适用本条规定的前提是所列活动属于"情节轻微，尚不构成犯罪"，在实践中，认定行为是否属于"情节轻微，尚不构成犯罪"，应结合案件具体情况、行为的社会危害程度、行为人的主观恶性大小以及事后表现等进行综合判断。

2. 利用极端主义破坏法律实施的行政处罚

此类违法行为，情节轻微，尚不构成犯罪的，依照本法第八十一条，由公安机关处五日以上十五日以下行政拘留，可以并处一万元以下罚款。适用本条规定的前提是"利用极端主义"且"情节轻微，尚不构成犯罪"。若行为人实施了本条所列的违法行为，但不存在"利用极端主义"的情节，则不能适用本条规定予以处罚。此外，由于尚无具体的立案追溯标准或定罪标准，认定行为是否属于"情节轻微，尚不构成犯罪"，应结合案件具体情况、行为的社会危害程度、行为人的主观恶性大小以及事后表现等进行综合判断。

（二）有关单位和人员违反反恐怖主义法律义务的法律责任

反恐怖主义安全防范、情报信息、调查和应对处置是反恐怖主义工作的重要方面，反恐怖主义法分别对其作出全面、系统的规定。为了保证上述规定和相关制度得到切实执行，本法第九条规定，任何单位和个人都有协助、配合有关部门开展反恐怖主义工作的义务，同时，本法在各章中对有关单位和个人的义务也作出明确规定，针

对违反安全防范、情报信息、调查和应对处置等反恐法律义务的各种具体行为，依照本法对其科以的行政处罚表现为人身罚、财产罚、行为罚和申诫罚。

1. 窝藏、包庇恐怖活动犯罪、极端主义犯罪和拒绝提供证据的行政处罚

对于明知他人有恐怖活动犯罪、极端主义犯罪行为，窝藏、包庇，情节轻微，尚不构成犯罪的，或者在司法机关向其调查有关情况、收集有关证据时，拒绝提供的，依照本法第八十二条，由公安机关处十日以上十五日以下拘留，可以并处一万元以下罚款。

值得注意的是，本条规定所称的窝藏、包庇行为在客观行为上表现为一种积极的作为，若是事先通谋，应以恐怖活动犯罪、极端主义犯罪的共同犯罪论处；本条规定所称的拒绝提供证据行为在客观行为上表现为一种消极的不作为，若司法机关未向其调查情况、收集证据，即使其对他人存在恐怖活动犯罪、极端主义犯罪行为处于明知状态，而未及时主动地向司法机关检举、揭发、提供相关情况或证据，不能依照本条规定予以处罚。

2. 金融机构和特定非金融机构违反冻结涉恐资产义务的行政处罚

对于金融机构和特定非金融机构未立即冻结涉恐资产的，依照本法第八十三条，由公安机关处二十万元以上五十万元以下罚款，并对直接负责的董事、高级管理人员和其他直接责任人员处十万元以下罚款；情节严重的，处五十万元以上罚款，并对直接负责的董事、高级管理人员和其他直接责任人员，处十万元以上五十万元以下罚款，可以并处五日以上十五日以下拘留。

本条是针对特殊主体违反本法第十四条中反恐融资方面的特定义务的行为所作的处罚规定。规定所称"情节严重"主要包括长期或多次拒不冻结、未及时冻结，导致恐怖活动组织和人员的资金、资产被转移或者被用于实施恐怖活动等情形。

3. 电信业务经营者、互联网服务提供者违反反恐义务的行政处罚

对于电信业务经营者、互联网服务提供者不履行反恐义务的，依照本法第八十四条，由主管部门处二十万元以上五十万元以下罚款，并对其直接负责的主管人员和其他直接责任人员处十万元以下罚款；情节严重的，处五十万元以上罚款，并对其直接负责的主管人员和其他直接责任人员，处十万元以上五十万元以下罚款，可以由公安机关对其直接负责的主管人员和其他直接责任人员，处五日以上十五日以下拘留。

本条是针对特殊主体违反本法第十八条、第十九条中技术支持和协助义务、网络管控义务的行为所作的处罚规定。关于本条所规定的行政处罚主体，由于电信、互联网安全管理的主管部门较多，应根据具体违法情形确定实施本条行政处罚的主管部门，其中对于未依照规定提供技术支持和协助的行为，以及未按主管部门要求，停止传输、删除含有恐怖主义、极端主义内容的信息，保存相关记录，关闭相关网站或者关停相关服务的，应由提出相应要求的主管部门予以处罚，而对于未落实网络安全、信息内容监督制度和安全技术防范措施，造成含有恐怖主义、极端主义内容的信息传播，情节严重的行为，应由公安机关及相关网络信息主管部门依职责分工予以处罚。此外，本条所规定的拘留，除国家安全机关依照《中华人民共和国反间谍法》适用拘留的情况外，只能由公安机关依法适用，若其他主管部门发现相关违法行为情节严重的，应在作出罚款处罚后将案件移送公安机关，由公安机关对违法人员作出拘留处罚。

4. 物流运营单位违反反恐义务的行政处罚

对于物流运营单位不履行反恐安全防范义务的，依照本法第八十五条，由主管部门处十万元以上五十万元以下罚款，并对其直接负责的主管人员和其他直接责任人员处十万元以下罚款。

本条是针对特殊主体违反本法第二十条中安全查验及信息登记制度的行为所作的处罚规定，只要实施了本条规定的作为或不作为行为成立，即应予以处罚。同时，我国寄递物流行业的现行法律法规已对不履行安全查验及信息登记制度等作了处罚性规定，在适用法律时，应按照上位法优于下位法、新法优于旧法、特别法优于一般法的原则进行适用。

5. 业务经营者、服务提供者违反查验客户身份义务的行政处罚

对于电信、互联网、金融业务经营者、服务提供者未按规定履行、不履行客户身份查验义务的，依照本法第八十六条，由主管部门责令改正；拒不改正的，处二十万元以上五十万元以下罚款，并对其直接负责的主管人员和其他直接责任人员处十万元以下罚款；情节严重的，处五十万元以上罚款，并对其直接负责的主管人员和其他直接责任人员，处十万元以上五十万元以下罚款。住宿、长途客运、机动车租赁等业务经营者、服务提供者违背该项义务的，由主管部门处十万元以上五十万元以下罚款，并对其直接负责的主管人员和其他直接责任人员处十万元以下罚款。

本条是针对特殊主体违反本法第二十一条中关键行业客户实名查验、管理制度的行为所作的处罚规定，只要实施了本条规定的作为或不作为行为成立，即应予以处罚。除本条规定外，有关电信、互联网、金融、住宿、长途客运、机动车租赁等行业管理的法律法规，已对不履行查验客户身份义务的法律责任作了规定，对此，应按照上位法优于下位法、新法优于旧法、特别法优于普通法的法律适用原则处理。

需特别指出的是，在实施行政处罚时的"责令改正"属于补救性质的行政责任方式，而非行政处罚措施，其目的在于使违法者消除违法状态，恢复合法状态。行政相对人经责令改正的，不再予以进一步的行政处罚。此外，本条针对住宿、长途客运、机动车租赁等业务经营者、服务提供者违反实名制管理规定的处罚，相较于电

信、互联网、金融业务经营者、服务提供者规定的处罚更轻，一是体现在仅简化设定了一档处罚，二是体现在罚款处罚的数额偏少，其主要原因在于两类行业在经营内容、资产规模、处罚承受能力等方面存在较大差异，在实践中适用第二款规定时，仍应先参照第一款，依违法情节的轻重分别作出责令改正、罚款的处理，做到过罚相当。

6. 相关主体违反危险物品、管制物品相关安全管理规定的行政处罚

对于相关主体违反本法第二一二条对危险物品、管制物品安全管理规定的，依照本法第八十七条，由主管部门给予警告，并责令改正；拒不改正的，处十万元以下罚款，并对其直接负责的主管人员和其他责任人员处一万元以下罚款。

本条是针对危险物品及管制物品的生产及进口单位、危险物品的运输单位、涉传染病病原体等危险物质的单位违反危险物品、管制物品安全管理规定的行为，以及一般主体违反国务院主管部门或者省级人民政府对危险物品、管制物品的管制或限制交易措施的行为所作的处罚规定，只要实施了本条规定的不作为或作为行为成立，即应予以处罚。上述危险物品、管制物品情况复杂，日常管理难度较大，基于惩教结合、预防为主的精神，主管部门针对上述违法行为应当先行警告，"拒不改正"的处以相应罚款。

7. 重点目标管理及营运单位、大型活动承办单位违反反恐义务的行政处罚

对于防范恐怖袭击重点目标的管理、营运单位在防范恐怖袭击方面未履行相应职责的，依照本法第八十八条，由公安机关给予警告，并责令改正；拒不改正的，处十万元以下罚款，并对其直接负责的主管人员和其他直接责任人员处一万元以下罚款。对于大型活动承办单位以及重点目标的管理单位，未依照规定对进入大型活动场所、重点目标场所的人员、物品和交通工具进行安检的，依照本法第八十八条，由公安机关责令改正；拒不改正的，处十万元以下罚款，并对其直接负责的主管人员和其他直接责任人员处一万元以下罚款。

本条是针对特殊主体违反本法第三十一条、第三十二条、第三十三条、第三十四条、第三十五条中安全防范职责的行为所作的处罚规定，只要实施了本条规定的不作为或作为行为成立，即应予以处罚。需注意的是，相较于第一款，本条第二款中大型活动承办单位以及重点目标的管理单位的违法行为，对其不给予警告处罚。

8. 恐怖活动嫌疑人员违反约束措施的行政处罚

对于恐怖活动嫌疑人员违反公安机关责令其遵守的约束措施的，依照本法第八十九条，由公安机关给予警告，并责令改正；拒不改正的，处五日以上十五日以下拘留。本法第五十三条规定了调查恐怖活动嫌疑的约束措施，公安机关根据恐怖活动嫌疑人员的危险程度、所涉恐怖活动案件情况等，决定对其是否采取约束措施，以及采取其中的单项或多项约束措施。在适用本条规定时，不能笼统地认为嫌疑人员只要违反第五十三条中的任意一种就构成违法，而应视嫌疑人员是否违反了公安机关责令其具体遵守的有关约束措施而定。

9. 新闻媒体及个人违反有关恐怖事件信息报道、传播规定的行政处罚

对于新闻媒体等单位及其从业人员、其他个人不遵守恐怖事件相关信息的报道、传播管理规定的，依照本法第九十条，由公安机关对单位处二十万元以下罚款，并对其直接负责的主管人员和其他直接责任人员，处五日以上十五日以下拘留，可以并处五万元以下罚款；个人有上述行为的，由公安机关处五日以上十五日以下拘留，可以并处一万元以下罚款。

本条是针对新闻媒体及其从业人员以及其他人员违反本法第六十三条中关于编造、传播虚假恐怖事件信息，违规报道、传播或者发布恐怖事件相关信息等违法行为所作的处罚规定，对新闻媒体等单位的违法行为采取双罚制，而对个人违法行为则采取行政拘留，可以并处罚款的方式处罚。实践中此类违法行为在主观方面一般表现为故意，但报道、传播可能引起模仿的恐怖活动实施细节行为，以及发布恐怖事件中残忍、不人道的场景行为，在主观过失的状态下亦有可能实施，经调查确属过失导致的，一般不予处罚。此外，上述"新闻媒体及其从业人员"应从广义理解，新闻媒体等单位不受地域层级、载体形式、信息来源所限，从业人员不受是否具备新闻报道资质所限。

10. 拒不配合反恐怖主义工作的行政处罚

对于个人拒不配合有关部门开展反恐怖主义安全防范、情报信息、调查、应对处置工作的，依照本法第九十一条，由主管部门处二千元以下罚款；造成严重后果的，处五日以上十五日以下拘留，可以并处一万元以下罚款。对于单位拒不配合上述反恐怖主义工作的，依照本法第九十一条，由主管部门处五万元以下罚款，并对其直接负责的主管人员和其他直接责任人员处二千元以下罚款；造成严重后果的，处十万元以下罚款，并对其直接负责的主管人员和其他直接责任人员处五日以上十五日以下拘留，可以并处一万元以下罚款。

本条是针对任何单位和个人违反本法第九条中关于协助、配合有关部门开展反恐工作的义务、实施各类拒不配合有关部门开展反恐工作的违法行为所作的处罚规定，对个人违法行为规定两档处罚，对单位违法行为采取双罚制，同样规定两档处罚，其中拘留应由公安机关依法适用。本条所称"拒不配合"，应是出于主观故意的行为，即行为人在没有正当理由的情况下，对于有关部门明确提出的配合要求故意予以拒绝。若有关部门未明确提出配合工作的具体要求，行为人仅因态度消极未主动支持相关工作，或者行为人因不可抗力确无条件和能力配合的，都不属于"拒不配合"。

此外，本法在总则第九条对任何单位和个人的协助、配合反恐工作的义务进行了规定，同时在相关各章节中对有关单位和个人的义务也作了明确规定。与之相对应的是，本条是针对总则第九条而作的一般性处罚规定，而第九章的其他条款则规定了各类特定的拒不配合行为的法律责任，如本法第八十二条中关于拒不提供恐怖活动犯罪、极端主义犯罪证据的行为的法律责任，本法第八十九条中恐怖活动嫌疑人员违反具体约束措施的法律责任，等等。因此，在有条款规定了特定的拒不配合行为法律责任的情况下，应依照特别条款追究法律责任。

11. 阻碍反恐怖主义工作的行政处罚

对于个人阻碍有关部门开展反恐怖主义工作的，依照本法第九十二条，由公安机关处五日以上十五日以下拘留，可以并处五万元以下罚款。对于单位阻碍有关部门开展反恐怖主义工作的，依照本法第九十二条，由公安机关处二十万元以下罚款，并对其直接负责的主管人员和其他直接责任人员处五日以上十五日以下拘留，可以并处五万元以下罚款。阻碍人民警察、人民解放军、人民武装警察依法执行本法规定的各项反恐工作任务的，应从重处罚。

本条是针对任何单位和个人违反本法第九条中关于协助、配合有关部门开展反恐工作义务、发现恐怖活动嫌疑或者恐怖活动嫌疑人员后及时报告义务，实施各类阻碍有关部门开展反恐工作的违法行为所作的处罚规定，对单位的违法行为采取双罚制，对个人违法行为采取行政拘留，可以并处罚金的方式处罚，同时明确了从重处罚情形。本条所称"阻碍"，应是出于主观故意的一种积极行为，行为表现为积极妨碍反恐工作的进行，制造困难，搅乱局面，放任恐怖主义所造成的危害扩大等，行为方式表现为以非暴力的方式实施，如吵闹、谩骂、设置障碍物、提供误导性信息、在计算机网络中设置障碍程序等等。此外，在认定阻碍行为时，应把握本条规定与刑法第二百七十七条规定的妨害公务罪之间的联系与区别，二者所规定的行为同属于妨害公务的行为，但在不法行为的客体与对象、客观方面的表现方面均存在差异。

在我国治安管理处罚法、监控化学品管理条例等其他相关法律、法规中同样对阻碍行为的法律责任进行了规定。本条规定与治安管理处罚法第五十条的规定存在竞合关系，后者规定中的"国家机关工作人员依法执行职务"，涵盖了本条第一款中的"有关部门开展反恐怖主义工作"的规定；后者规定中的"阻碍人民警察依法执行职务"，涵盖了本条第三款中"阻碍人民警察"依法执行反恐工作职务的规定。因此，违法行为人若触犯本条规定，同时也会触犯治安管理处罚法第五十条的规定，适用法律时依照特别法优于一般法的原则，应按本条规定予以认定和处罚；违法行为人若阻碍人民警察开展反恐工作，同理应适用本条规定予以认定和处罚。

（三）单位违反本法规定的特别责任

为了防范、调查和打击恐怖活动，反恐怖主义法对有关单位规定了各类义务，对于违背相应义务的单位违法行为，本法第八十三条至八十八条、第九十条至九十二条均规定了具体的对应法律责任。一方面，有关条款对违法单位规定了罚款处罚，对直接负责的主管人员和其他直接责任人员规定了罚款或者同时处以拘留的处罚。另一方面，针对违法行为情节严重的，不仅应当依法处以罚款，还应限制或剥夺其某些特定行为能力和资格，也就是对单位的经营资格予以限制或者剥夺。因此，为避免重复叙述，出于立法技术的考虑，本法第九十三条统一规定了对单位违反本法规定，情节严重和造成严重后果的在经营资格方面的特别责任，即单位违反本法规定，情节严重的，由主管部门责令停止从事相关业务、提供相关服务或者责令停产停业；造成严重后果的，吊销有关证照或者撤销登记。

本条所称"情节严重"，是指违反本法规定次数较多，曾因违反本法规定被处罚后再次违反本法规定，违反本法规定造成较大的社会影响，以及其他情节严重的情形。针对"情节严重"的情形，责令其停止从事相关业务、提供相关服务，是指在一定期限内暂停单位从事、提供与违法行为相关的特定业务和服务；而责令停产停业，是指一定期限内剥夺单位一切从事生产经营活动的权利。本条所称"造成严重后果"，是指违反本法规定，造成非常恶劣的社会影响、较大的人员伤亡或者财产损失等情形。针对"造成严重后果"的情形，吊销有关证照，是指取消行政机关颁发的许可证或者营业执照，从而剥夺单位从事生产经营活动的权利；而撤销登记，是指撤销单位的法律主体资格和营业资格。需说明的是，第九十三条规定与第九章法律责任中其他关于对单位处罚的条款，可以同时适用。

我国在预防和惩治恐怖主义法律规范方面逐渐走向完善。历经 40 余年探索与实践，中国以宪法为根本，逐步形成以反恐怖主义法为主体，刑事法律为骨干，国家安全法等为保障，其他法律为补充，涵盖行政法规、司法解释、地方性法规、部门规章与地方政府规章等的反恐怖主义法律制度体系。体系的健全为我国反恐怖主义法治化、规范化和科学化运行提供了制度保障，为人权保障奠定了良好基础，取得可喜进步。

【思考题】

1. 如何理解我国反恐怖主义法中规定的恐怖主义概念？

2. 谈谈对我国反恐怖主义立场、方针的认识。

3. 反恐怖主义法在实施过程中遇到的问题有哪些？如何解决？

第六章 反间谍法

反间谍工作的本质实际就是反渗透、反颠覆、反窃密工作，其成效直接关系国家政治安全等核心利益。新中国成立以来，特别是改革开放以来，境外间谍组织和各种敌对势力的颠覆活动从未停止，各类间谍和破坏活动呈现范围不断扩大、领域不断扩展的趋势，对我国国家安全造成了极其严重的危害。

2014 年 11 月，第十二届全国人大常委会第十一次会议通过《中华人民共和国反间谍法》（以下简称"反间谍法"）。为应对不断变化的国内外安全形势，贯彻落实党中央关于加强反间谍工作的一系列重要决策和部署，2023 年 4 月，第十四届全国人民代表大会常务委员会第二次会议审议通过新修订的反间谍法，自 2023 年 7 月 1 日起施行。① 从时间脉络上看，反间谍法是贯彻落实总体国家安全观的首部法律，是规范和保障反间谍斗争的专门法律，对于捍卫国家主权、安全和发展利益，依法防范、制止和惩治间谍行为发挥着关键性作用。

第一节 反间谍法概述

▶ 一、间谍、间谍组织及相关概念

（一）间谍

间谍，在我国古代亦称"细作"，是指潜入敌地，刺探情况，伺机返报的人。今指由异国情报机关派遣或指使，窃取、刺探、传送机密情报，或进行颠覆、破坏等活动的人员。②

---

① 除非特别指出，书中所引均为 2023 年 4 月 26 日修订的《中华人民共和国反间谍法》。
② 陈至立. 辞海（第七版彩图本）[M]. 上海：上海辞书出版社，2020：2055.

（二）间谍组织及其代理人

间谍组织，是指外国政府或者境外敌对势力建立的旨在收集我国政治、经济、军事等方面的国家秘密、情报等信息，或者对我国进行颠覆、破坏等活动，以危害我国国家安全和利益作为其主要任务的组织。[①]

间谍组织代理人，是指受间谍组织或者其成员的指使、委托、委派、资助，下达间谍组织的任务指令，进行或者授意、指使他人进行危害我国国家安全活动的人。根据有关规定，间谍组织和间谍组织代理人由我国国家安全部确认。[②]

（三）境外机构、组织、个人

境外机构，是指我国边境以外的国家和地区的机构，如政府、军队以及其他由有关当局设立的机构。上述境外机构在我国境内设立的分支机构或代表机构，也属于境外机构。

境外组织，是指我国边境以外的国家和地区的政党、社会团体、非政府组织，以及其他企业、事业组织等。上述组织在中国境内设立的分支或者代表组织，也属于境外组织。

境外个人，是指外国公民、无国籍人以及其他境外个人。居住在我国境内不具有我国国籍的人，如外国人、无国籍人，也属于境外个人。[③]

（四）敌对组织

敌对组织，是指敌视中华人民共和国人民民主专政的政权和社会主义制度，危害国家安全的组织。根据有关规定，敌对组织由国务院国家安全主管部门或者国务院公安部门确认。[④]

▶▶ 二、反间谍法的修法背景、修订意义、修法过程

（一）修法背景

通过立法形式维护国家安全是国际通行做法，作为我国维护国家安全法治体系的一部重要法律，适时对反间谍法进行修改和完善，是及时提高维护国家安全能力和依法治国水平的重要举措。

1. 需以更高水平贯彻落实总体国家安全观

2014 年，习近平总书记在中央国家安全委员会第一次会议上创造性地提出总体

[①] 王爱立. 中华人民共和国反间谍法释义［M］. 北京：中国法制出版社，2023：32.
[②] 王爱立. 中华人民共和国反间谍法释义［M］. 北京：中国法制出版社，2023：33.
[③] 王爱立. 中华人民共和国反间谍法释义［M］. 北京：中国法制出版社，2023：34.
[④] 2017 年 11 月 22 日国务院《中华人民共和国反间谍法实施细则》第五条。

国家安全观。2014 年颁布的反间谍法是我国贯彻落实总体国家安全观的第一部法律，而对本法的修订是适应新时代维护国家安全的要求，更高水平、更全面贯彻落实总体国家安全观的重要举措。

2. 需与国家安全法治体系的相关法律更紧密衔接

在党中央坚强领导下，全国人大及其常委会以总体国家安全观为指导，加速构建国家安全法治体系，颁布实施国家安全领域具有基础性、全局性、综合性的国家安全法，并陆续制定、修改多部法律。据统计，我国现有 30 多部法律重点规范各领域国家安全有关内容，由此可见，国家安全法治体系的框架已基本形成，并在逐步发展和完善。

对反间谍法进行必要的修改，既可以从国家安全法治体系的高度明确维护国家安全的边界和范围，确定相关行为的性质，给社会公众以明确指引，还可以对开展反间谍工作的法理依据予以强调和凝练，同时根据新形势、新任务对反间谍工作进行加强与提升，进一步完善国家安全法治体系，实现相互促进、共同发展的格局。

3. 需要适应新形势下反间谍斗争需要

当前，中国特色社会主义进入新时代，中华民族迎来了实现伟大复兴的光明前景，而境外敌对势力也不断加紧对我国实施渗透破坏，不断尝试颠覆我国社会主义制度，妄图迟滞、中断中华民族伟大复兴进程。反间谍工作面临前所未有的挑战。2014年反间谍法施行以来，对维护国家安全，防范制止和惩治间谍行为发挥了重要作用，但在实施中存在安全防范制度不健全、行政执法赋权不足等问题，已无法适应新形势下贯彻落实总体国家安全观和反间谍工作的实践需要，法治供给需要及时跟进和补足，修订本法是必要和紧迫的。

（二）修订意义

反间谍法的出台与修订，立足于新时代反间谍斗争的需要，将党中央对反间谍工作的重大决策部署转化为法律，积极回应我国反间谍斗争面临的新情况和新问题，充分体现了党中央对国家安全工作的高度重视，体现了国家立法机关加快完善中国特色国家安全法律制度体系的坚定态度，对深化新时代反间谍斗争、筑牢国家安全法治屏障具有里程碑意义。

1. 贯彻习近平法治思想和总体国家安全观的重要实践

习近平法治思想和总体国家安全观，是习近平新时代中国特色社会主义思想的"法治篇"和"国家安全篇"，实现了马克思主义法治理论、国家安全理论中国化、时代化的新飞跃，为中国特色国家安全法治实践提供了根本遵循和行动指南。反间谍法通篇鲜明地体现了坚持党中央对反间谍工作的集中统一领导、国家安全一切为了人民、一切依靠人民、统筹发展和安全、统筹传统安全和非传统安全、依法开展反间谍工作等核心要义和实践要求，以制度化、法治化的方式推动党的创新理论在隐蔽战线落地生根，对深化新时代新征程反间谍斗争具有重大指导意义。

2. 运用法治护航中国式现代化的有力保障

当前我国的外部环境和安全格局发生了重大变化，各种可以预料和难以预料的风险挑战对国家安全工作提出了更高要求。各种间谍活动的新主体、新行为和新危害复杂多元，传统安全风险和非传统安全风险相互交织，迫切需要完善我国反间谍法律制度，筑牢国家安全法治屏障。反间谍法的修订，为新形势下防范打击各种间谍活动、维护国家安全提供了有力法律武器，为以新安全格局保障新发展格局、以高水平安全保障高质量发展筑牢了法治基石。

3. 完善中国特色国家安全法律制度体系的最新成果

党的十八大以来，以 2015 年国家安全法为统领，20 余部国家安全专门立法接连出台，110 余部含有国家安全条款的法律法规相继制定、修订，中国特色国家安全法律制度体系加速构建形成，为有效维护国家安全提供坚强法治保障。反间谍法的修订是落实党的二十大精神的重要成果，是对中国特色国家安全法律制度体系的重要完善，为新时代中国特色国家安全治理提供了有力法律支撑。

4. 推进隐蔽战线工作体系和能力现代化的重大举措

一直以来，国家安全法治建设与隐蔽战线事业紧密相连。1983 年第六届全国人民代表大会常务委员会第二次会议通过了关于国家安全机关性质和职权的首个法律文件；1993 年第七届全国人民代表大会常务委员会第三十次会议通过的国家安全法，是新中国第一部国家安全专门法律；2013 年党的十八届三中全会决定设立中国共产党中央国家安全委员会，统筹推动国家安全法治建设取得历史性成就，发生历史性变革；2023 年全面修订后的反间谍法，对在法治轨道上推进隐蔽战线工作体系和能力现代化具有重要深远意义。

（三）修法过程

2014 年，国家安全部以 1993 年国家安全法为基础，起草了《中华人民共和国反间谍法（草案送审稿）》，形成草案后于当年 7 月 30 日国务院常务会议讨论通过。11月 1 日，反间谍法由第十二届全国人大常委会第十一次会议审议通过，当日公布并施行。该次修法将原"国家安全法"的名称改为"反间谍法"，设置了总则、国家安全机关在反间谍工作中的职权、公民和组织的义务和权利、法律责任及附则共五章四十个条款。

2021 年全国人大监察司法委就反间谍法提出修法立法建议，推动将反间谍法列入全国人大常委会 2022 年度立法工作计划。修订草案后于 2022 年 8 月被初次审议、12 月被二次审议。2023 年 4 月，十四届全国人大常委会第二次会议对修订草案第三次审议，并于 4 月 26 日通过后公布，自 2023 年 7 月 1 日起施行。本法在 2014 年反间谍法的基础上，新增二十九条，修改四十一条，修订后共六章七十一个条款，修订的主要内容包括：强化党中央对反间谍工作的集中统一领导，完善反间谍工作基本原则，建立国家层面的反间谍工作协调机制；进一步明确特定主体"窃密"对象范围，增加利用网络实施间谍行为的规定，与国家安全法治体系中的相关法律实现衔接；加强对反间谍工作的保障与监督制约，尊重和保障人权，保障个人和组织的合法权益；加强反间谍安全防范制度建设，完善反间谍调查处置措施，完善法律责任，兼顾预防和惩治，提高维护国家安全能力。

▶▶ 三、间谍行为的表现

间谍行为有别于一般违法犯罪行为，为便于实践中对其进行准确理解和执法，便于群众参与反间谍工作，我国反间谍法第四条第一款，对间谍行为的范围予以明确规定，具体行为表现包括下列六类：

（一）间谍组织及其代理人实施或者指使、资助他人实施，或者境内外机构、组织、个人与其相勾结实施的危害中华人民共和国国家安全的活动

作为最典型的间谍行为，此类间谍行为在行为主体、行为方式和行为性质上有着显著特点。第一，行为主体是间谍组织及其代理人，以及其指使、资助、勾结的他人。第二，行为方式上既包括间谍组织及其代理人直接实施，也包括其以指使、资助他人等方式间接实施，以及其与境内外机构、组织、个人相勾结实施。境外机构、组织、个人与间谍组织及其代理人相勾结实施间谍行为，主要是针对一些境外非政府组织等与间谍组织相勾结，从事危害我国国家安全活动情况的规定。第三，行为性质是危害我国国家安全的活动，即危害我国政权、主权、统一和领土完整、人民福祉、经济社会可持续发展和国家其他重大利益，严重侵害了上述国家核心利益的安全。

（二）参加间谍组织或者接受间谍组织及其代理人的任务，或者投靠间谍组织及其代理人

"参加间谍组织"是指行为人通过一定的程序或手续正式加入间谍组织，成为间谍组织成员的行为，行为人参加间谍组织后即行潜伏、未实施具体间谍活动的，其间谍行为依然成立。若行为人接受了间谍组织及其代理人的任务，即受间谍组织及其代理人的命令、派遣、指使、委托，为其服务，从事危害我国国家安全的活动，无论行为人是否参加间谍组织，都不影响其间谍行为的成立。

"投靠"，是指明知对方为间谍组织及其代理人，仍通过各种渠道、利用各种方式主动与之接洽，表达愿意参加该组织，或愿意认领其任务的行为。在实践中此类行为属于间谍犯罪的准备阶段。认定投靠行为，可根据双方接触和联系的频率、表达的意愿、提出的条件、实施的行为、造成的危害等进行综合判定，投靠行为一旦成立，就可以认定构成间谍行为，并予以处罚。若间谍组织及其代理人已经对其明确招募、布置任务的，属于参加间谍组织或者接受间谍组织及其代理人的任务。

（三）间谍组织及其代理人以外的其他境外机构、组织、个人实施或者指使、资助他人实施，或者境内机构、组织、个人与其相勾结实施的窃取、刺探、收买、非法提供国家秘密、情报以及其他关系国家安全和利益的文件、数据、资料、物品，或者策动、引诱、胁迫、收买国家工作人员叛变的活动

此类间谍行为的主体包括三类人员。行为特指两类危害我国国家安全的间谍活动。一是实施了窃取、刺探、收买、非法提供国家秘密、情报以及其他关系国家安全和利益的文件、数据、资料、物品的行为。二是实施了策动、引诱、胁迫、收买国家工作人员叛变的行为。

（四）间谍组织及其代理人实施或者指使、资助他人实施，或者境内外机构、组织、个人与其相勾结实施针对国家机关、涉密单位或者关键信息基础设施等的网络攻击、侵入、干扰、控制、破坏等活动

利用网络技术实施的间谍行为技术新颖、行为隐蔽，具有"远距离、无差别、全天候"的特点，对我国国家主权、安全和发展利益构成了严重威胁。

认定这种间谍行为，第一，行为主体需与间谍组织及其代理人相关，若无相关性则不属于此类行为，例如普通网络黑客之间相互勾结实施的网络窃密、攻击行为，不属于本法调整的范围，应依据治安管理处罚法、网络安全法、数据安全法等其他法律进行规范。第二，行为的对象限定为国家机关、涉密单位或者关键信息基础设施等。第三，行为的方式主要表现为网络攻击、侵入、干扰、控制、破坏等活动，这些活动具有信息时代的远程性、虚拟性、广泛性等特征，主要是通过计算机网络技术开展"线上"活动，同时也包括为了开展"线上"活动而实施的"线下"准备活动，如在计算机系统的硬件装备上安设"后门"；通过物理输入等方式向内部网络、局域网络等对外绝缘的网络植入木马、病毒，使该网络系统能被外部的广域网攻击、侵入、破坏等。

（五）为敌人指示攻击目标

刑法第一百一十条将"为敌人指示轰击目标"作为一种间谍活动定义并规定了

刑事责任，本法对此作了相应的衔接性规定，并根据情况的变化，将"轰击"改为
"攻击"。这种间谍行为是指行为人引导敌人的军事攻击等破坏活动，或者为其提供、
标示相关目标信息的行为。"指示"的具体方式既包括通过发送情报、发射信号弹、
燃烧明火等传统指示方式，也包括激光引导、数字定位及其他技术手段等新的指示
方式。

（六）其他间谍活动

本条是概括性的兜底规定，以适应复杂的现实情况，有利于对间谍行为打击。

反间谍法第四条第二款规定，间谍组织及其代理人在我国境内，或者利用我国的
公民、组织或者其他条件，从事针对第三国的间谍活动，危害我国国家安全的，适用
本法。间谍组织及其代理人直接针对第三国开展间谍活动，通常不与我国产生任何联
系，但实践中，一些国家和地区对第三国开展间谍活动，却利用我国的公民、组织或
者其他条件进行掩饰，伪装成我国对第三国开展谍报活动，规避直接冲突，提高其开
展间谍活动的成功率，有的甚至将其实施间谍行为产生的危害嫁祸于我国的公民、组
织，容易让我国被第三国误解、误判，易使我国国家安全、发展利益和名誉声誉受到
侵害，因此一旦危害我国国家安全，就可以适用本法，依法预防、制止和惩治该种
行为。

间谍行为的定义并非泛化的概念，需结合案件的具体证据和情况，区分不法行为
的性质、判断执法主体，并严格根据我国现有法律法规，慎重认定其是否构成间谍行
为。2023 年修订后的反间谍法将一些已具有一定危害性但尚不构成犯罪的行为定义
为间谍行为，国家安全机关可依法对其予以行政处罚，进一步降低了追究间谍行为法
律责任的门槛，做到防微杜渐。

▶▶ 四、反间谍工作的基本原则

（一）坚持党中央集中统一领导的原则

反间谍法第二条规定"反间谍工作坚持党中央集中统一领导"，这是开展反间谍
工作的首要和根本原则，是贯彻其他各项原则、相关制度和措施的基础与前提。反间
谍工作是中央事权，党中央对其进行集中统一领导，是反间谍工作得以加强、反间谍
能力得以提升根本原因，是打赢反渗透、反颠覆、反窃密斗争的根本保障。

（二）坚持总体国家安全观的原则

反间谍法第二条中增加了"坚持总体国家安全观"的规定。总体国家安全观是
国家安全领域总结以往历史经验、适应当前形势任务的重要战略思想，是维护国家安
全特别是开展反间谍工作必须遵循的重要指导。反间谍工作只有坚持总体国家安全

观，才可以应对主体更复杂、领域更广泛、目标更多元、手法更隐蔽等新时期下间谍行为的发展和变化，以更高水平维护国家安全。

（三）坚持公开工作与秘密工作相结合的原则

根据反间谍法第二条的规定，反间谍工作应"坚持公开工作与秘密工作相结合"的原则。为了开展好反间谍工作，一方面需要不断破解间谍组织及各种敌对势力的秘密工作渠道、技能，同时不断提高自身的斗争技能和方法。另一方面也需要策略性地开展各种公开工作，如：公开谴责、制止和惩治间谍行为，揭露间谍组织及各种敌对势力的罪行；广泛开展宣传教育活动，动员广大社会公众提高警惕，积极支持和参与反间谍工作；加强社会各个领域的国家安全防范工作，有效抵御间谍行为；制定、公布反间谍及保密领域的法律法规，完善有关法律制度；等等。

（四）坚持专门工作与群众路线相结合的原则

根据反间谍法第二条的规定，反间谍工作应坚持"专门工作与群众路线相结合"的原则。一方面，反间谍工作是专门机关的重要工作。另一方面，它离不开人民群众的支持。本法第七条第三款规定"国家安全机关在反间谍工作中必须依靠人民的支持，动员、组织人民防范、制止间谍行为"。实践中的谍报人员非法测绘、外国无人探测器和无人潜航器等间谍活动，都是通过人民群众主动发现并举报的。

（五）坚持积极防御、依法惩治、标本兼治，筑牢国家安全人民防线的原则

根据反间谍法第二条的规定，积极防御、依法惩治、标本兼治，筑牢国家安全人民防线，是反间谍工作制度层面的重要原则，主要分为以下四个方面：

1. 坚持积极防御

积极防御是带有反击性质的策略性斗争。这不仅要不断完善防范措施、完善保密制度和措施，还应不断提高自身的反间谍斗争能力和技术，主动、精准打击间谍分子和间谍行为。

2. 坚持依法惩治

在反间谍工作中，对于间谍违法犯罪行为应当贯彻全面依法治国的要求，依法予以惩治。同时，反间谍专门机关开展各项反间谍工作，也应严格按照相关法律的规定进行。

3. 坚持"标本兼治"

在总体国家安全观的指引下，国家安全防线不断延伸，反间谍工作的职责也随之扩大。只有打防并举，加强社会各方面反间防谍的安全防范意识和措施，才可以实现提前防范、主动防范、防患于未然。

"治标"是指坚决制止和惩治间谍组织及各种敌对势力的间谍活动。"治本"是

要提升全社会国家安全意识和与间谍行为作斗争的能力，尽早发现、识别并抵御间谍行为，降低间谍活动对我国国家安全造成的损失。通过落实各界的反间防谍主体责任、重点单位的相关制度、国家安全事项的建设项目许可制度、增强全民防范意识等方式，全方位实现"标本兼治"的目的和效果。

4. 坚持筑牢国家安全人民防线

从政策上看，应着重宣传宽大政策，对于实施间谍行为或在境外受胁迫、诱骗等从事危害我国国家安全活动的人，只要积极悔改、说明情况，有明确的法律依据可对其从宽处理。从工作方式上看，应坚持集中性宣传教育与经常性宣传教育相结合，开展人民群众喜闻乐见的宣传教育活动。从渠道上看，鼓励公民和组织及时向专门机关举报间谍行为，并对举报或在反间谍工作中做出重大贡献的个人和组织按规定给予表彰和奖励。从重点对象上看，一方面要抓住党员领导干部的"关键少数"，帮助强化其国家安全意识、法治意识、敌情意识和反间谍防范能力，防止其被间谍组织和敌对势力拉拢、策反。另一方面要重视培养青年群体的反间防谍意识，引导其树立对中国特色国家安全道路的坚强信念，识别间谍组织和敌对势力的惯用伎俩，切实肩负起维护国家安全的历史责任。

（六）坚持法治原则

反间谍法第三条规定"反间谍工作应当依法进行"。这意味着反间谍工作既要依照反间谍法，坚持遵循反间谍法规定的基本原则，按照反间谍法的具体规定和要求进行，又要依照宪法、国家安全法治体系的相关法律和其他法律开展。

（七）坚持尊重和保障人权原则

我国宪法第三十三条明确规定"国家尊重和保障人权"，而反间谍法第三条也通过规定"尊重和保障人权，保障个人和组织的合法权益"落实了宪法关于"尊重和保障人权"的精神。此项原则，既包括对因反间谍工作需要，给国家安全机关等部门的反间谍工作提供协助的人员、组织的权益的保护，也包括对涉嫌从事间谍活动人员依法应享有的合法权益的保护。

▶▶ 五、反间谍工作的协调机制、主管机关及有关部门的配合协作

（一）反间谍工作的国家协调机制

反间谍法第五条规定，国家建立反间谍工作协调机制，统筹协调反间谍工作中的重大事项，研究、解决反间谍工作中的重大问题。在实践中，国家安全领导机构发挥反间谍工作协调机制的功能。有关部门、单位认为属于反间谍工作重大事项或重大问题的，可以报请国家安全领导机构研究、解决，同时，国家安全领导机构认为属于涉

及反间谍工作重大事项或重大问题的，也可要求有关方面提请并进行定期研究、解决。

（二）主管机关及有关部门的配合协作

反间谍法第六条第一款规定，国家安全机关是我国反间谍工作的主管机关。从目前的机构设置情况上看，国家安全机关是指国家安全部，省级及省级以下国家安全厅、国家安全局、国家安全分局等。

反间谍法第六条第二款规定了公安、保密、军队等有关部门的职责划分和相互间的关系，即应按照职责分工，密切配合，加强协调，依法做好有关工作。

公安机关的反间谍职责主要体现为侦查"国内危害国家政治安全的犯罪案件"，对境内人员、组织为境外窃取、刺探、收买、非法提供国家秘密、情报的行为也要开展情报、侦察、控制、处置、反制等工作。本法第七十条第二款也规定："公安机关在依法履行职责过程中发现、惩治危害国家安全的行为，适用本法的有关规定。"

国家保密行政管理部门的反间谍职责，在保守国家秘密法中做出了细致的规定。如对涉嫌泄密案件中被泄露的事项是否属于国家秘密以及属于何种密级进行鉴定等。

军队有关部门在履行相关工作的职责中也涉及对间谍行为的防范处置，承担有关工作。军队的反间谍工作按照军队的有关规定执行即可。

▶ 六、公民、组织的反间谍义务

（一）维护国家安全义务

根据反间谍法第七条第一款、第二款的规定，我国公民有维护国家的安全、荣誉和利益的义务，不得有危害国家的安全、荣誉和利益的行为。一切国家机关和武装力量、各政党和各人民团体、企业事业组织和其他社会组织，都有防范、制止间谍行为，维护国家安全的义务。

（二）支持、协助和保密义务

任何公民和组织都应当依法支持、协助反间谍工作，保守所知悉的国家秘密和反间谍工作秘密。开展反间谍工作和维护国家安全，不仅要靠国家安全机关等专门机关开展工作，更重要的是要依靠全社会的支持和协助。

（三）主管机关的履职义务

反间谍法第十一条以总体要求的方式提出，国家安全机关具有依法履职的义务。本法第四十条规定，国家安全机关工作人员依法履行职责，受法律保护。

一方面，依法履职义务要求国家安全机关在反间谍工作中，应在充分行使国家赋予的权力的基础上，严格依法办事，不能超越法律规定的职权范围，更不得滥用法律所赋予的各项职权。另一方面，依法履职义务也意味着，国家安全机关工作人员在履行职责时，只要是严格执行法律，无论何时，也无论情况发生什么变化，都不应当受到法律追究。

值得注意的是，为了顺应社会主义法治建设的必然要求，加强执法规范，提高国家安全机关自身履职能力，反间谍法第三十一条增加了对国家安全机关采取相关措施时总的执法规范要求。国家安全机关工作人员在反间谍工作中采取查阅、调取、传唤、检查、查询、查封、扣押、冻结等措施，应当由二人以上进行，依照有关规定出示工作证件及相关法律文书，并由相关人员在有关笔录等书面材料上签名、盖章。国家安全机关工作人员进行检查、查封、扣押等重要取证工作，应当对全过程进行录音录像，留存备查。

第二节　安全防范

修订后的反间谍法总结反间谍安全防范的实践经验，增加"安全防范"专章，不仅完善了非特定主体安全防范义务的表述，还对各单位的反间谍安全防范主体责任、地方各级政府、行业主管部门的管理责任、重点单位的安全防范责任、国家安全机关的协调指导和监督检查职责及涉及国家安全事项的建设项目许可等方面作了规定，形成了有体系、有重点、有具体措施的反间谍安全防范体制机制，依法明确"防什么、谁来防、怎么防"，有利于进一步压实反间谍安全防范责任，提升全社会特别是核心要害领域的安全防范工作能力和水平。

▶ 一、非特定主体的安全防范义务

（一）作为义务

反间谍法第十六条规定"任何公民和组织发现间谍行为，应当及时向国家安全机关举报"。举报间谍行为对于公民和组织而言既是义务也是权利，其有权要求国家安全机关就举报作出回复。举报的形式是多样的，既可以亲自到有关部门举报，也可以通过信件、邮件、电话、网络平台等举报；既可以口头提出，也可以书面提出；既可以实名举报，也可以匿名举报，若匿名举报人有奖励诉求的，应提供能辨识其举报身份的信息。在实践中，有些发现间谍行为向国家安全机关举报不便或可能影响举报及时性的，也可以向公安机关等其他国家机关、有关组织举报。

（二）不作为义务

1. 不得非法获取、持有国家秘密①

这是反间谍法第十四条规定的。所谓"非法获取"，是除本法第四条规定的间谍行为以外的新行为，如果实施窃取、刺探、收买等非法获取行为，应按间谍行为进行处理。所谓"非法持有"，一是指不应知悉国家秘密的人员，持有属于国家秘密的文件、数据、资料和物品，二是指有权限知悉国家秘密的人员，违反保密规定，未经办理手续，私自持有属于国家秘密的文件、数据、资料和物品。

2. 不得非法生产、销售、持有、使用专用间谍器材

这是反间谍法第十五条规定的。专用间谍器材通常包括暗藏式窃听、窃照器材、用于获取情报的电子监听、截收器材等等，我国对此类器材的生产、销售、管理和使用等都有严格的批准、许可规定，其具体范围由国务院国家安全主管机关，即国家安全部依照有关规定确认。

随着信息技术的高速发展和电子设备的智能化趋势，传统的专用间谍器材不断更新换代，日常生活中使用的智能手机、照相机、录音笔以及部分微小、便携设备，也能用于窃听、窃照。因此，既要从是否属于间谍活动特殊需要的角度，准确、得当地认定专用间谍器材，又要对其进行系统治理和严格监管，从源头上消除其带来的国家安全隐患。

▶ **二、特定主体的安全防范责任**

反间谍法第十二条规定，国家机关、人民团体、企业事业组织和其他社会组织承担本单位反间谍安全防范工作的主体责任，落实反间谍安全防范措施，对本单位的人员进行维护国家安全的教育，动员、组织本单位的人员防范、制止间谍行为。地方各级人民政府、相关行业主管部门按照职责分工，管理本行政区域、本行业有关反间谍安全防范工作。国家安全机关依法协调指导、监督检查反间谍安全防范工作。

（一）宣传教育责任

反间谍法第十三条规定了各级人民政府和有关部门，新闻、广播、电视、文化、互联网信息服务等重点单位的反间谍宣传教育责任，同时明确国家安全机关指导开展反间谍宣传教育活动的职责，旨在构建起政府主导、部门协同、社会参与的反间谍预

---

① 根据《保守国家秘密法》第二条、第九条、第十条和第十一条的规定，国家秘密是关系国家安全和利益，依照法定程序确定，在一定时间内只限一定范围的人员知悉的事项。国家秘密及其密级的具体范围，由国家保密行政管理部门分别会同外交、公安、国家安全和其他中央有关机关规定，军事方面的国家秘密及其密级的具体范围，由中央军事委员会规定。

防工作新格局。

（二）重点单位的安全防范责任

我国涉及国家安全的重点单位，除党政机关、外交外事、军事军工等传统安全领域外，近年来，金融、科技、生物、数据、网络、粮食、能源等非传统安全领域也成为境内外敌对势力的重点关注目标，因此有必要落实上述领域中重点单位的反间谍安全防范责任，加强其反间谍安全防范工作。具体包括以下四方面：

1. 重点单位的管理职责

反间谍法第十七条第一款规定，国家建立反间谍安全防范重点单位管理制度。国家安全机关根据有关单位性质、所属行业、涉密等级、涉外程度以及是否发生过危害国家安全事件等因素确定反间谍安全防范重点单位，一般包括重要国家机关、国防军工单位、重要军事设施管理单位、关键信息基础设施和其他重要涉密单位等。

由反间谍法第十七条第二款可知，重点单位的安全防范管理职责主要包含：第一，建立、健全本单位的反间谍安全防范工作制度。第二，履行反间谍安全防范工作要求，坚持专门工作与群众路线相结合，坚持人防、物防、技防相结合，严守法定权限和程序，尊重和保障人权，保护公民、组织的合法权益。第三，明确内设职能部门和人员承担反间谍安全防范职责。根据《反间谍安全防范工作规定》，内设职能部门和人员的反间谍安全防范职责一般包括：（1）加强对涉密事项、场所、载体、数据、岗位和人员的日常安全防范管理、对涉密人员实行岗前审查，签订安全防范承诺书；（2）组织涉密、涉外人员向本单位报告涉及国家安全事项，并做好数据信息动态管理；（3）做好涉外交流合作中的反间谍安全防范工作，制定并落实有关预案措施；（4）做好本单位出国（境）团组、人员和长期驻外人员的反间谍安全防范行前教育、境外管理和回国（境）访谈工作；（5）定期对涉密、涉外人员开展反间谍安全防范教育、培训；（6）按反间谍技术安全防范标准，配备必要的设备、设施，落实有关技术安全防范措施；（7）定期对本单位反间谍安全防范工作进行自查，及时发现和消除安全隐患等。

2. 重点单位的人员防范职责

反间谍法第十八条规定，反间谍安全防范重点单位应当加强对工作人员的反间谍安全防范的教育和管理，对离岗离职人员脱密期内履行反间谍安全防范义务的情况进行监督检查。重点单位的在职人员和离岗离职人员，包括在涉密岗位、不在涉密岗位工作的人员。离岗的涉密人员，脱密期的监督检查等管理工作由本机关、本单位负责；离职进入其他国家机关和涉密单位的，脱密期管理由调入单位负责；属其他情况的，由原涉密单位、保密行政管理部门或者公安机关负责。

3. 重点单位的物理防范职责

反间谍法第十九条规定，反间谍安全防范重点单位应当加强对涉密事项、场所、载体等的日常安全防范管理，采取隔离加固、封闭管理、设置警戒等反间谍物理防范措施。针对涉密事项、场所、载体等加强保密和日常防范安全管理，需从涉密事项及载体的制作、收发、传递、使用、复制、保存、维修和销毁等各环节入手，细化防范措施，明确标准程序，通过多种物理手段相结合，从物理层面实现硬隔离，达到外部人员无法对涉密事项、场所、载体进行物理性接触的效果。

4. 重点单位的技术防范职责

反间谍法第二十条规定，反间谍安全防范重点单位应当按照反间谍技术防范的要求和标准，采取相应的技术措施和其他必要措施，加强对要害部门部位、网络设施、信息系统的反间谍技术防范。重点单位应当按照反间谍技术防范要求和标准，履行反间谍安全防范责任。相关技术标准和要求的具体内容由国家安全机关会同有关部门制定，通过科学、统一、规范的标准，配置必要的设备、设施，落实相应的技术措施和其他必要措施，提升实践中防范间谍行为的水平，避免各部门、各机关执行标准不统一的问题出现。

（三）安全控制区域的国家安全审查责任

反间谍法第二十一条规定了重要国家机关、国防军工单位和其他重要涉密单位以及重要军事设施的周边安全控制区域内，涉及国家安全事项的建设项目许可及其配套规范和要求。

国家安全机关对满足条件的建设项目实施涉及国家安全事项的建设项目许可。该项制度的中央主管部门是国家安全部，具体实施主体是设区的市级国家安全机关①，主要针对类别为"新建、改建、扩建"的建设项目，项目位置需位于"重要"的被保护对象和目标周边的安全控制区域内。

县级以上地方各级人民政府在编制有关规划时，应充分考虑国家安全因素和划定的安全控制区域，征求国家安全机关的意见。地方政府在编制国民经济和社会发展规划、国土空间规划等有关规划时，对国家安全等因素应进行事前安排和计划，及时征求国家安全机关的意见建议，对建设项目做到合理的监管和安排，提前避免因建设项目而产生的威胁国家安全的突出风险和隐患。

（四）反间谍技术防范的标准制定及检查检测责任

国家安全机关根据反间谍工作需要，可以会同有关部门制定反间谍技术防范标

---

① 2023年3月16日国务院办公厅《法律、行政法规、国务院决定设定的行政许可事项清单（2023年版）》第一百一十三项。

准，指导有关单位落实反间谍技术防范措施。国家安全机关在制定反间谍技术防范标准时，要会同保密、电信、邮政等行业主管部门，共同制定相关技术标准，如网络安全设置、工作流程要求等。对存在隐患的单位，经过严格的批准手续，国家安全机关可以进行反间谍技术防范检查和检测。针对相关设备、设施、有关防范间谍行为的措施等存在漏洞，可能被利用实施窃密等间谍行为的单位，经设区的市级以上国家安全机关负责人批准，并出具法律文书，国家安全机关可以对机关、团体、企业事业组织和其他社会组织开展反间谍安全防范检查和检测。

第三节　调查处置

为了适应我国国家安全面临的新形势、新任务，进一步规范和加强反间谍工作，2023 年修订后的反间谍法根据执法实践的实际需求，整合完善成为第三章"调查处置"，以专章规定了国家安全机关在反间谍工作中的职权，将反间谍行政执法的职权进行涵盖，并与网络安全法、数据安全法、出境入境管理法等相关法律进行了衔接。

反间谍法第二十三条规定，国家安全机关在反间谍工作中依法行使本法和有关法律规定的职权。这一条款明确了国家安全机关在反间谍工作中的职权。

▶▶ 一、反间谍法规定的职权

（一）查验、问询、查看

反间谍法第二十四条规定，国家安全机关工作人员依法执行反间谍工作任务时，依照规定出示工作证件，可以查验中国公民或者境外人员的身份证明，向有关个人和组织问询有关情况，对身份不明、有间谍行为嫌疑的人员，可以查看其随身携带物品。国家安全机关工作人员行使查验、问询、查看的职权时，需以正在依法执行反间谍工作任务为前提条件，在出示工作证件后，对可以证明中国公民或境外人员的身份证明进行查验，对身份不明、有间谍行为嫌疑的人员本人的随带物品进行查看。

应当注意区分"问询"与治安管理处罚法、刑事诉讼法等法律法规中的"询问"。首先，二者的对象范围不同，问询面对不特定个人和组织；询问则指相关行为人、受害人、证人等案件特定人员。第二，二者的实施节点不同，问询属于一般性的随机执法，不需要正式的运用场景，也不需要有案件发生或以立案为前提条件；询问则是有目的的调查、侦查行为，在案件发生后或立案后进行。第三，二者的执法程序不同，问询需依法出示工作证件后进行，执法程序相对简单；询问则在程序方面要求的条件更多，如需送达制式文书，需两人出示工作证件后进行，需制作相关笔录、当事人签章等。第四，二者产生的法律后果不同，问询的结果通常是一般性地了解情况，不直接作为证据使用；询问则是就案件相关问题的陈述，所制作的询问笔录具备证据资格。

（二）电子设备查验

反间谍法第二十五条规定，国家安全机关工作人员依法执行反间谍工作任务时，经设区的市级以上国家安全机关负责人批准，出示工作证件，可以查验有关个人和组织的电子设备、设施及有关程序、工具。查验中发现存在危害国家安全情形的，国家安全机关应当责令其采取措施立即整改。拒绝整改或者整改后仍存在危害国家安全隐患的，可以予以查封、扣押①。在危害国家安全的情形消除后，国家安全机关应当及时解除查封、扣押。

（三）查阅、调取

反间谍法第二十六条规定，国家安全机关工作人员依法执行反间谍工作任务时，根据国家有关规定，经设区的市级以上国家安全机关负责人批准，可以查阅、调取有关的文件、数据、资料、物品，有关个人和组织应当予以配合。查阅、调取不得超出执行反间谍工作任务所需的范围和限度。

（四）传唤

2023年修订后的反间谍法根据反间谍工作的实践需要，增加了传唤措施，并对传唤的条件、程序、时间和通知家属作出了规定。

1. 关于传唤违反本法的人员的规定

这是反间谍法第二十七条第一款规定，传唤分为书面、口头、强制传唤三种类型。

2. 关于传唤询问地点的规定

反间谍法第二十七条第二款规定，国家安全机关应当在被传唤人所在市、县内的指定地点或者其住所进行询问。

3. 关于传唤询问查证时间的规定

反间谍法第二十七条第三款规定，国家安全机关对被传唤人应当及时询问查证。询问查证的时间不得超过八小时；情况复杂，可能适用行政拘留或者涉嫌犯罪的，询

---

① 此条款中的查封、扣押，不同于诉讼程序中对涉案财物所采取的查封、扣押强制措施，而是一种临时约束性措施。当危害国家安全的情形消除后，要及时地解除查封、扣押。

问查证的时间不得超过二十四小时。

4. 关于通知被传唤人家属的规定

反间谍法第二十七条第四款规定，除无法通知或者可能妨碍调查的情形以外，国家安全机关应当及时将传唤的原因通知被传唤人家属。

（五）检查

反间谍法第二十八条规定，国家安全机关调查间谍行为，经设区的市级以上国家安全局机关负责人批准，可以依法对涉嫌间谍行为的人身、物品、场所进行检查。检查女性身体的，应当由女性工作人员进行。

（六）查询

2023年修订后的反间谍法第二十九条，增加了国家安全机关可以查询涉嫌间谍行为嫌疑人员相关财产信息的规定。

查询涉嫌间谍行为人员的相关财产信息，是国家安全机关线索核查的基础性调查措施，适用条件是国家安全机关因调查间谍行为，程序上应当经设区的市级以上国家安全机关负责人批准，对象上必须是涉嫌间谍行为人员的相关财产信息，包括金融资产、房屋等不动产、车辆等特殊动产、股份期权等信息，收集可以证明其有罪、无罪、罪轻、罪重的证据，为下一步采取查封、扣押和冻结等强制措施提供条件。

（七）查封、扣押、冻结

反间谍法第三十条规定，国家安全机关调查间谍行为，经设区的市级以上国家安全机关负责人批准，可对涉嫌用于间谍行为的场所、设施或财物依法查封、扣押、冻结；不得查封、扣押、冻结与被调查的间谍行为无关的场所、设施或者财物。

在行使此项职权时，本法有规定的，依照本法的规定执行，本法没有规定的，应当依照行政强制法及有关方面的程序细则执行，若经调查发现间谍行为尚不构成犯罪，但有违法事实的，对依法应当没收的予以没收，依法应当销毁的予以销毁；若经调查发现间谍行为涉嫌犯罪的，则应按照刑事诉讼法的有关规定采取查封、扣押、冻结措施。

（八）不准出境、不准入境

1. 不准出境

反间谍法第三十三条是关于特定中国公民以及涉嫌间谍行为人员不准出境的规定。对出境后可能对国家安全造成危害，或者对国家利益造成重大损失的中国公民，国务院国家安全主管部门可以决定其在一定期限内不准出境，并通知移民管理机构。无论是中国公民还是境外人员，对涉嫌间谍行为的人员，省级以上国家安全机关可通知移民管理机构不准其出境。本条中的"出境"，包括由中国内地前往其他国家或地区；由中国内地前往香港特别行政区、澳门特别行政区；由中国大陆前往我国台湾地区。

2. 不准入境

反间谍法第三十四条是关于特定境外人员不准入境的规定。对入境后可能进行危害中华人民共和国国家安全活动的境外人员，国务院国家安全主管部门可通知移民管理机构不准其入境。有权决定限制境外人员入境的部门是国务院国家安全主管部门，此职权的落实则由国务院国家安全主管部门通知移民管理机构执行，通知和执行的具体程序和操作办法，按照有关部门相应规定和要求进行。

为了对境外人员入境行为进行规范，我国有关法律对外国人不得入境的情形已作了相应规定，如出境入境管理法第二十一条、第二十五条，反恐怖主义法第三十九条，反有组织犯罪法第二十一条等。如果国务院国家安全主管部门经过调查，特定人员的不准出境、入境情形已经消失的，应及时撤销对相关人员的限制出入境决定，并通知移民管理机构。此外，在实践中具体适用时，应根据实际情况做好相应衔接，除了本法第三十三条、三十四条所列情形外，不排除依据其他相关法律对相关人员采取其他出入境限制措施的可能。

（九）对网络信息内容和安全风险的处置

为了与网络安全法等相关法律相衔接，反间谍法在第三十六条进一步明确了关于涉及间谍行为的网络信息内容或者网络攻击等风险的处置方法，以及有关情形消除后及时恢复相关传输和服务的规定。

1. 一般情况的处理

根据反间谍法第三十六条的规定，国家安全机关发现涉及间谍行为的网络信息内容或者网络攻击等风险，应当依照网络安全法规定的职责分工，及时通报有关部门，由其依法处置或者责令电信业务经营者、互联网服务提供者及时采取修复漏洞、加固网络防护、停止传输、消除程序和内容、暂停相关服务、下架相关应用、关闭相关网站等措施，保存相关记录。

2. 紧急情况的处理

根据反间谍法第三十六条的规定，情况紧急，不立即采取措施将对国家安全造成严重危害的，由国家安全机关责令有关单位修复漏洞、停止相关传输、暂停相关服务，并通报有关部门。

3. 及时恢复相关传输和服务

为了尽可能减少影响，经采取相关措施，涉及间谍行为的网络信息内容或者网络攻击等风险已经消除的，国家安全机关和有关部门应当根据具体情况进行综合判断，并作出是否恢复相关传输和服务的决定。被采取相关措施的企业，也可以向国家安全机关和有关部门提出恢复相关传输和服务的申请。

（十）　技术侦察和身份保护

反间谍法第三十七条规定，国家安全机关因反间谍工作需要，根据国家有关规定，经过严格的批准手续，可以采取技术侦察措施和身份保护措施。

我国为了提高开展反间谍工作的能力，赋予了国家安全机关采取技术侦察措施和身份保护措施的职权。技术侦察措施通常包括电子侦听、电子监听、电子监控、密拍密录、密搜密取、电子通信定位、邮件检查等专门技术手段。采取技术侦察措施，必须是出于反间谍需要，其对象必须是间谍行为，包括与间谍行为有关的人、活动的场所、使用的通信、交通工具及间谍行为发生地等。

反间谍工作坚持公开与秘密相结合的原则，很多反间谍工作都是通过秘密形式进行的，因此身份保护措施在反间谍工作中不可或缺。此前我国反间谍工作人员的身份保护面临诸多困难，2023 年修订后的反间谍法新增的"身份保护措施"规定，明确国家安全机关可以采取身份保护措施，为有关部门开展工作提供了明确的法律依据。

（十一）　立案侦查

国家安全机关具有调查行政违法行为和侦查刑事犯罪的双重属性和职能。第三十九条规定，国家安全机关经调查，发现间谍行为涉嫌犯罪的，应当依照我国刑事诉讼法的规定立案侦查。

国家安全机关在刑事立案后，有权行使法律赋予公安机关在侦查刑事案件中的职权，如拘留、执行逮捕、讯问犯罪嫌疑人、搜查、扣押与犯罪有关的物品、鉴定、勘验、检查等。

为了保证国家安全机关对间谍行为的调查活动顺利进行，及时、准确、有力地打击间谍违法犯罪行为，反间谍法第三十二条明确规定，在国家安全机关调查了解有关间谍行为的情况、收集有关证据时，有关个人和组织应当如实提供，不得拒绝。

▶▶　二、其他相关法律规定的职权

除本法规定的职权外，国家安全机关在反间谍工作中应依法行使其他相关法律所规定的相应职权。这些职权既包括行政性职权，也包括办理刑事案件的职权。

（一）　行政性职权

行政性职权除了本法规定的以外，还包括国家安全机关在履行反间谍工作职责时，根据军事设施保护法、人民警察法、邮政法、出境入境管理法、保守国家秘密法、人民武装警察法、护照法、网络安全法、数据安全法等规定依法行使的相应职

权。行使此类职权时，必须严格按照有关法律规定的职权范围、程序和要求办事。

（二）办理刑事案件的职权

办理刑事案件的职权主要指刑事诉讼法、国家安全法等规定的侦查、拘留、预审、执行逮捕等。我国刑事诉讼法第四条规定："国家安全机关依照法律规定，办理危害国家安全的刑事案件，行使与公安机关相同的职权。"刑事诉讼法中对公安机关的侦查、拘留、预审、执行逮捕的条件、程序、要求等都作了具体规定，国家安全机关行使此类职权必须严格依照刑事诉讼法等有关法律的规定，不得因承担任务的特殊性而违反法律规定的程序、超越法律规定的职权。

第四节　保障与监督

反间谍法设置"保障与监督"专章，在明确相应机制，加强反间谍工作，依法防范、制止和惩治间谍行为的同时，更加注重坚持法治原则，兼顾赋权与限权，加强对公权力的监督制约，依法保护个人和组织的合法权益，确保权力始终运行在法治轨道上。

一、保障鼓励机制

（一）重点领域协助调查

反间谍法第四十一条规定，在国家安全机关对间谍行为开展调查的过程中，向邮政、快递等物流运营单位和电信、互联网企业寻求帮助时，有关单位和企业应当提供必要的支持和协助。

国家安全机关依法调查间谍行为，需要依法调取相关数据，或者请求其优先寄递、运输有关文件物品的，邮政、快递、运输等物流运营单位应当提供支持和协助。电信业务经营者、互联网服务提供者在国家安全机关调查间谍行为时，应根据其要求，提供必要的支持和协助，从而帮助国家安全机关顺利开展调查间谍行为的工作。本法第三十六条对特定情形下通信服务提供者应当如何配合国家安全机关的工作做出明确规定。本法规定的上述义务，与我国有关国家安全的其他法律和刑事诉讼法的有关规定是相衔接的。

（二）进入有关场所单位

反间谍法第四十三条规定，国家安全机关工作人员依法执行任务时，依照规定出示工作证件，可以进入有关场所、单位；根据国家有关规定，经过批准，出示工作证件，可以进入限制进入的有关地区、场所、单位。

（三）优先使用、依法征用

1. 优先使用

关于优先使用，反间谍法规定了两类情形：第一类，国家安全机关工作人员因执行紧急任务需要，经出示工作证件，享有优先乘坐公共交通工具、优先通行等通行便利；第二类，国家安全机关因反间谍工作需要，根据国家有关规定，可以优先使用个人和组织的交通工具、通信工具、场地和建筑物等，必要时可以设置相关工作场所和设施设备。

2. 依法征用

依法征用是指国家安全机关为反间谍工作的需要，依法征调使用国家机关、人民团体、企业事业组织和其他社会组织以及个人的财产，用后归还或者恢复原状并给予补偿的制度。前述第二类"优先使用"和此处的"依法征用"的前提条件和行为对象相同，但依法征用具有强制性，无需财产所有人、管理人的同意。

优先使用、依法征用制度实际上体现了法律对国家机关、人民团体、企业事业组织和其他社会组织以及个人"私权利"的保护与政府保障社会公共利益"公权力"的有机统一。

（四）通关便利和免检

反间谍法第四十五条规定，国家安全机关因反间谍工作需要，根据国家有关规定，可以提请海关、移民管理等检查机关对有关人员提供通关便利，对有关资料、器材等予以免检。有关检查机关应当依法予以协助。

"对有关人员提供通关便利"，主要指对护照证件的免检。"对有关资料、器材等予以免检"，主要指各种形式的与反间谍工作有关的资料，以及执行反间谍工作任务所需要的不宜公开检查的各种工具、材料，如专用照相机、录像机、录音机、电台、窃听、监听装置、伪装装置，以及与之有关的零件、元器件、辅助材料等。

反间谍法同时规定了有关检查机关配合国家安全机关的义务。虽然反间谍法第四十五条仅列举了移民管理、海关等检查机关，但检查机关实际上是广义的，既包括了海关、移民管理检查机关，也包括其他依法设置的检查机关，如军事禁区、海上、机场等要害部位设置的检查机关等。

（五）相关人员的保障

1. 人员的保护

在总则部分，反间谍法第九条第一款规定，国家对支持、协助反间谍工作的个人和组织给予保护。为了与总则相呼应，落实国家对支持、协助维护反间谍工作的支持措施，本法第四十六条第一款规定，国家安全机关工作人员因执行任务，或者个人因协助执行反间谍工作任务，本人或者其近亲属的人身安全受到威胁时，国家安全机关应当会同有关部门依法采取必要措施，予以保护、营救。第二款规定，个人因支持、协助反间谍工作，本人或者其近亲属的人身安全面临危险的，可以向国家安全机关请求予以保护。国家安全机关应当会同有关部门依法采取保护措施。本法第五十二条第二款规定，对支持、协助国家安全机关工作的个人和组织，任何个人和组织不得压制和打击报复。

2. 人员的安置

为了保障个人权益，对在反间谍工作中做出贡献的人员做好安置工作。反间谍法第四十七条规定，对为反间谍工作做出贡献并需要安置的人员，国家给予妥善安置。公安、民政、财政、卫生健康、教育、人力资源和社会保障、退役军人事务、医疗保障、移民管理等有关部门以及国有企业事业单位应当协助国家安全机关做好安置工作。

3. 人员的抚恤优待

反间谍法第四十八条规定，对因开展反间谍工作或者支持、协助反间谍工作导致伤残或者牺牲、死亡的人员，根据国家有关规定给予相应的抚恤优待。

4. 人员的表彰奖励

我国国家安全方面的法律，对于在维护相应领域国际安全工作中做出重大贡献的个人和组织都规定了给予表彰和奖励，如国家安全法第十二条、反恐怖主义法第十条、国家情报法第九条、反有组织犯罪法第八条第二款等。本法第九条第二款规定，对举报间谍行为或者在反间谍工作中做出重大贡献的个人和组织，按照国家有关规定给予表彰和奖励。

（六）个人、组织的财产保障

根据反间谍法第四十六条第三款的规定，个人和组织因支持、协助反间谍工作导致财产损失的，根据国家有关规定给予补偿。此外，国家安全机关因反间谍工作需要，根据国家有关规定，对个人和组织的财产实行优先使用或者依法征用的，本法第四十四条规定：在任务完成后，应当及时归还或者恢复原状，并依照规定支付相应费用；造成损失的，应当给予补偿。

（七）鼓励科技创新

反间谍法第四十九条规定，国家鼓励反间谍领域科技创新，发挥科技在反间谍工作中的作用。国家鼓励、支持有关方面开展反间谍领域的科学研究和技术创新活动，通过表彰奖励等方向引导，财政、金融等政策优惠，促使更为先进的反间谍领域技术、装备不断运用到反间谍工作中。

（八）专业队伍建设

反间谍法总则第二条至第十一条对反间谍的工作原则、工作要求、能力建设等作了规定。为了落实上述规定，需要在国家安全机关、军队等有关部门依照职责分工，培养反间谍专业力量，以保障法律赋予的各项职责有效履行，反间谍工作取得实效。为此，本法第五十条规定，国家安全机关应当加强反间谍专业力量人才队伍建设和专业训练，提升反间谍工作能力。对国家安全机关工作人员应当有计划地进行政治、理论和业务培训。培训应当坚持理论联系实际、按需施教、讲求实效、提高专业能力。

二、监督制约机制

（一）内部监督和安全审查

为促进国家安全机关工作人员执法规范化，加强对反间谍工作的监督，反间谍法第五十一条规定，国家安全机关应当严格执行内部监督和安全审查制度，对其工作人员遵守法律和纪律等情况进行监督，并依法采取必要措施，定期或者不定期进行安全审查。

（二）检举、控告

反间谍法第五十二条规定，任何个人和组织对国家安全机关及其工作人员超越职权、滥用职权和其他违法行为，都有权向上级国家安全机关或者监察机关、人民检察院等有关部门检举、控告。受理检举、控告的国家安全机关或者监察机关、人民检察院等有关部门应当及时查清事实，依法处理，并将处理结果及时告知检举人、控告人。对支持、协助国家安全机关工作或者依法检举、控告的个人和组织，任何个人和组织不得压制和打击报复。

第五节　法律责任及相关规定

为落实完善国家安全法治体系的战略部署，严厉惩治一切危害我国国家安全的间谍行为，确保相关主体的反间谍义务和职责得到贯彻落实，强化法律的震慑教育作用，反间谍法第五章"法律责任"立足于我国反间谍工作实践，对违反本法应承担的法律责任作了全面、具体的规定，并强化了与行政处罚法、行政诉讼法、刑事诉讼法等相关法律的衔接。

▶ 一、刑事法律责任及相关规定

（一）间谍活动犯罪的刑事责任

本法第五十三条规定，实施间谍行为，构成犯罪的，依法追究刑事责任。本法第四条对间谍行为的含义作了明确规定，其具体解释前文关于"间谍行为的概念及行为表现"中已有详细阐释，此处不再赘述。根据刑法规定，结合本法有关间谍行为方式的规定和实践情况，可能涉及的罪名包括刑法第一百一十条（间谍罪①）、第一百一十一条（为境外窃取、刺探、收买、非法提供国家秘密、情报罪②）、第一百零四条（武装叛乱、暴乱罪③）、第一百零八条（投敌叛变罪④）、第一百零九条（叛逃罪⑤）、第二百一十九条之一（为境外窃取、刺探、收买、非法提供商业秘密罪⑥）、第四百三十二条（故意泄露军事秘密罪、过失泄露军事秘密罪⑦）、第一百零三条（分裂国家罪⑧、煽动分裂国家罪⑨）以及第一百零五条（颠覆国家政权罪⑩、煽动颠

---

① 间谍罪：有下列间谍行为之一，危害国家安全的，处十年以上有期徒刑或者无期徒刑；情节较轻的，处三年以上十年以下有期徒刑：（一）参加间谍组织或者接受间谍组织及其代理人的任务的；（二）为敌人指示轰击目标的。

② 为境外窃取、刺探、收买、非法提供国家秘密、情报罪：为境外的机构、组织、人员窃取、刺探、收买、非法提供国家秘密或者情报的，处五年以上十年以下有期徒刑；情节特别严重的，处十年以上有期徒刑或者无期徒刑；情节较轻的，处五年以下有期徒刑、拘役、管制或者剥夺政治权利。

③ 武装叛乱、暴乱罪：组织、策划、实施武装叛乱或者武装暴乱的，对首要分子或者罪行重大的，处无期徒刑或者十年以上有期徒刑；对积极参加的，处三年以上十年以下有期徒刑；对其他参加的，处三年以下有期徒刑、拘役、管制或者剥夺政治权利。策动、胁迫、勾引、收买国家机关工作人员、武装部队人员、人民警察、民兵进行武装叛乱或者武装暴乱的，依照前款的规定从重处罚。

④ 投敌叛变罪：投敌叛变的，处三年以上十年以下有期徒刑；情节严重或者带领武装部队人员、人民警察、民兵投敌叛变的，处十年以上有期徒刑或者无期徒刑。

⑤ 叛逃罪：国家机关工作人员在履行公务期间，擅离岗位，叛逃境外或者在境外叛逃的，处五年以下有期徒刑、拘役、管制或者剥夺政治权利；情节严重的，处五年以上十年以下有期徒刑。掌握国家秘密的国家工作人员叛逃境外或者在境外叛逃的，依照前款的规定从重处罚。

⑥ 为境外窃取、刺探、收买、非法提供商业秘密罪：为境外的机构、组织、人员窃取、刺探、收买、非法提供商业秘密的，处五年以下有期徒刑，并处或者单处罚金；情节严重的，处五年以上有期徒刑，并处罚金。

⑦ 故意泄露军事秘密罪、过失泄露军事秘密罪：违反保守国家秘密法规，故意或者过失泄露军事秘密，情节严重的，处五年以下有期徒刑或者拘役；情节特别严重的，处五年以上十年以下有期徒刑。战时犯前款罪的，处五年以上十年以下有期徒刑；情节特别严重的，处十年以上有期徒刑或者无期徒刑。

⑧ 分裂国家罪：组织、策划、实施分裂国家、破坏国家统一的，对首要分子或者罪行重大的，处无期徒刑或者十年以上有期徒刑；对积极参加的，处三年以上十年以下有期徒刑；对其他参加的，处三年以下有期徒刑、拘役、管制或者剥夺政治权利。

⑨ 煽动分裂国家罪：煽动分裂国家、破坏国家统一的，处五年以下有期徒刑、拘役、管制或者剥夺政治权利；首要分子或者罪行重大的，处五年以上有期徒刑。

⑩ 颠覆国家政权罪：组织、策划、实施颠覆国家政权、推翻社会主义制度的，对首要分子或者罪行重大的，处无期徒刑或者十年以上有期徒刑；对积极参加的，处三年以上十年以下有期徒刑；对其他参加的，处三年以下有期徒刑、拘役、管制或者剥夺政治权利。

覆国家政权罪①）等。关于如何追究实施间谍行为的刑事责任、确定罪名和刑罚，都需要依照我国刑法的有关条文的明文规定以及相关司法解释执行，程序上应当遵循我国刑事诉讼法的有关规定。

为确保我国刑法典的相对完备和统一，反间谍法仅于第五十三条作出了关于追究实施间谍行为刑事责任的原则性规定，旨在与我国刑法进行有效衔接，强化对间谍活动犯罪的刑事打击力度。此外，实践中需要注意的是，刑法第一百一十条规定的间谍罪，在行为类型上与本法有关间谍行为的定义相比，列举情况偏少，只有两项，在间谍行为定义两次修改的情况下，刑法有关间谍罪的规定是否需要相应修改，以更加明确和准确地追究相关间谍行为刑事责任，仍需进一步研究。

（二）其他类型犯罪的刑事责任

除间谍活动犯罪外，反间谍法第五章中还针对各类主体违反本法规定的行为确定了相应法律责任。虽然条文多以行政处罚的规定呈现，但相应行为仍存在触犯我国刑法的可能性。

例如本法第六十条所规定的"泄露有关反间谍工作的国家秘密"的行为，可能触犯刑法第三百九十八条（故意泄露国家秘密罪、过失泄露国家秘密罪②）；"故意阻碍国家安全机关依法执行任务"的行为，以及"明知他人有间谍犯罪行为，在国家安全机关向其调查有关情况、收集有关证据时，拒绝提供"的行为，可能触犯刑法第二百七十七条（妨害公务罪③）、第三百一十一条（拒绝提供间谍犯罪、恐怖主义犯罪、极端主义犯罪证据罪④）；"隐藏、转移、变卖、损毁国家安全机关依法查封、扣押、冻结的财物"的行为，可能触犯刑法第三百一十条（窝藏、包庇罪⑤）、第三百一十二条（掩饰、隐瞒犯罪所得、犯罪所得收益罪⑥）或者第三百一十四条（非法处置查封、扣押、冻结的财产罪⑦）；"明知是间谍行为的涉案财物而窝藏、转移、收购、代为销售或者以其他方式掩饰、隐瞒"的行为，可能触犯刑法第三百一十条

---

① 煽动颠覆国家政权罪：以造谣、诽谤或者其他方式煽动颠覆国家政权、推翻社会主义制度的，处五年以下有期徒刑、拘役、管制或者剥夺政治权利；首要分子或者罪行重大的，处五年以上有期徒刑。

② 见第五章《反恐怖主义法》文中的注释。

③ 见第五章《反恐怖主义法》文中的注释。

④ 见第五章《反恐怖主义法》文中的注释。

⑤ 见第五章《反恐怖主义法》文中的注释。

⑥ 掩饰、隐瞒犯罪所得、犯罪所得收益罪：明知是犯罪所得及其产生的收益而予以窝藏、转移、收购、代为销售或者以其他方法掩饰、隐瞒的，处三年以下有期徒刑、拘役或者管制，并处或者单处罚金；情节严重的，处三年以上七年以下有期徒刑，并处罚金。单位犯前款罪的，对单位判处罚金，并对其直接负责的主管人员和其他直接责任人员，依照前款的规定处罚。

⑦ 非法处置查封、扣押、冻结的财产罪：隐藏、转移、变卖、故意毁损已被司法机关查封、扣押、冻结的财产，情节严重的，处三年以下有期徒刑、拘役或者罚金。

（窝藏、包庇罪）或者第三百一十二条（掩饰、隐瞒犯罪所得、犯罪所得收益罪）；"对依法支持、协助国家安全机关工作的个人和组织进行打击报复"的行为，则可能适用刑法第三百零八条（打击报复证人罪①）、第二百三十四条（故意伤害罪）。

又如本法第六十一条所规定的针对国家秘密的非法获取行为，可能适用刑法第二百八十二条第一款（非法获取国家秘密罪②）；针对国家秘密的非法持有行为，若国家秘密的密级达到绝密、机密级，而行为人拒不说明其来源与用途的，可能适用刑法第二百八十二条第二款（非法持有国家绝密、机密文件、资料、物品罪③）；"非法生产、销售、持有、使用专用间谍器材"的行为，可能会触犯刑法第二百八十三条（非法生产、销售专用间谍器材、窃听、窃照专用器材罪④）。

而针对本法第六十九条中国家安全机关工作人员的违法行为，则可能构成以下犯罪：侵犯商业秘密罪（刑法第二百一十九条）、故意杀人罪（刑法第二百三十二条）、故意伤害罪（刑法第二百三十四条）、非法拘禁罪（刑法第二百三十八条）、刑讯逼供罪、暴力取证罪（刑法第二百四十七条）、侵犯公民个人信息罪（刑法第二百五十三条之一）、滥用职权罪、玩忽职守罪（刑法第三百九十七条）、故意泄露国家秘密罪、过失泄露国家秘密罪（刑法第三百九十八条）、徇私枉法罪（刑法第三百九十九条）等。

▶ 二、行政法律责任及相关规定

反间谍法中的行政法律责任，主要表现为行政处罚。对于当事人实施的违反本法规定的行为，本法规定国家安全机关可以根据违法行为的具体情况依法给予当事人警告、通报批评、罚款、没收、责令停止建设或者使用、暂扣或者吊销许可证件、行政拘留、驱逐出境等行政处罚。

为了严格规范公正文明执法，完善执法程序，更好地保护当事人的合法权益，避免国家安全机关基于片面甚至错误的事实给予当事人行政处罚，反间谍法与我国行政处罚法相衔接，在第六十七条规定，国家安全机关作出行政处罚决定之前，应当告知

---

① 打击报复证人罪：对证人进行打击报复的，处三年以下有期徒刑或者拘役；情节严重的，处三年以上七年以下有期徒刑。

② 非法获取国家秘密罪：以窃取、刺探、收买方法，非法获取国家秘密的，处三年以下有期徒刑、拘役、管制或者剥夺政治权利；情节严重的，处三年以上七年以下有期徒刑。

③ 非法持有国家绝密、机密文件、资料、物品罪：非法持有属于国家绝密、机密的文件、资料或者其他物品，拒不说明来源与用途的，处三年以下有期徒刑、拘役或者管制。

④ 非法生产、销售专用间谍器材、窃听、窃照专用器材罪：非法生产、销售专用间谍器材或者窃听、窃照专用器材的，处三年以下有期徒刑、拘役或者管制，并处或者单处罚金；情节严重的，处三年以上七年以下有期徒刑，并处罚金。单位犯前款罪的，对单位判处罚金，并对其直接负责的主管人员和其他直接责任人员，依照前款的规定处罚。

当事人拟作出的行政处罚内容及事实、理由、依据，以及当事人依法享有的陈述、申辩、要求听证等权利，并依照行政处罚法的有关规定实施。而在行政相对人对国家安全机关作出的行政处罚决定，以及对行政强制措施决定、行政许可决定这三种具体行政行为不服的，本法于第六十八条规定了行政相对人的救济权利，即可以在其收到决定书之日起六十日内，依法申请复议；① 对复议决定不服的，可以自收到复议决定书之日起十五日内，依法向人民法院提起诉讼。②

除行政处罚外，针对本法第五十四条、第五十六条、第六十九条中针对有关人员在反间谍工作中出现的违法违纪行为，除违法情节较重、构成犯罪，应依法追究刑事责任外，也存在违法情节尚不构成犯罪、依据法律和有关规定应给予处分的情况。因处分属于一种基于行政隶属关系的内部责任形式，而非严格意义上的法律责任，不涉及一般行政相对人的权益，此处暂不予讨论。

如前所述，综观本法有关行政法律责任的规定，可大致将其分为如下两类：

（一）尚不构成犯罪的间谍行为及其帮助行为的法律责任

2023 年修订后的反间谍法根据实际需要扩大了行政处罚的适用情形，对涉及间谍行为的轻微违法行为明确规定了罚款、拘留等行政处罚，对帮助实施间谍行为的一并处罚。

第一，对于个人实施间谍行为，尚不构成犯罪的情形，由国家安全机关根据具体案件的情况和违法程度，按照错罚相当的原则，对个人实施警告或者处十五日以下行政拘留，单处或者并处五万元以下罚款，违法所得在五万元以上的，单处或者并处违法所得一倍以上五倍以下罚款，并可以由有关部门依法予以处分。此处的"处分"主要是指纪律处分，如果行为人不是国家机关工作人员，对其处分包括单位内部规定的处分和党内纪律处分；如果行为人是公职人员的，还需要依照公职人员政务处分法等有关法律法规给予政务处分。

第二，对于个人明知他人实施间谍行为，为其提供信息、资金、物资、劳务、技术、场所等支持、协助，或者窝藏、包庇，尚不构成犯罪的情形，由国家安全机关按第一种情形所列的处罚规定进行处罚。

第三，若单位出现前两种情形的违法行为，由国家安全机关对单位予以警告，单处或者并处五十万元以下罚款，违法所得在五十万元以上的，单处或者并处违法所得一倍以上五倍以下罚款，并对直接负责的主管人员和其他直接责任人员，依照第一种

① 根据《中华人民共和国反间谍法》的规定，国务院国家安全主管部门的驱逐出境处罚决定为最终决定，当事人不能申请行政复议。
② 根据《中华人民共和国出境入境管理法》第六十四条的规定，对遣送出境措施不服的，可以依法申请行政复议，该行政复议决定为最终决定，不能向法院提起行政诉讼。

情形所列的处罚规定进行处罚。

此外，国家安全机关根据相关单位、人员违法情节和后果，可以建议有关主管部门对其经营资格等进行限制或者剥夺，包括责令停止从事相关业务、提供相关服务或者责令停产停业、吊销有关证照、撤销登记。有关主管部门应当将作出行政处理的情况及时反馈给国家安全机关。

（二）个人、组织违反反间谍义务和职责的法律责任

1. 违反安全防范主体责任的处罚

反间谍法第二章中第十二条、第十三条、第十七条、第十八条、第十九条和第二十条中具体规定了安全防范的主体责任、宣传教育义务、重点单位管理制度和职责、重点单位物理防范和重点单位技术防范的内容。此外，反间谍安全防范工作规定也对相关行业主管部门的反间谍安全防范监督管理责任、义务进行了具体规定。

对于国家机关、人民团体、企业事业组织和其他社会组织违反安全防范主体责任，未按照本法规定履行反间谍安全防范义务的，依照本法第五十六条，国家安全机关对其的惩处分为四个层次：首先可以责令改正；未按要求改正的，国家安全机关可以约谈相关负责人，必要时可以将约谈情况通报该单位上级主管部门；产生危害后果或者不良影响的，国家安全机关可以予以警告、通报批评；情节严重的，对负有责任的领导人员和直接责任人员，由有关部门依法予以处分。

2. 违反国家秘密和专用间谍器材管理规定的处罚

针对反间谍法第十四条、第十五条所规定的不作为义务，本法第六十一条将对应的法律责任作出明确规定，非法获取、持有属于国家秘密的文件、数据、资料、物品，以及非法生产、销售、持有、使用专用间谍器材，尚不构成犯罪的，由国家安全机关予以警告或者处十日以下行政拘留。行为人实施上述行为，构成犯罪的，可以依照刑法第二百八十二条、第二百八十三条追究其刑事责任。

3. 违反建设项目许可的处罚

反间谍法第二十一条中对安全控制区域内，涉及国家安全事项的建设项目许可及配套规范作出规定。为与之相应，第五十七条明确规定，对违反本法第二十一条规定新建、改建、扩建建设项目的，由国家安全机关责令改正，予以警告；拒不改正或者情节严重的，责令停止建设或者使用、暂扣或者吊销许可证件，或者建议有关主管部门依法予以处理。

对于违反建设项目许可的行政处罚主体既包括国家安全机关，也包括有关主管部门。国家安全机关只能对其作出的与行政许可相关的行为要求责令改正、予以警告或者作出其他行政处罚，如应提申请而未提、申请材料需要补正、经采取国家安全防范措施可以消除对应的安全隐患等。

4. 违反重点领域协查要求的处罚

国家安全机关在调查间谍行为时，通常需要相关邮政、快递等物流运营单位和电信业务经营者、互联网服务提供者提供支持和帮助，反间谍法第四十一条规定了上述重点领域单位对国家安全机关依法调查间谍行为提供必要支持和协助的义务。违反此项义务的，按本法第五十八条由国家安全机关责令改正，予以警告或者通报批评；拒不改正或者情节严重的，由有关主管部门依照相关法律法规①予以处罚。

5. 拒不配合数据调取的处罚

数据查询、调取等是反间谍工作的重要环节。反间谍法第八条规定，任何公民和组织都应当依法支持、协助反间谍工作，而第二十六条对国家安全机关查阅、调取职权的规定，明确了有关个人和组织协助配合提供数据的义务。本法第五十九条规定，违反本法规定，拒不配合数据调取的，由国家安全机关依照数据安全法的有关规定予以处罚。②

6. 妨碍执法的处罚

反间谍法第八条规定，公民和组织都应当依法支持、协助反间谍工作，保守所知悉的国家秘密和反间谍工作秘密。在实践中，有个别人员对国家安全机关执行任务不予配合，设置障碍，甚至采取暴力、威胁方法阻碍国家安全机关执行任务，干扰国家安全机关工作任务的完成，甚至导致犯罪分子逃避法律追究等严重后果，危及国家安全，具有严重的社会危害性。有的案件当事人或者其他有关人员，隐藏、转移、变卖、损毁国家安全机关依法查封、扣押、冻结的财物，不仅严重妨碍国家安全机关的调查、侦查活动，还可能导致国家安全和利益受到进一步危害。此外，明知相关财物是间谍行为的涉案财物，依然窝藏、转移、收购、代为销售或者以其他方法掩饰、隐瞒的情形也时有发生。针对上述各种情况，反间谍法与我国刑法衔接，于第六十条规定"构成犯罪的，依法追究刑事责任"；对于情节较轻，尚不构成犯罪的，由国家安

---

① 反有组织犯罪法第七十二条：电信业务经营者、互联网服务提供者有下列情形之一的，由有关主管部门责令改正；拒不改正或者情节严重的，由有关主管部门依照《中华人民共和国网络安全法》的有关规定给予处罚：（一）拒不为侦查有组织犯罪提供技术支持和协助的；（二）不按照主管部门的要求对含有宣扬、诱导有组织犯罪内容的信息停止传输、采取消除等处置措施、保存相关记录的。反有组织犯罪法第七十三条：有关国家机关、行业主管部门拒不履行或者拖延履行反有组织犯罪法定职责，或者拒不配合反有组织犯罪调查取证，或者在其他工作中滥用反有组织犯罪工作有关措施的，由其上级机关责令改正；情节严重的，对负有责任的领导人员和直接责任人员，依法给予处分；构成犯罪的，依法追究刑事责任。

② 数据安全法在第三十五条对国家机关依法调取数据需经过严格的批准手续作出规定，同时在第四十八条第一款对拒不配合数据调取的法律责任作出规定，即违反数据安全法第三十五条规定，拒不配合数据调取的，由有关主管部门责令改正，给予警告，并处五万元以上五十万元以下罚款，对直接负责的主管人员和其他直接责任人员处一万元以上十万元以下罚款。对于违反本法规定，拒不配合数据调取的，适用数据安全法的上述规定予以处罚；具有处罚权的主体明确为国家安全机关；"拒不配合"主要是指有义务且有能力提供相关数据而不提供的情况，如不予提供、给数据调取制造人为或者技术障碍等。

全机关予以警告或者处十日以下行政拘留，可以并处三万元以下罚款。

本法第六十条规定的妨碍执法情形共有六种：

（1）泄露有关反间谍工作的国家秘密。任何知悉有关反间谍工作国家秘密的人，泄露有关反间谍工作的国家秘密的，无论故意或者过失，都应追究其法律责任，其中情节较轻，不构成犯罪的，由国家安全机关进行处罚。实践中对情节严重程度的掌握，应从行为人所泄露的相关国家秘密事项的重要程度、因泄露相关国家秘密给反间谍工作带来的实际危害、行为人在主观上是出于故意或是过失等因素予以综合考量。

（2）明知他人有间谍犯罪行为，在国家安全机关向其调查有关情况、收集有关证据时，拒绝提供。构成本项行为，需符合下列条件：一是，行为人在主观上明确地知道他人有间谍犯罪行为，既包括知道全部情况，也包括知道部分情况。二是，明知的内容是他人实施间谍犯罪行为，本法第四条对间谍行为的定义及类型进行了界定。行为人客观行为表现是一种消极的不作为，相当于"知情不举"，而并非积极的作为。

（3）故意阻碍国家安全机关依法执行任务。此种行为是行为人出于主观故意的一种积极行为，行为表现为积极妨碍反间谍工作的进行，制造困难，搅乱局面等，行为方式表现为以非暴力的方式实施，如吵闹、谩骂、设置障碍物、提供误导性信息等等。此外，在认定阻碍行为是否构成犯罪时，应把握本法第六十条与刑法第二百七十七条规定的妨害公务罪之间的联系与区别，二者所规定的行为同属于妨害公务的行为，但在不法行为的客体与对象、客观方面的表现方面均存在差异。

（4）隐藏、转移、变卖、损毁国家安全机关依法查封、扣押、冻结的财物。"隐藏"是指将财物私自隐匿，躲避国家安全机关的查处；"转移"主要是指将已被查封、扣押的物品转移至他处，或者将已被冻结的资金私自取出或转账到其他账户，脱离国家安全机关的实际控制；"变卖"是指擅自将财物作价出卖；"损毁"是指适用破坏性手段使财物毁损或者灭失。

（5）明知是间谍行为的涉案财物而窝藏、转移、收购、代为销售或者以其他方式掩饰、隐瞒。此项行为中的"明知"，应当结合被告人的认知能力、接触他人犯罪所得及其收益的情况，以及被告人的供述等主、客观因素进行认定，其不仅包括明确知道，还包括推定为应当知道的情况，但不包括行为人确属因被欺骗或者因疏忽而不知道财物性质的情况。行为的对象是间谍行为的涉案财物，包括用于间谍行为的工具和其他财物，以及用于资助间谍行为的资金、物资等。

（6）对依法支持、协助国家安全机关工作的个人和组织进行打击报复。本法第九条第一款规定，国家对支持、协助反间谍工作的个人和组织给予保护。为对此作出回应，本条对此项不法行为的行政法律责任进行了明确，若情节严重，构成犯罪的，则可能适用刑法第三百零八条打击报复证人罪，也可能适用第二百三十四条故意伤害罪予以惩处。

7. 国家安全机关工作人员渎职行为的处罚

反间谍法第十一条规定，国家安全机关及其工作人员在工作中，应当严格依法办事，不得超越职权、滥用职权，不得侵犯个人和组织的合法权益。国家安全机关及其工作人员依法履行反间谍工作职责获取的个人和组织的信息，只能用于反间谍工作。对属于国家秘密、工作秘密、商业秘密和个人隐私、个人信息的，应当保密。违反则根据本法第六十九条的规定承担相应的法律责任，其存在违法行为的，依法予以处分，构成犯罪的，依法追究刑事责任。

针对国家安全机关工作人员存在违法行为的，根据公务员法、公职人员政务处分法的有关规定，具有相关权力权限的机关、单位，有权对违法的公职人员给予处分。除了上述明确列举的违法行为外，对于国家安全机关工作人员实施其他违法行为，依法应当给予处分的，也应依照法定程序，根据违法情节轻重予以处分。

8. 境外人员①的限期出境、驱逐出境

反间谍法第六十六条对违反本法的境外人员适用限期出境、驱逐出境两种处罚作出了明确规定：

第一，在适用限期出境方面，境外人员违反本法的，国务院国家安全主管部门可以决定限期出境，并决定其不准入境的期限。未在规定期限内离境的，可以遣送出境。

限期出境是一种强制违法的境外人员在一定时间内离开我国国（边）境的行政处罚，其中的"出境"是指由中国内地前往其他国家或地区、由中国内地前往香港特别行政区、澳门特别行政区，由中国大陆前往我国台湾地区。遣送出境是指对非法入境、非法居留、非法就业等境外人员采取必要手段使其离开国境的措施，其针对的是当事人未依法取得入境权或者入境权已被剥夺的情形，不属于入境权利的剥夺措施，也不属于行政处罚，而是强制实施的、对当事人人身自由的暂时性限制措施。本法第六十六条为与我国出境入境管理法第六十二条②的有关规定相衔接，规定了境外人员未在规定期限内离境的，可以遣送出境。

---

① 所称"境外人员"，是指主要居住在我国国（边）境外的人，包括外国人、无国籍人以及其他境外人员，长期居住在我国国（边）境内但不具有我国国籍的人也属于境外人员。

② 出境入境管理法第六十二条：外国人有下列情形之一的，可以遣送出境：（一）被处限期出境，未在规定期限内离境的；（二）有不准入境情形的；（三）非法居留、非法就业的；（四）违反本法或者其他法律、行政法规需要遣送出境的。其他境外人员有前款所列情形之一的，可以依法遣送出境。被遣送出境的人员，自被遣送出境之日起一至五年内不准入境。

第二，在适用驱逐出境方面，对违反本法的境外人员，国务院国家安全主管部门决定驱逐出境的，自被驱逐出境之日起十年内不准入境，国务院国家安全主管部门的处罚决定为最终决定。驱逐出境是以一种对违法犯罪的境外人员，在限定的期限内，采用强制手段强行将其押解出境的处罚措施。①

此外，对违反本法的境外人员，国务院国家安全主管部门是"可以"决定限期出境或驱逐出境，而非"应当"限期出境或者驱逐出境。对"可以"的理解应从以下三方面进行把握：一是对违反本法的境外人员，国务院国家安全主管部门可以单处限期出境或驱逐出境的处罚；二是对违反本法的境外人员，构成犯罪的，人民法院在追究其刑事责任的同时没有附加适用或者独立适用驱逐出境的，国家安全机关还可以根据本法的规定决定限期出境或者驱逐出境；三是对境外人员违反本法规定，已受刑事处罚或行政处罚的，没有必要再处以强制出境处罚的，也可以不限期出境或者驱逐出境。

三、宽大政策

反间谍法第五十五条规定，实施间谍行为，有自首或者立功表现的，可以从轻、减轻或者免除处罚；有重大立功表现的，给予奖励。在境外受胁迫或者受诱骗参加间谍组织、敌对组织，从事危害我国国家安全的活动，及时向我国驻外机构如实说明情况，或者入境后直接或者通过所在单位及时向国家安全机关如实说明情况，并有悔改表现的，可以不予追究。

对于实施间谍行为，并有自首、立功表现可以从宽处罚、给予奖励的规定，本法与刑法第六十七条规定的自首、第六十八条规定的立功，在认定上是一致的。对于有上述自首或者立功表现的，可以从轻、减轻或者免除处罚，认定应采取何种宽大处罚，需结合犯罪情况以及自首、立功的具体情节予以确定。对于极少数间谍犯罪行为严重，需要严厉处罚的，也可以不从宽处理。

对于在境外受胁迫或诱骗参加间谍组织、敌对组织，从事危害我国国家安全的活动，及时说明情况，并有悔改表现，可以不予追究的规定，是出于教育挽救原则的考虑，以有效防止当事人在错误道路上越陷越深，避免其进一步实施更严重的危害国家安全行为。其中"危害中华人民共和国国家安全的活动"，既包括本法规定的"间谍行为"，也包括间谍行为以外的其他危害国家安全的活动。为达到"可以不予追究"的标准，当事人针对上述活动的"说明情况"行为应当达到"及时"且"如实"两项要求。"及时"就是行为人的上述活动尚未被发觉，或者虽被发觉，但尚未受到讯

---

① 我国法律规定的"驱逐出境"包括两种情况，一种是作为行政处罚措施的驱逐出境，出境入境管理法第八十一条第二款规定，外国人违反该法规定，情节严重，尚不构成犯罪的，公安部可以处驱逐出境；另一种是作为刑事处置措施的驱逐出境，刑法第三十五条规定，对于犯罪的外国人，可以独立适用或者附加适用驱逐出境。

问或者采取强制措施。"如实"就是说明的情况应当全面、真实，不得刻意隐瞒、歪曲，或者提供虚假信息，内容上应包括所参加的间谍组织、敌对组织的情况，所从事的上述活动的情况；与他人共同实施的，还需要说明知悉的同案犯的情况。行为人除了及时、如实向有关机关说明情况外，还应有悔改表现，包括对自己实施的行为有真诚悔悟的态度，也包括以积极的行动消除、减轻自己行为造成的危害和不良影响，比如配合主管机关或者其他有关机关进行调查取证、开展工作等。

四、间谍行为以外的危害国家安全行为的法律适用

反间谍法第六章"附则"中的第七十条，作了对国家安全机关、公安机关承担相关职责，适用本法有关规定的转引性规定，以明确间谍行为以外的危害国家安全行为的法律适用。本法第七十条第一款规定，国家安全机关依照法律、行政法规和国家有关规定，履行防范、制止和惩治间谍行为以外的危害国家安全行为的职责，适用本法的有关规定。第七十条第二款规定，公安机关在依法履行职责过程中发现、惩治危害国家安全的行为，适用本法的有关规定。

根据刑法、刑事诉讼法、人民警察法、治安管理处罚法、反恐怖主义法、境外非政府组织境内活动管理法、网络安全法、数据安全法、出境入境管理法等法律的规定，公安机关也承担着发现、惩治有关危害国家安全行为的职责，按照职责分工，公安机关在承担国家政治安全保卫职责时，发现相关危害国家安全的行为更适宜由国家安全机关管辖的，应当根据本法的有关规定，与国家安全机关做好联系沟通，将相关涉案证据、线索等移交国家安全机关继续办理。但在实践中不排除根据案件发生的特殊地理位置、涉案情节、协调机制等因素，由公安机关办理更为合适的，公安机关需要适用本法的有关规定，履行维护国家安全的职责。

【思考题】

1. 谈谈间谍、间谍组织及相关概念，间谍行为的表现。

2. 公民和组织在反间谍工作中的义务和权利及法律责任是什么？

3. 如何理解反间谍法第三章"调查处置"规定的国家安全机关在反间谍工作中的职权？

第七章　国家情报法

　　在维护国家安全的实践中，分析国家安全环境，理解国家安全威胁，明确国家安全目标，确定国家安全任务，制定国家安全决策，执行国家安全行动，都离不开国家安全情报工作的支持。作为国家安全工作中的核心内容，情报工作通过为国家重大政策及决策提供参考，为防范和化解危害国家安全的风险提供战略预警、支持，以维护国家政权、主权、统一和领土完整、人民福祉、经济社会可持续发展和国家其他重大利益。

　　2017 年 6 月 27 日，第十二届全国人民代表大会常务委员会第二十八次会议通过《中华人民共和国国家情报法》（以下简称"国家情报法"）。国家情报法共五章三十二条，立足于我国情报工作实际，以贯彻落实总体国家安全观、推进全面依法治国、加强和保障国家情报工作、维护国家安全和利益为宗旨，首次从法律层面规范了国家情报工作，它的颁布实施开辟了我国全面依法治国的新境界，开始了情报工作法治化的新时代。

第一节　国家情报法概述

▶▶ 一、情报的相关概念

　　情报产生于人类社会，自古以来社会中的情报活动就普遍存在。在人类历史早期，人们便通过情态动作、符号语言等的交流和互换，来满足其生存与生活需要。在社会发展的各阶段，人们生产、交流和利用情报的频率不断提高，对于情报一词及其相关概念的理解与阐释，也在动态变化的过程中呈现出多样化与差异性的特点。

（一）情报

　　在古代汉语中，并没有"情报"一词。《古代汉语词典》中对"情"字的第 2 个释义是"真情、实情",① 引申义为"情况、情态",而"报"字则包含"断狱""酬谢""告知""答复""祭祀"等意义,并无现代汉语中"传达信息的文件或信号"或"消息;信号"② 之意。尽管如此,我国关于情报的思想却古已有之,古人多以"情""知""计""谍报"来指代情报或与情报有关的信息、知识,其普遍带有秘密色彩,并主要体现在如何利用谍报服务于战争与军事谋略。我国的朴素情报思想可以追溯至炎黄时期涿鹿之战中的"十一世炎帝弟祝融献计",并于后世大批的战略谋划典籍中得以传承、发扬,如商周时期的《周易》、先秦时期的《六韬》、春秋战国时期的《孙子兵法》与《鬼谷子》、西汉时期的《说苑·权谋》、北宋时期的《武经总要》、明清时期的《三十六计》《间书》等,其中尤以《孙子兵法》、《鬼谷子》和《三十六计》为集大成者,而孙子也被国际情报界誉为"情报之父"。③

20 世纪初,中文"情报"一词出现,通说认为其来源于日语汉字:有观点认为,该词由日本陆军少佐酒井忠恕首创,其于 1876 年在翻译一部法国步兵操典时,将法语的 Resigement 译为了日语的情报;④ 另有观点认为,该词是日本军医、作家森鸥外于 1884~1888 年在德国留学期间,翻译了普鲁士军事战略家冯·克劳塞维茨的名著《战争论》,该书第 6 章 "Nachrichten im Kriege",森鸥外将其译为"战争の情报",从而创造了"情报"一词。⑤ 而《战争论》一书中对情报的定义明确为"情报是指我们对敌人和敌国所了解的全部材料,是我们一切想法和行动的基础"。⑥ 由此可见,在现代日语中"情报"首先是作为军事术语出现和使用的。在 1902 年出版的《英和军语辞典》上,"情报"一词首次作为 "Intelligence" 的译语出现,而在 1921 年出版的《大英和辞典》上,"情报"则首次和 "Information" 联系起来,此后,"情报"就作为 "Intelligence" 和 "Information" 的译词长期并存。时至今日,日文中的"情报"仍带有双重含义,在不同的学科或不同语境下,可分别表达中文的情报概念(Intelligence)和中文的信息概念(Information)。⑦

现代汉语中的"情报"一词,有学者考证是 20 世纪初由我国留日军事学员从日

---

① 商务印书馆辞书研究中心. 古代汉语词典 [M]. 2 版. 北京:商务印书馆,2014:1185.

② 中国社会科学院语言研究所词典编辑室. 现代汉语词典(第 7 版)[M]. 北京:商务印书馆,2018:48.

③ 包昌火,刘彦君,张婧,等. 中国情报学论纲 [J]. 情报杂志,2018,37(1):1-8.

④ 李彭元. 从语源学看"情报"改"信息"[J]. 图书馆学研究,1997(5):59-60.

⑤ 缪其浩. 日本"情报"概念及其对情报工作的影响 [J]. 情报理论与实践,1992(5):42-44.

⑥ 克劳塞维茨. 战争论(上卷)[M]. 北京:解放军出版社,1964:71.

⑦ 任全娥,黄丽婷. 我国"情报学"术语研究文献综述 [J]. 中国科技术语,2011,13(5):10-17+25.

本引入，① 最早收录该词的是 1915 年首次出版的《辞源》，将"情报"定义为"军中集种种报告，并预见之机兆，因以推定敌情如何，而报于上官者"。1936 年版《辞海》和 1939 年版《辞源》将"情报"解释为"战时关于敌情之报告，曰情报"。由此可以看出我国早期对情报的界定明确，即军事情报，也符合社会公众对于情报的日常理解。随着社会的发展，情报工作逐渐向科技、经济等领域扩展和转移，"情报"一词的含义也随之泛化，其机密、神秘色彩渐渐淡化。1965 年版《辞海》对"情报"的定义是"对敌情和其他有关对敌斗争情况进行分析研究的成果，是军事行动的重要依据，亦泛指一切最新的情况报道，如科技情报"。1979 年版《辞海》将"情报"解释为："以侦察手段或其他方法获得的有关敌人军事、政治、经济等各方面的情况，以及对这些情况进行分析研究的成果，是军事行动的重要依据之一；泛指一切最新的情况报道，如科学技术情报。"1989 年版《辞海》不再指出情报是军事活动的重要依据，并再次拓展了"情报"的定义，是"获得他方有关情况及对其分析研究的成果，按内容和性质分为政治情报、经济情报、军事情报和科技情报等，军事情报与政治、经济和科技等情报是紧密联系的"。1999 年版《辞海》定义"情报"为"获取他方有关情况以及对其分析判断的成果。按内容和性质分为政治情报、经济情报、军事情报和科技情报等"。由上可见，1965 年之前我国辞书中"情报"一词的解释都具有单义性、对抗性和机密性质，主要限定在军事与战争领域，而 1965 年之后一些辞书中对"情报"的解释扩充了新义。"情报"概念的发展变迁至今，既表现出传统的军政情报思想（Intelligence），又包含着多样化的"信息"观念（Information），"情报"一词的内涵越加宽泛，其指向从对抗性的敌方扩展至非对抗性的他方，其服务对象已不仅仅限于军事领域和传统安全领域。

现代西方的情报研究发端于第二次世界大战后的美国，成型的标志是 1949 年谢尔曼·肯特《战略情报：为美国世界政策服务》一书的出版。② 我国的传统情报思想虽古来有之，但我国现当代情报学学科体系和有组织的情报工作则是始于军统特工郑介民所著《军事情报学》，成型于新中国成立后的 20 世纪 50 年代。情报作为我国情报学学科和情报工作的核心概念之一，对其内涵与外延的理解和界定，受到历史、国情、文化传统、研究视角等多种因素的影响。虽然情报概念进入汉语世界已逾百年，而我国情报学也历经了数十年的发展，但情报的定义一直仍是情报学界争论不休的问

---

① 任全娥，黄丽婷. 我国"情报学"术语研究文献综述［J］. 中国科技术语，2011，13（5）：10 – 17 + 25.

② 高金虎. 从"国家情报法"谈中国情报学的重构［J］. 情报杂志，2017（6）：1 – 7.

题。据粗略统计，来自百科全书、权威词典、学术专家的情报定义多达 191 种。[①]"情报"一词的多义性，以及情报、信息、知识等概念的融合理解、混合使用，一直是情报学人争论不休的热点议题，尤以情报研究和信息科学两大研究范式之争为甚。概念界定这一看似简单明了的问题，在长期的术语解释与学科演绎中却引发了长达 30 余年的论战，迄今学界尚未达成共识，这不仅阻滞了实际情报工作的交流与发展，更直接影响着中国特色情报学学科体系与话语体系的建设，关系到新时期我国面临的国家安全与发展大局。

尽管长期以来的学界探讨与争论至今仍未有定论，但通过梳理、总结不难发现，学界对"情报"这一概念内涵与外延的认知，虽在不同语境下存在差异化，却也达成了一定共识，进而形成了具有中国情报学科特点的"情报"概念理解。

第一，情报源于信息，其价值密度高于信息。作为情报的素材和载体，信息通过被搜集处理、综合评估和分析解释等智力加工后，才可能转化为情报。第二，情报具有知识性。信息被接收后，通过主观解释而变得有序、系统，化为知识，其中被激活的、动态性的、可催生新知识并具有决策价值的部分，才属于情报。第三，情报应以已知或预期的决策与行动需求为导向，并具有"参谋"的实际效用，即能够帮助个人和组织对外部环境变化进行感知和响应，以服务于个人和组织的安全与发展需求，维护其安全与发展利益。

综合上述理解，本书认为，情报是以广泛的数据和信息为基础素材和载体，通过搜集、筛选、处理、综合评估等多维度智力加工所形成的，以已知或预期的决策和行动需求为导向，帮助个人和组织感知和响应外部环境变化、服务于个人和组织的安全与发展利益的有序化、系统化、动态化知识。

详言之，情报是一种集信息价值密度提升、知识系统化和决策相关性于一体的多维智力产物，是对数据和信息的主观解释和智力加工的结果，并以其完整性、可靠性、及时性、预测性和实用性为核心特征。情报不仅涉及对现有信息的深度解读，还涵盖了能够激发新知识、促进理解和解决问题的见解，其本质在于为个人和组织提供对外部环境变化的敏感洞察力和响应能力，助其预见未来的趋势和挑战，并通过辅助决策和指导行动，服务于个人和组织的安全和发展需求。

（二）竞争情报

情报是冲突和竞争的产物，而竞争情报则是市场经济的产物，其伴随着市场竞争

---

① 梁春华，孙明霞，邹志鹏，等. 基于采样统计内容分析的情报定义研究［J］. 情报理论与实践，2016（10）：21 - 24 + 35.

激烈化和社会信息化高度发展而产生。改革开放后，企业作为市场经济活动的主体地位逐渐得以确立，而随着信息时代、数字时代的到来，企业在市场竞争中面临的竞争态势愈加复杂。在面临市场竞争信息过载与辅助决策情报缺失的双重困境下，竞争情报于 20 世纪 80 年代作为一个成熟学科概念由西方引入我国，相关的研究与实践也逐渐兴起。1995 年中国科技情报学会竞争情报分会的成立，标志着我国关于竞争情报的研究正式进入了系统化、组织化和规范化的发展阶段。时至今日，我国竞争情报学已具有完备的理论体系、实践领域和工作方法，形成了完整的学科体系。竞争情报概念的引入与相关学科的快速发展，为我国市场经济体制下的企业发展与市场竞争提供了突破口和方法论，并拓宽了我国情报机构的全球化视野，促进了我国科技和经济情报工作的现代化发展，而更深远的影响在于其动摇了当时在我国情报界居主导地位的泛信息化思潮，加速了我国科技情报工作向情报方向的回归，贡献良多。

关于竞争情报的含义，美国竞争情报从业者协会（Society of Competitive Intelligence Professionals，SCIP）的定义获得了国际学术界的广泛认可。① 美国 SCIP 认为，竞争情报是一种过程，在此过程中人们用合乎职业伦理的方式收集、分析、传播有关经营环境、竞争者和组织本身的准确、相关、具体、及时、前瞻性以及可操作的情报，其既是一个产品，又是一个过程。

（三）军事情报

情报活动最早诞生于军事领域，作为现代西方情报研究的发源地，美国情报研究奠基人之一的谢尔曼·肯特（Sherman·Kent）在《战略情报：为美国世界政策服务》一书中指出，"情报是我们的政府官员和军人必须具备的保卫国家利益的知识"，② 而美国《国防部军事及相关用语辞典》将情报定义为"对所获得的有关外国或地区的信息进行搜集、处理、综合、分析、评价和诠释所得到的产品，也指通过监视、调查、分析或理解而获得的有关对手的信息和知识"。③

如前所述，中文"情报"一词自 20 世纪初出现后，受军语渊源的影响，很长时期内亦被视为军事术语，含义为军事活动中的敌情报告。抗战时期，曾任国民党保密局局长的郑介民在其所著的《军事情报学》一书中指出军事情报"乃对于实际或假想的敌人，与作战地区（含天候与地形）情形所需要的一切情报资料而为我军事行动，经汇集、鉴定、分析、比较、整理、研判等程序所得的成品，而为我军事行动达

---

① 包昌火，李艳，包琰. 论竞争情报学科的构建 [J]. 情报理论与实践，2012（1）：1 – 9.
② 周军. 试论军事情报的概念 [J]. 情报杂志，2004（1）：33 – 34 + 37.
③ 高金虎. 论情报的定义 [J]. 情报杂志，2014（3）：1 – 5.

成使命（目的与任务）所必须者"。① 在我国的专业性辞书中，对军事情报皆从不同角度给出了定义，较有代表性的包括《中国人民解放军军语》中的军事情报定义，即"对获取的军事斗争所需的情况进行分析判断的成果"，② 此外《中国军事百科全书·军事情报》认为军事情报是"为满足军事活动需求而搜集的有关国家安全环境、作战指挥和军队建设情况以及对其研究判断的成果"，③ 在其他各类专业性辞书、著作中，虽表述不尽一致，但并无本质区别。

随着社会的进步、科技的革新、战争年代与和平年代的交迭，以及军事情报在军事斗争中的作用的扩展，人们对军事情报概念的认识始终在不断变化。目前来看，军事情报的概念可以概括为：以保障军事斗争需要为目的，通过各种方式、手段，对各方及其环境情况（或称"全源信息"）进行搜集加工、整理综合、分析研判及评价诠释后，形成的具有秘密性、准确性和时效性的智力成果。

（四）公安情报

有学者认为，我国的公安情报工作源起于1927年11月成立的"中国共产党中央特别行动科"（简称"中央特科"），即中共情报保卫工作的专门机构，彼时的中共情报保卫工作包含公安情报工作，是特殊历史条件下的公安情报工作的特定形态，其工作涵义、方式和手段与当前的公安情报工作不尽相同。④ 自20世纪50年代我国公安机关产生之时起，如政保、刑侦、经侦、治安、禁毒、反恐等公安机关的各个警种，就围绕着各自核心业务开展着情报收集、分析与应用的工作。

自21世纪以来，世界多极化、经济全球化、社会信息化和犯罪国际化的趋势日益突出，传统安全与非传统安全威胁相互交织的态势错综复杂，各种犯罪活动高发、政府与公众期望的攀升以及低成本高效益理念的推广等关键问题，促使传统警务模式向现代警务模式转变，情报也被视为现代警务战略的核心。在此背景下，2003年公安部党委提出"情报主导警务"理念，2004年全国公安厅局长会议明确提出建立"公安情报信息体系"的任务，此后"情报主导警务"的理念得以在全国范围推广，以提高公安情报收集、分析、研判水平为目标的综合性公安情报机构开始建设。原本分散、各自为战的专门情报组织架构被整合重构，形成了我国特有的综合与专业并存的公安情报工作格局，公安情报也逐渐发展成为相对独立的新工作门类，其核心业务就是将公安业务与日常管理中的情报信息汇总起来进行分析研判，将情报成果提供给

---

① 高金虎. 从"国家情报法"谈中国情报学的重构［J］. 情报杂志，2017，36（6）：1-7.
② 中国人民解放军军事科学院. 中国人民解放军军语［M］. 北京：军事科学出版社，1997：277.
③ 刘宗和. 中国军事百科全书·军事情报［M］. 北京：中国大百科全书出版社，2007：1.
④ 马德辉. 中国公安情报学的兴起和发展［J］. 情报杂志，2015（11）：7-14.

领导辅助决策，或是流转给相关业务警种展开打击等相关工作。①

由上可知，公安情报是指公安机关通过侦查手段、秘密力量、日常办案、日常管理、社会调查、公开资料等多种途径获取的，有关违法犯罪活动、治安行政管理、公安机关自身管理及与公安工作相关的其他各类情报信息及其分析研判后的成果。②

（五）国家安全情报

随着总体国家安全观的提出，我国的国家安全构成要素不断丰富。在以和平与发展为主基调的当前时代，虽然传统安全问题依然存在，但非传统安全因素对国家安全的现实威胁及影响越来越大，在国家安全工作被不断赋予新义的同时，国家安全情报的内涵也由传统军政情报视角下的隐蔽战线逐渐开始转为广义。与国家安全法、反恐怖主义法、生物安全法等法律不同，我国国家情报法并未对其立法对象进行明确定义或内涵阐释，关于何为"国家情报""国家安全情报"尚无法律规范层面的权威性解释。

学界普遍认为，国家安全情报是国家情报的下位概念，是由国家情报工作机构在各项国家安全领域中，通过公开或秘密方式获取各领域的数据、信息后，经过鉴别、分析或综合研判后的成果，其核心作用在于优化重大决策，为防范、化解危害国家安全的风险提供战略预警等。

▶▶ 二、国家情报法的立法背景、主要内容

（一）立法背景

在新的国际形势下，霸权主义、强权政治、南海纷争、经贸争端、恐怖袭击频发、生态环境恶化等因素，持续不断地威胁着我国的国家安全。与此同时，近年来各种境内外敌对势力、民族分裂势力、暴力恐怖势力、宗教极端势力等联合发难，不断插手地区热点、敏感事件，利用网络平台和慈善、公益、学术交流等活动进行策反与渗透破坏，通过隐藏在国内的"代理人"、"白手套"寻衅滋事、混淆是非，蒙蔽与蛊惑民众，使其无法认清安全形势与真相，以图扩大事态、危害我国国家安全与利益。国家安全与利益的维护，需要依赖强大的国家情报工作，国家情报工作是国家安全保障体系中的重要组成，为国家安全提供了关键的支撑，是保障国家安全和制定国家战略决策的重要手段。

为了应对日趋复杂多变的国家安全形势，我国一直致力于国家情报工作的法治化

---

① 陈刚. 犯罪情报分析［M］. 北京：中国人民公安大学出版社，2018：5.
② 顾益军. 网络情报获取与分析［M］. 北京：中国人民公安大学出版社，2014：7.

和国家情报法律体制的建构。2017 年 5 月 16 日，全国人大常委会公布《中华人民共和国国家情报法（草案）》全文，并面向全社会征集意见，这是我国首次在法律层面规范国家情报工作，以明确国家情报工作的职权、国家情报工作的保障，以及对国家情报工作的规范与监督。① 随着 2017 年 6 月 28 日国家情报法的实施，我国国家情报工作正式迈入法制化轨道。

国家情报法以总体国家安全观为指引，立足全球秩序变局，把握国家安全规律，通过谋划情报工作大局以应对风险，通过体制机制设计以回应现实需求，反映了中国特色国家安全道路的特点，揭示了中国特色情报工作的本质特征，是进一步增强公民责任感、使命感，积极面对安全挑战不可或缺的路径选择。

国家情报法是贯彻全面依法治国战略的重要体现，彰显了法治在加强和保障国家情报工作中的重要作用。国家情报工作自古以来就带有隐蔽性、对抗性的特点，以公开立法的形式描述情报工作的真实情况，顺应了法治思想深入人心的时代趋势。该法以具体的法律规范向各界阐释了我国情报工作的体系框架和制度内容，既体现出党中央对情报工作规律的认识达到了新高度，又昭示着新时期党和国家全面依法治国战略向纵深处推进的决心与信心。

国家情报法是我国国家情报工作丰富经验的凝练、总结、完善与发展成果。情报工作立法化属于国际惯例，美国、英国、德国、俄罗斯、日本、加拿大、澳大利亚等国家普遍重视国家情报的法律、法规制定，并取得了一定的情报法制建设成果。在党领导人民取得革命、建设、改革成果的历史进程中，经过实践和理论的艰辛探索，积累了丰富的情报工作经验，形成了立足时代、科学有效的国家情报工作法律制度体系。国家情报法通过明确国家情报工作的指导思想、基本任务、体制机制、职责权限、制度保障、规范监督等内容，为我国情报工作的法制化建设搭建了基本框架，描绘了建设路径，是当前和今后一段时期开展中国特色情报工作的行动指南和根本遵循。

（二）主要内容

2018 年 4 月 27 日，十三届全国人大常委会第二次会议通过《关于修改〈中华人民共和国国境卫生检疫法〉等六部法律的决定》，该决定对国家情报法部分内容进行了修正，将第二十四条第二款中的"人力资源和社会保障"修改为"人力资源和社会保障、退役军人事务、医疗保障"。

国家情报法旨在加强和保障国家情报工作，维护国家安全和利益，共包含总则、

---

① 高金虎. 从"国家情报法"谈中国情报学的重构［J］. 情报杂志，2017（6）：1－7.

国家情报工作机构职权、国家情报工作保障、法律责任及附则，共有五个章节、三十二个条款。有学者将国家情报法的条款及对应内容梳理成表7-1，对于理解本法的主要内容具有一定的参考意义。

表7-1 国家情报法具体内容及条款分类统计①

章名	具体内容	条款分布	条款数量/条
第一章 总则	制定目的	第一条	一
	情报工作作用	第二条	一
	国家情报体制	第三条	一
	国家情报工作坚持的原则	第四条	一
	各单位及公民的责任	第五至七条	三
	个人、组织的权益	第八、九条	二
第二章 国家情报工作机构职权	境内外职权	第十、十一条	二
	与有关部门及个人合作	第十二至十四条	三
	经批准后可获得职权	第十五至十八条	四
	情报工作要依法办事（"六不准"）	第十九条	一
第三章 国家情报工作保障	国家对情报工作的保障	第二十至二十五条	六
	国家对情报工作的监督审查制度	第二十六、二十七条	二
第四章 法律责任	阻碍或冒充国家情报工作人员开展情报工作	第二十八、三十条	二
	泄露国家情报工作秘密	第二十九条	一
	国家情报工作机构及其工作人员的违法违纪行为处罚	第三十一条	一
第五章 附则	国家情报法正式施行时间	第三十二条	一

▶▶ 三、情报工作对于国家安全的意义

维护国家安全，是中国特色社会主义建设事业顺利进行、实现国家长治久安和中华民族伟大复兴的重要保障。为了维护我国的安全与发展利益，国家情报工作在总体国家安全观的指引下，为国家重大决策提供情报参考，为防范和化解危害国家安全的风险提供情报支持，为实现国家可持续安全提供情报保障。

---

① 邓灵斌．国家情报法解读：基于"总体国家安全观"视角的思考［J］．图书馆，2018（8）：52-56．

第一，我国的国家情报工作以国家情报法为行为准则，国家情报机构科学、高效地推动各项工作实施，细化总体国家安全观在情报领域的战略布局，能够使总体国家安全观得以进一步贯彻落实。

第二，国家情报工作能够科学判断国际、国内安全形势，服务于国家安全战略决策。国家情报工作在健全体制机制、明确机构权责、整合资源的基础上，形成情报工作的整体合力，通过对全源信息的立体、综合研判，为国家安全战略决策赢得主动。

第三，国家情报工作为防范、化解危害国家安全的各种风险提供情报支持。面临复杂多变的发展和安全环境，维护国家安全的任务愈发繁重艰巨，各种可以预见和难以预见的风险因素明显增多，风险若得不到及时、有效控制，易产生传导联动效应，严重威胁甚至危害我国的核心利益和其他重大利益。集中统一、分工协作、科学高效地有序开展国家情报工作，能够实现战术情报、局部情报、浅层情报向战略情报、全局情报、深层情报的转化和跃升，以系统全面的国家情报产品体系，持续防范、化解全域安全风险，以国家情报的可持续生产，保障我国的可持续安全状态。

▶▶ 四、国家情报体制

国家情报法第三条规定，国家建立健全集中统一、分工协作、科学高效的国家情报体制。"集中统一、分工协作、科学高效"即是我国情报体制的总体框架。

集中统一，体现的是我国的情报领导制度。中央国家安全领导机构对国家情报工作实行统一领导，制定国家情报工作方针政策，规划国家情报工作整体发展，建立健全国家情报工作协调机制，统筹协调各领域国家情报工作，研究决定国家情报工作中的重大事项。中央军事委员会统一领导和组织军队情报工作。

分工协作，应从三个维度进行理解。第一，国家情报工作机构之间的分工协作。我国国家情报工作机构主要指国家安全机关情报机构、公安机关情报机构和军队情报机构，三者之间应当分工配合。第二，国家情报工作机构与其他国家机关之间的配合协作。本法第五条规定，各有关国家机关应当根据各自职能和任务分工，与国家情报工作机构密切配合。第三，国家情报工作机构与组织、公民之间的配合协作。本法第七条规定，任何组织和公民都应当依法支持、协助和配合国家情报工作，保守所知悉的国家情报工作秘密。

科学高效，旨在提高国家情报工作的质量与效率，是对情报工作的成效提出的要求。国家安全既包括传统安全，也包括非传统安全，维护各个领域的安全不仅需要依赖于情报产品的全面性，更需要反应灵敏、科学准确、高效顺畅的国家情报收集、研判、使用和共享制度。只有在建设科学高效的情报体制上着力，才能实现各种国家情报资源的优势互补，开拓国家情报工作的新局面。

▶ 五、国家情报工作的原则

国家情报法第四条规定了情报工作应当坚持三项原则。

第一，公开工作与秘密工作相结合。很多国家情报工作都处于隐蔽战线，其秘密性一方面体现在需不断破解他方的秘密工作渠道、技能和方法，另一方面也需要不断建立自己的秘密渠道，提高自己的斗争技能。此外，国家情报工作还要开展各种各样的公开工作，如广泛开展宣传教育活动，不断制定、完善我国的情报法律法规等。

第二，专门工作与群众路线相结合。国家情报工作需要根据情报工作的规律和特点，组织国家情报工作机构，采取专门的措施和手段开展工作。但做好各项工作，又离不开人民群众的支持，国家对于支持、协助和配合国家情报工作的个人和组织依法给予保护。

第三，分工负责与协作配合相结合。国家情报工作机构在各自负责的领域内分别开展情报工作，其工作职能、工作目的、工作流程、研究对象与内容等皆存在差异性。在明确分工的基础上，国家情报工作机构相互协作才能维护好国家情报工作全局，还需要其他机关、社会组织、企事业单位和广大公民协助配合，才能全方位地掌握有关情报及信息，切实维护好各领域国家安全和利益。

此外，情报工作还应遵循法治国家所要求的基本原则，如法治原则、尊重和保障人权原则。对此本法第八条进行了专门规定："国家情报工作应当依法进行，尊重和保障人权，维护个人和组织的合法权益。"

第二节　国家情报工作机构职权

▶ 一、国家情报工作机构

国家情报法将国家安全机关和公安机关情报机构、军队情报机构统称为国家情报工作机构，这反映出立法者对国家情报工作和国家情报机构的认知同世界主要大国基本一致[①]。根据本法第五条、第六条的规定，国家情报工作机构及其工作人员，应当忠于国家和人民，遵守宪法和法律，忠于职守，纪律严明，清正廉洁，无私奉献，三类机构之间按照职责分工，相互配合，做好情报工作、开展情报行动，坚决维护国家

---

① 高金虎. 试论国家安全情报体制的改革路径 [J]. 公安学研究，2019（2）：1－26＋123.

安全和利益。

上述框架中的三类机构的建立多依赖于编制、体制与机制，在员额、装备等方面的规定较为详细，而其工作权限与范围的依据多为机构调整和体制改革方案，国家情报法并未对此进行明确、统一的界定与指导，各机构通常根据自身或上级的要求，弹性地调整相应的工作范围，因此存在职能交叉、重叠。尽管如此，通常认为国家安全机关情报机构主要关注涉外情报事务，公安机关情报机构以境内事务为重心，而军队情报机构则集中针对国防、军事情报事务开展工作。

二、国家情报工作机构及其工作人员的职权

（一）国家情报工作机构的职权

国家情报法明确赋予国家情报工作机构依法使用必要的方式、手段和渠道，在境内外开展情报工作的职权，主要包括五个方面：第一，提供情报依据，依法搜集、处理境外机构、组织、个人实施或指使、资助他人实施的，或境内机构、组织、个人与境外机构、组织、个人相勾结实施的危害国家安全、利益行为的相关情报，为防范、制止和惩治上述行为提供情报参考；第二，按照国家有关规定，与相关个人和组织建立合作关系，委托开展相关工作；第三，按照国家有关规定，开展对外交流合作；第四，可以要求有关机关、组织和公民提供必要的支持、协助与配合；第五，按照国家有关规定，经过严格的批准手续，可以根据工作需要，采取技术侦察措施和身份保护措施。[①]

（二）国家情报工作机构工作人员的职权

国家情报工作机构的工作人员依法执行任务时，可以行使的职权包括：第一，进入限制场所，了解询问情况、查阅调取资料。国家情报工作机构工作人员依法执行任务时，按照国家有关规定，经过批准，出示相应证件，可以进入限制进入的有关区域、场所，向有关机关、组织和个人了解、询问有关情况，查阅或者调取有关的档案、资料、物品。第二，优先使用权、依法征用权。国家情报工作机构工作人员根据工作需要，按照国家有关规定，优先使用或者依法征用有关机关、组织和个人的交通工具、通信工具、场地和建筑物，必要时设置相关工作场所和设备、设施，任务完成后应当及时归还或者使其恢复原状，并依照规定支付相应费用；造成损失的，应当补偿。第三，通行便利。国家情报工作机构工作人员因执行紧急任务需要，经出示相应证件，可以享受通行便利。第四，免检便利。国家情报工作机构根据工作需要，按照国家有关规定，可以提请海关、出入境边防等检查等机关提供免检等便利。

第三节 国家情报工作保障及法律责任

▶▶ 一、国家情报工作保障

（一）情报机构能力建设保障

为了提高国家情报工作机构的工作质效，国家情报法从五个方面做出了保障措施的规定。第一，为了加强国家情报工作机构建设，对其机构设置、人员、编制、经费、资产实行特殊管理，给予特殊保障；第二，建立适应情报工作需要的人员录用、选调、考核、培训、待遇、退出等管理制度；第三，赋予国家情报工作机构及其工作人员一系列法定职权，其依法开展情报工作受法律保护；第四，国家情报工作机构应当适应情报工作需要，运用科学技术手段，提高对情报信息的鉴别、筛选、综合和研判分析水平，提升开展情报工作的能力；第五，国家情报工作机构应当建立健全严格的监督和安全审查制度，对其工作人员遵守法律、纪律等情况进行监督，并依法采取必要措施，定期或者不定期进行安全审查。

（二）综合保障

为确保情报工作能顺利开展，国家情报法规定了相应的综合保障措施，具体包括：

1. 保护、营救

国家情报工作机构工作人员因执行任务，或者与国家情报工作机构建立合作关系的人员因协助国家情报工作，其本人或者近亲属人身安全受到威胁时，国家有关部门应当采取必要措施，予以保护、营救。

2. 安置

对为国家情报工作作出贡献并需要安置的人员，国家应给予妥善安置。公安、民政、财政、卫生、教育、人力资源社会保障、退役军人事务、医疗保障等有关部门以及国有企业事业单位应当协助国家情报工作机构做好安置工作。

3. 抚恤优待

对因开展国家情报工作或者支持、协助和配合国家情报工作导致伤残或者牺牲、死亡的人员，按照国家有关规定给予相应的抚恤优待。

4. 补偿

个人和组织因支持、协助和配合国家情报工作导致财产损失的，按照国家有关规定给予补偿。

5. 表彰奖励

国家对在国家情报工作中作出重大贡献的个人和组织予以表彰和奖励。

6. 检举、控告

任何个人和组织，有权对国家情报工作机构及其工作人员超越职权、滥用职权和其他违法违纪行为进行检举、控告。任何个人和组织，不得对依法检举、控告者实施压制和打击报复。

受理检举、控告的有关机关应当及时查处，并将查处结果告知检举人、控告人。国家情报工作机构应当为个人和组织检举、控告、反映情况提供便利渠道，并为其保密。

▶ 二、法律责任

国家情报法主要针对四个方面的行为规定了相应的行政法律责任和刑事法律责任。行政法律责任部分，主要表现为行政处罚或者处分，其中处分是基于行政隶属关系的内部责任形式；刑事法律责任部分，统一以"构成犯罪的，依法追究刑事责任"出现，旨在与《中华人民共和国刑法》进行衔接，确保其统一性。

（一）阻碍依法开展国家情报工作

违反本法规定，阻碍国家情报工作机构及其工作人员依法开展情报工作的，由国家情报工作机构建议相关单位给予处分，或者由国家安全机关、公安机关处警告或者十五日以下拘留；构成犯罪的，依法追究刑事责任。

（二）泄露与国家情报工作有关的国家秘密

泄露与国家情报工作有关的国家秘密的，由国家情报工作机构建议相关单位给予处分，或者由国家安全机关、公安机关处警告或者十五日以下拘留；构成犯罪的，依法追究刑事责任。

（三）冒充国家情报工作相关人员实施招摇撞骗、诈骗、敲诈勒索等

冒充国家情报工作机构工作人员或者其他相关人员实施招摇撞骗、诈骗、敲诈勒索等行为的，依照《中华人民共和国治安管理处罚法》的规定处罚；构成犯罪的，依法追究刑事责任。

（四）国家情报工作机构及其工作人员的违法违纪行为

国家情报工作机构及其工作人员有超越职权、滥用职权，侵犯公民和组织的合法权益，利用职务便利为自己或者他人谋取私利，泄露国家秘密、商业秘密和个人信息等违法违纪行为的，依法给予处分；构成犯罪的，依法追究刑事责任。

【思考题】

1. 谈谈对国家安全情报的理解。

2. 国家情报工作机构及其工作人员的职权包括哪些？

第八章 民族区域自治法

法治是我们党治国理政的基本方式，依法治理民族事务是我们党民族工作的一条基本经验。党的二十大报告指出，要"以铸牢中华民族共同体意识为主线，坚定不移走中国特色解决民族问题的正确道路，坚持和完善民族区域自治制度，加强和改进党的民族工作，全面推进民族团结进步事业"。"要坚持走中国特色社会主义法治道路，建设中国特色社会主义法治体系、建设社会主义法治国家，围绕保障和促进社会公平正义，坚持依法治国、依法执政、依法行政共同推进，坚持法治国家、法治政府、法治社会一体建设。"法治就是坚持把法律作为评判是非曲直的标准，塑造社会秩序的准绳，实现依法治理的手段。1984 年 5 月 31 日第六届全国人民代表大会第二次会议通过了《中华人民共和国民族区域自治法》（以下简称"民族区域自治法"）。2001 年 2 月 28 日第九届全国人民代表大会常务委员会第二十次会议《关于修改〈中华人民共和国民族区域自治法〉的决定》对该法进行了修正。该法共七章、七十四条，对民族自治地方的建立和自治机关的组成、自治机关的自治权、民族自治地方的人民法院和人民检察院、民族自治地方内的民族关系、上级国家机关的职责等作出规定。民族区域自治法为提升民族事务治理法治化水平，防范化解民族领域风险隐患，推动新时代党的民族工作高质量发展提供了法治保障。

第一节 民族区域自治概述

一、民族的概念

民族在世界上已经存在了数千年，民族概念就是反映民族客体本质属性的思维形式。"民族"一词很早就出现在中国的古代文献中，近代以来，人们对"民族"一词进行现代意义上的解释。因此，人们对民族概念的认识也是逐步深入的。

1837 年，德国传教士，汉学家郭士腊创办的《东西洋考每月统计传》（九月刊）

中所载的《约书亚降迦南国》一文中，有"昔以色列民族如行陆路渡约耳但河也"一词，其中的"以色列民族"就是现代意义上的用法①。1903 年，梁启超先生对"民族"一词进行了深入的研究和阐述。梁启超在介绍德国法学家、政治理论家布伦齐利的民族定义时说"民族是民俗沿革所生之结果也"②，并总结了民族最重要的八个特征。孙中山先生在《三民主义》中将民族描述为是由五种自然力构成的，即血统、生活、语言、宗教、风俗习惯③。孙中山先生对民族的看法，在新中国成立前一直被作为经典。

1913 年，斯大林第一个提出了完整的、科学的民族定义，"民族是人们在历史上形成的一个有共同语言、共同地域、共同经济生活以及表现于共同文化上的共同心理素质的稳定的共同体"④。根据这个定义，民族具有共同语言、共同地域、共同经济生活、共同心理素质等四个基本特征。新中国成立后，苏联的马克思主义民族理论对我国产生了重要的影响。特别是斯大林提出的民族定义，是对马克思主义民族理论的一大贡献，成为中国研究者进行民族研究以及开展民族工作的理论基础和科学指南。

2005 年 5 月，中国共产党在中央民族工作会议上，提出了关于民族问题的基本理论和政策，详细阐述了民族六要素理论。民族是在一定的历史发展阶段形成的稳定的人们共同体。一般来说，民族在历史渊源、生产方式、语言、文化、风俗习惯以及心理认同等方面具有共同的特征。中国共产党提出的民族六要素理论，是立足现实、着眼实用、开拓创新、与时俱进的科学理论，是中国化的马克思主义民族定义理论。

党的十八大以来，以习近平同志为核心的党中央在长期的实践中形成了以"铸牢中华民族共同体意识"为核心的民族工作创新理论。党的十九大将"铸牢中华民族共同体意识"写入党章。党的十九届四中全会将"坚持各民族一律平等，铸牢中华民族共同体意识，实现共同团结奋斗、共同繁荣发展"视为我国国家制度和国家治理体系的显著优势之一。党的十九届五中全会将"坚持和完善民族区域自治制度，全面贯彻党的民族政策，铸牢中华民族共同体意识，促进各民族共同团结奋斗、共同繁荣发展"作为推动社会主义政治建设的目标之一。铸牢中华民族共同体意识的核心内容是实现"五个认同"，即"对伟大祖国、中华民族、中华文化、中国共产党、中国特色社会主义的认同"。2021 年 8 月，中央民族工作会议在北京召开。习近平总书记提出要以"以铸牢中华民族共同体意识"为主线，总结和提出了关于加强和改进民族工作的"十二个必须"的重要思想，成为新时代推进党的民族工作高质量发展的纲领性文献。铸牢中华民族共同体意识的价值导向是服务于"两个大局"，即国

---

① 郝时远. 中文"民族"一词源流考辨［J］. 民族研究，2004（6）：64.
② 梁启超. 饮冰室合集：第 5 册［M］. 北京：中华书局，1989：71 - 72.
③ 林耀华. 民族学通论（修订本）［M］. 北京：中央民族大学出版社，1997：101.
④ 斯大林. 斯大林全集第 2 卷 1907—1913［M］. 北京：人民出版社，1953：294.

内的中华民族伟大复兴的战略全局和世界百年未有之大变局，这是我们开展一切工作的出发点。那么，铸牢中华民族共同体意识的政治路径就是坚持和完善民族区域自治制度。

二、民族的基本要素

民族的每一种特征都在民族特征总体中处于重要的地位，起着一定的作用，是相互联系、相互依赖、相互制约的。共同历史渊源、共同生产方式是民族形成、存在和发展的物质条件和基础。共同语言是交际的工具，共同文化是交际的精神纽带，共同风俗习惯是对历史渊源、生产方式、语言、文化的一种反映。共同心理认同是这几个特征的必然结果，也是维护民族团结和稳定的重要条件。总的来讲，民族就是以上六个要素的总和。

1. 共同历史渊源

主要是指民族起源的地域渊源（地缘）、族体渊源（族源）等。一个民族如果没有族体渊源就成为无源之水，如果没有地域渊源就成为空中楼阁。民族是客观存在的实体，族源和地缘是必不可少的前提和基础。地域渊源也叫共同地域，是指组成一个民族的人们共同居住生活的地区。它是民族的生产、生活、繁衍的空间场所。共同地域是形成民族的物质条件之一，也是民族发展的重要条件，它对民族的生产方式、语言、文化等其他特征及其演变具有重要的制约影响作用。族体渊源也就是共同族源，是指组成一个民族的人们共同具有氏族、部落等起源的族共同体。共同的族源或族缘是民族精神联系的纽带，是民族内聚力、凝聚力的关键因素之一。①

2. 共同生产方式

主要是指组成一个民族的人们在经济活动方面的社会联系，物质资料的生产、交换、消费过程中的组织形式、联系形式和行为方式的总和。共同生产方式是组成一个民族的人们在一定地域的自然环境、气候条件和自身历史发展进程的影响下，在经济活动领域形成的独特的方式。共同生产方式是民族特点的一个重要方面，是民族形成的重要经济条件，也是民族发展的重要条件，它对民族的语言、文化、风俗习惯以及民族心理认同等其他特征及其演变有重要的制约影响作用。

3. 共同语言

它是指组成一个民族的人们在生产、生活中，彼此交流思想感情、交往联系所使用的语言。它是稳定的、表露于外的最明显的特征，是民族统一性和继承性的最重要的反映之一。它在民族存在和发展中起着重要的作用。它对强迫同化具有非常强的抗拒力。民族共同语言在使用、发展中，随着民族关系的改善和民族交往的加强，彼此

---

① 金炳镐. 民族理论与民族政策概论（修订本）［M］. 北京：中央民族大学出版社，2006：67.

吸收、借用词汇的现象逐渐增多。

4. 共同文化

"文化认同是最深层次的认同，是民族团结之根、民族和睦之魂。"① 它主要是指组成一个民族的人们在长期的社会实践中创造和发展起来的具有自己的形式和特点的文化，即物质财富和精神财富的总和，特指文学、艺术、教育、科学等。民族文化是民族生存的自然环境、社会政治和经济在观念形态的反映。民族文化是把组成一个民族的人们联系在一起的精神纽带，是民族统一性和继承性的最显著的标志。民族风俗习惯、民族心理都通过民族文化表现自己的特点。民族文化在传承与变异中不断发展变化。

5. 共同风俗习惯

它主要是指组成一个民族的人们在物质生活和精神生活方面广泛流行的风尚、习俗、惯例，是在普遍流行的价值观念支配下，在生产生活领域的实践活动中长期传承的行为心理和行为方式，具体表现在衣、食、住、行、婚姻、丧葬、节庆、娱乐、礼仪等方面。民族风俗习惯是民族所处的自然地理气候条件、生产形式和经济生活条件、社会政治条件、文化生活条件、历史发展条件的一种反映，是在长期的历史发展中形成的，表现在民族生存过程的各个方面。民族风俗习惯是显露于外的特征之一，是区别于其他民族的明显的标志。民族风俗习惯是不断变化发展的。

6. 共同心理认同

主要是指组成一个民族的人们的民族自我归属心理，他们属于一个民族的认同心理，是"同一民族的人感觉大家是同属于一个人们共同体的自己人的这种心理"②。包括民族成员对民族整体的认同心理和民族成员之间的认同心理。民族心理认同是民族心理或民族共同心理素质的一部分。民族认同心理是团结本民族成员的重要的精神心理纽带，它可以激发民族的内聚力、向心力和护卫力。

▶ 三、民族区域自治

民族区域自治制度是我国的基本政治制度之一，是长期以来中国共产党领导各族人民所探索出来的中国特色解决民族问题的正确道路，是对马克思主义民族理论的重大贡献。民族区域自治制度是解决民族问题、实现民族共同发展和繁荣的创新性政策。民族区域自治制度是中国特色解决民族问题的重要内容和制度保障，体现了社会主义的本质和要求。统一的多民族国家的长期存在，是实行民族区域自治的历史依据。近代以来在反抗外来侵略斗争中形成的爱国主义精神，是实行民族区域自治的政

---

① 孔方斌. 民族交融好味道［N］. 人民日报，2015－09－30（5）.
② 费孝通. 费孝通民族研究文集新编（上卷）［M］. 北京：中央民族大学出版社，2006：302.

治基础。各民族大杂居、小聚居的人口分布格局，各地区资源条件和发展的差距，是实行民族区域自治的现实条件。民族区域自治是党的民族政策的源头，我们的民族政策都是由此而来、依此而存。①

民族区域自治制度对铸牢中华民族共同体意识起到了不可估量的推动作用，是这一伟大工程的制度保障。民族区域自治制度实现了三个有机结合。即将中华民族的统一与少数民族的自治有机结合起来，在维护国家主权统一的前提下实现少数民族对自己事务的管理；将政治因素与经济因素结合起来，各民族在自治地方地位平等，有利于推动民族地区的交流交往交融和经济上的互助互补；将民族因素与区域因素结合起来，在一个或多个民族聚居的地方建立自治地方，有利于推动民族团结。

民族区域自治制度既充分尊重了中国多民族国家发展的历史传统，又正确反映了中国现实国情的客观事实。我国实行的民族区域自治制度，是指在中华人民共和国领土范围内，在中央政府集中统一领导下，遵循国家宪法的规定，各少数民族以聚居区为基础，建立自治地方，设立自治机关，行使自治权利，享有当家作主、管理本地区本民族内部事务权利的自治制度。我国民族区域自治的实质是在统一的多民族的社会主义国家内，使有着一定的聚居区的少数民族，有当家做主、管理本民族内部地方性事务的权利，保障少数民族的平等地位，充分调动各民族的积极性，保证各少数民族按照自己的政治、经济和文化的特点，发展经济文化事业，促进民族发展和繁荣，巩固祖国的统一和各民族的团结。

民族区域自治的中国特色主要体现在五个方面。第一，中央政府集中统一领导是民族区域自治制度实行的前提。各民族自治地方都是中华人民共和国神圣不可分割的部分，各民族自治地区都必须接受中央的领导。第二，少数民族聚居区域是民族区域自治实施的基础。对于一个民族自治地方来讲，可以是以一个或几个少数民族聚居区为基础来建立，包括同一个少数民族也可以在不同的聚居区内建立相应的自治地方；在同一个民族自治地方内，其他有一定聚居区域的少数民族建立相应的自治地方。第三，自治机关拥有并行使自治权是民族区域自治的核心。民族自治地方国家机关除享有一般地方国家机关的职权外，还依照宪法和民族区域自治法享有若干自治权。第四，培养和任用少数民族干部是民族区域自治实施的关键。设立自治机关并行使自治权，首先要加强少数民族干部队伍建设。离开了少数民族干部，民族区域自治就无从谈起。第五，保障少数民族群众当家作主的权利是民族区域自治的实质。建立自治机关、行使自治权的实施就是尊重和保障少数民族的平等权利，使之能够管理本地方和本民族的内部事务，真正实现当家作主。

---

① 马戎. 中国民族区域自治制度的历史演变轨迹 [J]. 中央社会主义学院学报，2019 (3): 92 – 109.

四、民族自治地方

"民族自治地方政府的建立、性质、权力和职能的确定，都以民族区域自治制度为前提。"① 民族自治地方的建立、区域界线的划分、名称的组成，由上级国家机关会同有关地方的国家机关，和有关民族的代表充分协商拟定，按照法律规定的程序报请批准。民族自治地方一经建立，未经法定程序，不得撤销或者合并；民族自治地方的区域界线一经确定，未经法定程序，不得变动；确实需要撤销、合并或者变动的，由上级国家机关的有关部门和民族自治地方的自治机关充分协商拟定，按照法定程序报请批准。

我国的民族自治地方分为自治区、自治州、自治县三级。根据少数民族聚居区人口的多少和区域面积的大小，我国在各少数民族聚居的地方实行区域自治，各民族自治地方都是中华人民共和国不可分离的部分。1947 年，我国建立了第一个省一级的少数民族自治地方——内蒙古自治区。当前，中国共建立了 155 个民族自治地方，其中包括 5 个自治区、30 个自治州、120 个自治县（旗）。

民族区域自治不是"民族领土自治"，而是指少数民族占有一定比例的各民族杂居地区，不是"独立自治"或半独立状态的"自治邦"②。民族自治地方的名称，一般由"地方名称 + 民族名称 + 行政地位"的顺序排列。在少数民族聚居的地方，可以建立一个少数民族聚居区为基础的自治地方，如新疆维吾尔自治区，也可以建立多个少数民族聚居区为基础的自治地方，如青海海西蒙古族藏族自治州。一个民族自治地方内其他少数民族聚居的区域，可以建立相应的自治地方或者民族乡，如新疆维吾尔自治区内建立有伊犁哈萨克自治州。同时，一个民族在全国多处大小不同的聚居区，可以建立多个不同行政地位的自治地方，如宁夏回族自治区，甘肃临夏回族自治州，河北孟村回族自治县。

表 8 – 1 　全国民族区域自治区简表③

民族区域自治区	首府
内蒙古自治区	呼和浩特
广西壮族自治区	南宁
西藏自治区	拉萨
宁夏回族自治区	银川
新疆维吾尔自治区	乌鲁木齐

---

① 周平，方盛举，夏维勇．中国民族自治地方政府［M］．北京：人民出版社，2007：1.

② 吴大华．民族法学［M］．北京：法律出版社，2013：143.

③ 我国民族自治地方［EB/OL］．［2024 – 07 – 20］．https://www.gov.cn/test/2006 – 04/04/content_244716.htm.

表 8-2 全国民族区域自治区简表①

民族区域自治州	所在省区市
延边朝鲜族自治州	吉林省
恩施土家族苗族自治州	湖北省
湘西土家族苗族自治州	湖南省
甘孜藏族自治州	四川省
凉山彝族自治州	四川省
阿坝藏族羌族自治州	四川省
黔东南苗族侗族自治州	贵州省
黔南布依族苗族自治州	贵州省
黔西南布依族苗族自治州	贵州省
西双版纳傣族自治州	云南省
德宏傣族景颇族自治州	云南省
怒江傈僳族自治州	云南省
大理白族自治州	云南省
迪庆藏族自治州	云南省
红河哈尼族彝族自治州	云南省
文山壮族苗族自治州	云南省
楚雄彝族自治州	云南省
甘南藏族自治州	甘肃省
临夏回族自治州	甘肃省
玉树藏族自治州	青海省
海南藏族自治州	青海省
黄南藏族自治州	青海省
海北藏族自治州	青海省
果洛藏族自治州	青海省
海西蒙古族藏族自治州	青海省
巴音郭楞蒙古自治州	新疆维吾尔自治区
博尔塔拉蒙古自治州	新疆维吾尔自治区
克孜勒苏柯尔克孜自治州	新疆维吾尔自治区
昌吉回族自治州	新疆维吾尔自治区
伊犁哈萨克自治州	新疆维吾尔自治区

① 我国民族自治地方 [EB/OL]. [2024-07-20]. https：//www.gov.cn/test/2006-04/04/content_244716.htm.

第二节　民族区域自治法概述

随着1984年民族区域自治法的颁布实施和2001年民族区域自治法的修正，2005年《国务院实施中华人民共和国民族区域自治法若干规定》制定与实施，研究高潮迭起。民族区域自治法及相关法律是专门研究自治地方内的民族关系、上级国家机关与自治地方自治机关之间的关系、各自治地方与非自治地方之间的关系等法律现象的。

▶ 一、民族自治机关的职责

根据宪法和民族区域自治法的规定，我国在民族自治地方设立自治机关，实行民主集中制原则，行使地方国家机关的职权和自治权。自治州的自治机关行使下设区、县的地方国家机关的职权，同时行使自治权。自治机关是国家的一级地方政权机关，自治机关政府根据民族自治地方的实际情况，贯彻、执行、落实国家的法律、政策。

民族自治地方的自治机关的职责是领导各族人民集中力量进行社会主义现代化建设。主要职责包括：遵守宪法和法律的原则，根据本地方的实际情况，采取特殊政策和灵活措施，加速民族自治地方经济、文化建设事业的发展；在国家计划的指导下，从实际出发，不断提高劳动生产率和经济效益，发展社会生产力，逐步提高各民族的物质生活水平；继承和发扬民族文化的优良传统，建设具有民族特点的社会主义精神文明，不断提高各民族人民的社会主义觉悟和科学文化水平；维护和发展各民族的平等、团结、互助的社会主义民族关系，禁止对任何民族的歧视和压迫，禁止破坏民族团结和制造民族分裂的行为；保障本地方各民族都有使用和发展自己的语言文字的自由，都有保持或者改革自己的风俗习惯的自由；保障各民族公民有宗教信仰自由，不得强制公民信仰宗教或者不信仰宗教，不得歧视信仰宗教的公民和不信仰宗教的公民，国家保护正常的宗教活动，不得利用宗教进行破坏社会秩序、损害公民身体健康、妨碍国家教育制度的活动；把国家的整体利益放在首位，积极完成上级国家机关交给的各项任务。

▶ 二、民族自治机关的组织和工作

自治区、自治州、自治县都是民族自治地方，各民族自治地方都是中华人民共和国不可分离的部分。各民族自治地方的行政区域范围大小不同，在国家行政区划体系中的行政级别高低不同。

民族区域自治法第十五条规定，民族自治地方的自治机关是自治区、自治州、自治县的人民代表大会和人民政府。民族自治地方的人民政府对本级人民代表大会和上一级国家行政机关负责并报告工作，在本级人民代表大会闭会期间，对本级人民代表大会常务委员会负责并报告工作。① 各民族自治地方的人民政府都是国务院统一领导下的国家行政机关，都服从国务院的统一领导。

第十六条规定，民族自治地方的人民代表大会中，除实行区域自治的民族的代表外，其他居住在本行政区域内的民族也应当有适当名额的代表。实行区域自治的民族和其他少数民族代表的名额和比例，根据法律规定的原则，由省、自治区、直辖市的人民代表大会常务委员会决定，并报全国人民代表大会常务委员会备案。民族自治地方的人民代表大会常务委员会中应当有实行区域自治的民族的公民担任主任或者副主任。

第十七条规定，自治区主席、自治州州长、自治县县长由实行区域自治的民族的公民担任。自治区、自治州、自治县的人民政府的其他组成人员，应当合理配备实行区域自治的民族和其他少数民族的人员。民族自治地方的人民政府实行自治区主席、自治州州长、自治县县长负责制。自治区主席、自治州州长、自治县县长，分别主持本级人民政府工作。

第十八条规定，自治机关所属工作部门的干部中，应当合理配备实行区域自治的民族和其他少数民族的人员。

▶ 三、民族自治机关的自治权

我国的民族区域自治制度是在中央统一集中领导之下，民族自治机关除行使宪法规定的地方国家机关的职权外，还依照宪法、民族区域自治法和其他法律规定的权限行使自治权。

（一）民族自治机关享有制定自治法规的权利

民族自治地方的人民代表大会有权依照当地民族的政治、经济和文化的特点，制定自治条例和单行条例，报全国人民代表大会常务委员会批准后生效。自治州、自治县的自治条例和单行条例，报省、自治区、直辖市的人民代表大会常务委员会批准后生效，并报全国人民代表大会常务委员会和国务院备案。上级国家机关的决议、决定、命令和指示，如有不适合民族自治地方实际情况的，自治机关可以报经该上级国家机关批准，变通执行或者停止执行。

---

① 除非特别指出，文中所引民族区域自治法均为 2001 年 2 月 28 日修正后的版本。

（二）民族自治机关享有使用本民族语言文字的权利

民族自治机关在执行职务的时候，依照民族自治地方自治条例的规定，使用当地通用的一种或者几种语言文字。同时使用几种通用的语言文字执行职务的，可以以实行区域自治的民族的语言文字为主。

（三）民族自治机关享有人事管理的权利

民族自治机关根据社会主义建设的需要，采取各种措施从当地民族中大量培养各级干部、各种科学技术、经营管理等专业人才和技术工人，并且注意在少数民族妇女中培养各级干部和各种专业技术人才。民族自治机关在录用工作人员的时候，对实行区域自治的民族和其他少数民族的人员应当给予适当的照顾；可以采取特殊措施，优待、鼓励各种专业人员参加自治地方各项建设工作。民族自治地方的企业、事业单位依照国家规定招收人员时，优先招收少数民族人员，并且可以从农村和牧区少数民族人口中招收。

（四）民族自治机关享有管理地方性的经济建设事业的权利

民族自治机关必须坚持公有制为主体、多种所有制经济共同发展的基本经济制度，鼓励发展非公有制经济；自主地管理隶属于本地方的企业、事业单位。民族自治机关在国家计划的指导下，根据本地方的特点和需要，制定经济建设的方针、政策和计划，自主地安排和管理地方性的经济建设事业。民族自治机关在坚持社会主义原则的前提下，根据法律规定和本地方经济发展的特点，合理调整生产关系和经济结构，努力发展社会主义市场经济。

民族自治机关根据法律规定，确定本地方内草场和森林的所有权和使用权；保护、建设草原和森林，组织和鼓励植树种草；禁止任何组织或者个人利用任何手段破坏草原和森林；严禁在草原和森林毁草毁林开垦耕地；管理和保护本地方的自然资源；根据法律规定和国家的统一规划，对可以由本地方开发的自然资源，优先合理开发利用；在国家计划的指导下，根据本地方的财力、物力和其他具体条件，自主地安排地方基本建设项目。

民族自治机关享有对外贸易权。民族区域自治法第三十一条规定，依照国家规定，民族自治地方可以开展对外经济贸易活动，经国务院批准，可以开辟对外贸易口岸。与外国接壤的民族自治地方可以开展边境贸易。在对外经济贸易活动中，享受国家的优惠政策。

（五）民族自治机关享有管理地方财政的权利

民族自治地方的财政是一级财政，是国家财政的组成部分。民族自治机关有管理地方财政的自治权。凡是依照国家财政体制属于民族自治地方的财政收入，都应当由民族自治地方的自治机关自主地安排使用。民族自治地方在全国统一的财政体制下，通过国家实行的规范的财政转移支付制度，享受上级财政的照顾。民族自治地方的财政预算支出，按照国家规定，设机动资金，预备费在预算中所占比例高于一般地区。民族自治机关在执行财政预算过程中，自行安排使用收入的超收和支出的节余资金。民族自治地方根据本地方经济和社会发展的需要，可以依照法律规定设立地方商业银行和城乡信用合作组织。

民族自治机关对本地方的各项开支标准、定员、定额，根据国家规定的原则，结合本地方的实际情况，可以制定补充规定和具体办法；自治区制定的补充规定和具体办法，报国务院备案；自治州、自治县制定的补充规定和具体办法，须报省、自治区、直辖市人民政府批准。

民族区域自治法第三十四条规定，民族自治机关在执行国家税法的时候，除应由国家统一审批的减免税收项目以外，对属于地方财政收入的某些需要从税收上加以照顾和鼓励的，可以实行减税或者免税。自治州、自治县决定减税或者免税，须报省、自治区、直辖市人民政府批准。

（六）民族自治机关享有自主地管理本地方的教育、科学、文化、卫生、体育事业的权利

民族自治机关根据国家的教育方针，依照法律规定，决定本地方的教育规划，各级各类学校的设置、学制、办学形式、教学内容、教学用语和招生办法；自主地发展民族教育，扫除文盲，举办各类学校，普及九年义务教育，采取多种形式发展普通高级中等教育和中等职业技术教育，根据条件和需要发展高等教育，培养各少数民族专业人才；为少数民族牧区和经济困难、居住分散的少数民族山区，设立以寄宿为主和助学金为主的公办民族小学和民族中学，保障就读学生完成义务教育阶段的学业。

根据民族区域自治法第三十七条，民族自治机关的办学经费和助学金由当地财政解决，当地财政困难的，上级财政应当给予补助。招收少数民族学生为主的学校（班级）和其他教育机构，有条件的应当采用少数民族文字的课本，并用少数民族语言讲课；根据情况从小学低年级或者高年级起开设汉语文课程，推广全国通用的普通话和规范汉字。各级人民政府要在财政方面扶持少数民族文字的教材和出版物的编译和出版工作。

第三十八条规定，民族自治机关自主地发展具有民族形式和民族特点的文学、艺术、新闻、出版、广播、电影、电视等民族文化事业，加大对文化事业的投入，加强文化设施建设，加快各项文化事业的发展。组织、支持有关单位和部门收集、整理、翻译和出版民族历史文化书籍，保护民族的名胜古迹、珍贵文物和其他重要历史文化

遗产，继承和发展优秀的民族传统文化。

民族自治机关自主地决定本地方的科学技术发展规划，普及科学技术知识。民族自治机关自主地决定本地方的医疗卫生事业的发展规划，发展现代医药和民族传统医药；加强对传染病、地方病的预防控制工作和妇幼卫生保健，改善医疗卫生条件。民族自治机关自主地发展体育事业，开展民族传统体育活动，增强各族人民的体质。依照本法第四十二条，民族自治机关应积极开展和其他地方的教育、科学技术、文化艺术、卫生、体育等方面的交流和协作。自治区、自治州的自治机关依照国家规定，可以和国外进行教育、科学技术、文化艺术、卫生、体育等方面的交流。

民族自治机关根据法律规定，制定管理流动人口的办法。民族自治地方实行计划生育和优生优育，提高各民族人口素质。民族自治机关根据法律规定，结合本地方的实际情况，制定实行计划生育的办法。民族自治机关保护和改善生活环境和生态环境，防治污染和其他公害，实现人口、资源和环境的协调发展。

此外，民族自治机关依照国家的军事制度和当地的实际需要，经国务院批准，可以组织本地方维护社会治安的公安部队。

第三节　民族自治地方内的民族关系

▶▶ 一、民族关系的概念

民族关系是指各个民族在生存和发展过程中相关民族之间的相互交往、联系和作用、影响的关系。民族关系既是一种历史现象，也是一种社会关系。在多民族国家中、在不同国家（民族）间，都普遍存在着民族关系问题。民族关系在本质上表现为民族之间的利益联系，即它是民族共同体在争取自身利益中围绕政治权利和政治权力形成的一种利益关系，也就是说，各民族成员正是为了追求自己的政治利益而结成一定的民族政治关系。[①]

民族关系以民族交往为表现形式。没有民族交往就无所谓民族关系。民族交往是民族（集团）之间的交往和往来，包括民族之间接触、交际、来往、联络、协作等，是一种社会关系的整合过程。民族交往的内容包括：政治上的联系、合作，经济上的分工、交流、协作，文化上的交流、影响、吸纳，社会生活上的族际婚姻等。民族交

---

① 高永久. 民族学概论［M］. 天津：南开大学出版社，2009：159.

往的表现形式分为：平等和谐的民族交往，包括民族之间的友好往来、相互帮助、相互依赖等；矛盾冲突的民族交往，即不平等、不和谐的民族交往，包括民族纠纷、民族冲突、民族斗争、民族战争等。在我国，平等观念事实上成为我们民族价值系统重构的一个重要组成部分。①

民族矛盾是民族交往联系中民族间权益、利害摩擦等的总和。民族矛盾是以民族之间接触、往来为前提，以民族之间权益不平等为核心，以民族之间摩擦不和为形式的社会矛盾。民族矛盾的表现形式，既有物质形态形式，又有精神（文化）形态形式，具体表现为民族间不和、隔阂、纠纷、摩擦、对立、冲突、械斗、斗争、战争。因此，民族问题往往都带有明显的政治性或政治色彩。② 民族矛盾分为民族群体交往形式中的民族矛盾和民族个体成员交往形式中的民族矛盾。

二、民族关系的表现形式

民族关系在现实生活中，可表现为以民族群体（或其部分）出现的民族与民族之间的关系；也可能有以不同民族成员之间相互交往中表现的民族关系；还可能有以曲折的方式表现某种民族关系。比如，以我国民族自治地方与上级国家机关的关系形式反映出的某种民族关系；又如，以某些民族与国家某些政策的关系形式表现的某种民族关系。

同时，把不同民族的单个人之间关系作为民族关系的基本表现形式是不恰当的；把民族自治地方与国家的关系作为民族关系表现的主要形式，而且把这种关系所涉及的所有问题都作为民族关系的说法，是不合适的。我国的民族关系，有些是通过民族自治地方与国家的关系形式表现出来的，但不能因此把它们之间，即中央与地方之间的一般行政关系都说成是民族关系。

因此，在观察和认识民族关系时，必须坚持实事求是的原则，既不能扩大民族矛盾、民族关系的范围，也不能有意回避或缩小，不能把本来属于民族矛盾、民族关系的问题说成其他问题。在认识民族关系问题时，一定要注意民族关系的内涵与外延，民族整体与成员个体之间联系和区别，既要辩证思维，又要实事求是，特别是要注意在社会主义条件下民族关系表现形式的独特性和复杂性。

三、民族关系的基本内容

民族关系的内容或者叫基本特征，是指民族交往和民族矛盾状态所涉及的领域和方面。它是由民族关系的性质决定的，是受时代发展和社会性质制约的，也是与当时

① 高瑞泉. 平等观念史论略 ［M］. 上海：上海人民出版社，2011：294.
② 高永久. 民族政治学概论 ［M］. 天津：南开大学出版社，2008：3.

要解决的民族问题的主要内容及解决的方式途径相联系着的。不同社会的民族关系内容、特征各有特点。社会主义社会的民族关系基本上是各民族劳动人民之间的关系。这是社会主义社会民族关系的基本性质。

我国的社会主义民族关系，是建立在社会主义生产资料公有制这个社会经济基础之上的，是建立在社会主义民主这个社会政治制度之上的，各民族之间的一种社会关系，它主要包括民族之间经济、政治、文化等方面的关系。社会主义社会的民族关系主要表现为政治平等团结，经济互助合作，文化共存繁荣，社会和睦协调。社会主义民族关系最主要的是指各民族在相互交往联系中所处的地位和状态以及权利和义务。因此，平等、团结、互助，是社会主义民族关系最基本的原则，是对我国社会民族关系特征或内容的一个简练的表述。

做好新时代党的民族工作，要把铸牢中华民族共同体意识作为党的民族工作的主线。坚定不移走中国特色解决民族问题的正确道路，构筑中华民族共有精神家园，促进各民族交往交流交融，推动民族地区加快现代化建设步伐，提升民族事务治理法治化水平，防范化解民族领域风险隐患，推动新时代党的民族工作高质量发展，推动各民族坚定对伟大祖国、中华民族、中华文化、中国共产党、中国特色社会主义的高度认同。铸牢中华民族共同体意识，是维护各民族根本利益的必然要求，是实现中华民族伟大复兴的必然要求，是巩固和发展平等团结互助和谐社会主义民族关系的必然要求，是党的民族工作开创新局面的必然要求。

四、民族自治地方内的民族关系

习近平指出，和平、发展、公平、正义、民主、自由，是全人类的共同价值。[1]中华民族共同体意识是反映中华民族共同体存在的社会意识[2]，中华民族共同体意识本质上是一种国家认同，国家认同是一个国家自立于世界民族之林的重要基础，是一个国家社会制度凝聚力的基本前提，也是一个国家长治久安的基本保证。[3]因此，民族自治地方内的民族关系的形成和构建必须基于共同的价值观认同和共同体意识认同，这是构建民族自治地方内的民族关系的前提。

在民族自治地方内，要充分发挥民族自治机关的主动性，充分发扬我党的红色精神，坚持走群众路线。最大限度地增加和谐因素，最大限度地减少不和谐因素。民族自治地方的自治机关保障本地方内各民族都享有平等权利，团结各民族的干部和群

① 习近平. 论坚持推动构建人类命运共同体 [M]. 北京：中央文献出版社，2018：253.
② 詹小美，李征. 民族观教育与铸牢中华民族共同体意识 [J]. 思想理论教育，2019（1）：19−25.
③ 哈贝马斯. 在事实与规范之间：关于法律和民主法治国的商谈理论 [M]. 童世骏，译. 北京：生活·读书·新知三联书店，2003：659.

众，充分调动他们的积极性，共同建设民族自治地方，教育和鼓励各民族的干部互相学习语言文字。汉族干部要学习当地少数民族的语言文字，少数民族干部在学习、使用本民族语言文字的同时，也要学习全国通用的普通话和规范文字。民族自治地方的国家工作人员，能够熟练使用两种以上当地通用的语言文字的，应当予以奖励。民族自治地方的自治机关帮助聚居在本地方的其他少数民族，建立相应的自治地方或者民族乡，帮助本地方各民族发展经济、教育、科学技术、文化、卫生、体育事业。照顾本地方散居民族的特点和需要，在处理涉及本地方各民族的特殊问题的时候，必须与他们的代表充分协商，尊重他们的意见。保障本地方内各民族公民都享有宪法规定的公民权利，并且教育他们履行公民应尽的义务。民族自治地方的自治机关要提倡爱祖国、爱人民、爱劳动、爱科学、爱社会主义的公德，对本地方内各民族公民进行爱国主义、共产主义和民族政策的教育。教育各民族的干部和群众互相信任，互相学习，互相帮助，互相尊重语言文字、风俗习惯和宗教信仰，共同维护国家的统一和各民族的团结。

第四节　上级国家机关的职责

上级国家机关有关民族自治地方的决议、决定、命令和指示，应当适合民族自治地方的实际情况；应当帮助、指导民族自治地方经济发展战略的研究、制定和实施，从财政、金融、物资、技术、人才等方面，帮助各民族自治地方加速发展经济、教育、科学技术、文化、卫生、体育等事业。

一、上级国家机关需要大力推动民族自治地区的经济发展

发展是解决民族地区各种问题的总钥匙。民族区域自治地区的经济是中国现代化建设的重要基础。我们社会主义国家，是要所有的兄弟民族地方、区域自治的地方，都现代化。全中国的现代化一定要全面地发展起来。① 国家要制定优惠政策，引导和鼓励国内外资金投向民族自治地方。上级国家机关在制定国民经济和社会发展计划的时候，应当照顾民族自治地方的特点和需要。国家根据统一规划和市场需求，优先在民族自治地方合理安排资源开发项目和基础设施建设项目。国家在重大基础设施投资项目中适当增加投资比重和政策性银行贷款比重，在民族自治地方安排基础设施建设，需要民族自治地方配套资金的，根据不同情况给予减少或者免除配套资金的照顾。国家帮助民族自治地方加快实用科技开发和成果转化，大力推广实用技术和有条

---

① 周恩来. 关于我国民族政策的几个问题 [M]. 北京：民族出版社，1980：23.

件发展的高新技术，积极引导科技人才向民族自治地方合理流动。国家向民族自治地方提供转移建设项目的时候，根据当地的条件，提供先进、适用的设备和工艺。

民族区域自治法第五十七条规定，国家根据民族自治地方的经济发展特点和需要，综合运用货币市场和资本市场，加大对民族自治地方的金融扶持力度。金融机构对民族自治地方的固定资产投资项目和符合国家产业政策的企业，在开发资源、发展多种经济方面的合理资金需求，应当给予重点扶持。国家鼓励商业银行加大对民族自治地方的信贷投入，积极支持当地企业的合理资金需求。

上级国家机关从财政、金融、人才等方面帮助民族自治地方的企业进行技术创新，促进产业结构升级。上级国家机关组织和鼓励民族自治地方的企业管理人员和技术人员到经济发达地区学习，同时引导和鼓励经济发达地区的企业管理人员和技术人员到民族自治地方的企业工作。

民族区域自治法第五十九条规定，国家设立各项专用资金，扶助民族自治地方发展经济文化建设事业。同时，国家设立的各项专用资金和临时性的民族补助专款，任何部门不得扣减、截留、挪用，不得用以顶替民族自治地方的正常的预算收入。第六十条规定，上级国家机关根据国家的民族贸易政策和民族自治地方的需要，对民族自治地方的商业、供销和医药企业，从投资、金融、税收等方面给予扶持。第六十一条规定，国家制定优惠政策，扶持民族自治地方发展对外经济贸易，扩大民族自治地方生产企业对外贸易经营自主权，鼓励发展地方优势产品出口，实行优惠的边境贸易政策。第六十二条规定，随着国民经济的发展和财政收入的增长，上级财政逐步加大对民族自治地方财政转移支付力度。通过一般性财政转移支付、专项财政转移支付、民族优惠政策财政转移支付以及国家确定的其他方式，增加对民族自治地方的资金投入，用于加快民族自治地方经济发展和社会进步，逐步缩小与发达地区的差距。第六十三条规定，上级国家机关在投资、金融、税收等方面扶持民族自治地方改善农业、牧业、林业等生产条件和水利、交通、能源、通信等基础设施；扶持民族自治地方合理利用本地资源发展地方工业、乡镇企业、中小企业以及少数民族特需商品和传统手工业品的生产。第六十四条规定，上级国家机关应当组织、支持和鼓励经济发达地区与民族自治地方开展经济、技术协作和多层次、多方面的对口支援，帮助和促进民族自治地方经济、教育、科学技术、文化、卫生、体育事业的发展。

国家在民族自治地方开发资源、进行建设的时候，应当照顾民族自治地方的利益，作出有利于民族自治地方经济建设的安排，照顾当地少数民族的生产和生活。国家采取措施，对输出自然资源的民族自治地方给予一定的利益补偿。国家引导和鼓励经济发达地区的企业按照互惠互利的原则，到民族自治地方投资，开展多种形式的经济合作。

二、上级国家机关需要认真推进民族自治地区的全面发展

民族地区的发展首先必须重视生态环境的保护。上级国家机关应当把民族自治地方的重大生态平衡、环境保护的综合治理工程项目纳入国民经济和社会发展计划，统一部署。民族自治地方为国家的生态平衡、环境保护作出贡献的，国家给予一定的利益补偿。任何组织和个人在民族自治地方开发资源、进行建设的时候，要采取有效措施，保护和改善当地的生活环境和生态环境，防治污染和其他公害。

民族区域自治法第六十八条规定，上级国家机关隶属的在民族自治地方的企业、事业单位依照国家规定招收人员时，优先招收当地少数民族人员。在民族自治地方的企业、事业单位，应当尊重当地自治机关的自治权，遵守当地自治条例、单行条例和地方性法规、规章，接受当地自治机关的监督。根据第六十八条，上级国家机关非经民族自治地方自治机关同意，不得改变民族自治地方所属企业的隶属关系。根据第六十九条，国家和上级人民政府应当从财政、金融、物资、技术、人才等方面加大对民族自治地方的贫困地区的扶持力度，帮助贫困人口尽快摆脱贫困状况，实现小康。

中华民族共同体意识从"自在"、"自觉"到"自强"的发展过程中，教育发挥了非常重要的作用。所以，民族区域自治法第七十条规定，上级国家机关帮助民族自治地方从当地民族中大量培养各级干部、各种专业人才和技术工人；根据民族自治地方的需要，采取多种形式调派适当数量的教师、医生、科学技术和经营管理人员，参加民族自治地方的工作，对他们的生活待遇给予适当照顾。第七十一条规定，国家加大对民族自治地方的教育投入，并采取特殊措施，帮助民族自治地方加速普及九年义务教育和发展其他教育事业，提高各民族人民的科学文化水平。国家举办民族高等学校，在高等学校举办民族班、民族预科，专门或者主要招收少数民族学生，并且可以采取定向招生、定向分配的办法。高等学校和中等专业学校招收新生的时候，对少数民族考生适当放宽录取标准和条件，对人口特少的少数民族考生给予特殊照顾。各级人民政府和学校应当采取多种措施帮助家庭经济困难的少数民族学生完成学业。国家在发达地区举办民族中学或者在普通中学开设民族班，招收少数民族学生实施中等教育。国家帮助民族自治地方培养和培训各民族教师。国家组织和鼓励各民族教师和符合任职条件的各民族毕业生到民族自治地方从事教育教学工作，并给予他们相应的优惠待遇。第七十二条规定，上级国家机关应当对各民族的干部和群众加强民族政策的教育，经常检查民族政策和有关法律的遵守和执行。

【思考题】

1. 分析民族区域自治的中国特色。

2. 如何理解民族区域自治法规定的民族自治机关的自治权？

第九章　宗教事务管理法律法规及去极端化

　　作为一种社会特殊意识形态的宗教有其产生及其演变的历史，在人类社会中扮演着重要角色。从其社会功能而言，一方面为社会发展起到了良好的促进作用，主要体现为在社会道德教化方面，扬善抑恶不仅有助于提升民众的道德水平，而且会形成较好的社会示范效应；另一方面宗教因其自身的复杂性、群众性、民族性、国际性以及长期性，往往在内外因素的影响下引发诸多社会问题，危害到地区稳定乃至国家安全。改革开放伊始，特别是党的十八大以来，我国对宗教事务的管理整体上沿着从政策主导向依法管理的主线不断发展完善。以《宗教事务条例》颁布、修改为标志，我国初步形成了以宪法为核心，涵盖基本法律、行政法规、部门规章、地方性法规及地方政府规章为主要形式的宗教事务依法管理格局。同时以习近平同志为核心的党中央在遵循马克思主义宗教观基础上，依据我国国情教情因时制宜、因地制宜召开宗教工作会议，对宗教以及宗教问题形成科学认识与准确研判，为深入推进宗教事务管理法治化建设及依法开展去极端化斗争奠定了坚实基础。

第一节　宗教事务管理法律法规概述

　　全面依法治国是中国共产党领导人民治理国家的基本方略，是社会文明进步的显著标志，在党的二十大报告中，习近平总书记就全面依法治国和宗教工作均作出重要论述，在此时代背景与现实国情下，坚持我国宗教中国化方向，全面提升我国宗教事务管理水平，务必要将其纳入到法治化轨道，这也是国家长治久安的必要保障。《宗教事务条例》、《互联网宗教信息服务管理办法》、《宗教团体管理办法》、《宗教教职人员管理办法》、《宗教活动场所管理办法》以及《新疆维吾尔自治区去极端化条例》等这些行政法规、规章、地方性法规的颁布实施，不仅反映了党和政府在新的历史时期对宗教关系和宗教发展规律的深刻认识与判断，而且进一步健全了我国宗教事务管理法治化建设，为中国特色社会主义法律体系的构建与完善作出了重要贡献。

一、宗教、宗教信仰自由、宗教中国化、宗教极端主义概念

（一）宗教

党的十八大以来，党中央高度重视宗教工作并提出一系列关于宗教工作的新理念新举措，回答了新时代怎样认识宗教、怎样处理宗教问题、怎样做好党的宗教工作等重大理论和实践问题。一般而言，人们对宗教的认知多带有神秘而又敏感的色彩。客观上，自古以来，人们关于宗教一词的内涵并没有统一的界定，原因在于古今中外国情、政治、风俗以及文化立场的迥异，正如近代宗教学奠基人弗雷德里赫·麦克斯·缪勒（1823—1900）所言，"各种宗教定义从其出现不久，立刻就会激起另一个断然否定它的定义。看来，世界上有多少宗教，就会有多少宗教的定义，而坚持不同宗教定义的人们之间的敌意，几乎不亚于信仰不同宗教的人们之间的对立"。① 但是，坚持以马克思主义为根本指导，为我们认知宗教以及把握宗教本质指明了方向，也为做好新时代我国宗教工作提供了根本遵循，原因在于马克思主义对待宗教的策略都是从辩证唯物主义中得出来的直接的和必然的结论，马克思主义在宗教问题上的政治路线是同它的哲学原理有密切关系的。② 马克思、恩格斯科学地以辩证唯物主义和历史唯物主义为视角去阐释宗教现象以及宗教问题，在此基础上形成了马克思主义宗教观。

马克思主义宗教观始终贯穿的主线是以宗教赖以存在社会经济基础去审视与解决宗教问题，一切宗教都不过是支配着人们日常生活的外部力量在人们头脑中的幻想的反映，在这种反映中，人间的力量采取了超人间的力量的形式。③ 马克思主义宗教观认为宗教是人类社会发展到一定阶段的历史现象，国家、社会产生了宗教即颠倒的世界观，因为它们本身就是颠倒了的世界。④ 作为社会现象的一种，宗教有其产生、发展与消亡的客观规律，宗教本身是没有内容的，它的根源不是在天上，而是在人间，随着以宗教为理论的被歪曲了的现实的消灭，宗教也将自行消灭。⑤ 换言之，这种客观规律不能用行政命令抑或其他强制手段人为地对之消灭，也不能用行政力量去发展宗教。马克思主义宗教观为党中央正确认知和解决宗教问题提供了理论支撑，也是中国特色社会主义宗教理论的源头活水。在此基础上，可将宗教界定为关于超人间、超

① 吕大吉. 宗教是什么？——宗教的本质基本要素及其逻辑结构［J］. 世界宗教研究，1998（2）：1 - 20.

② 列宁. 列宁专题文集·论无产阶级政党［M］. 北京：人民出版社，2009：174.

③ 马克思恩格斯选集（第 3 卷）［M］. 北京：人民出版社，1972：354.

④ 马克思恩格斯选集（第 1 卷）［M］. 北京：人民出版社，1972：2.

⑤ 马克思恩格斯选集（第 27 卷）［M］. 北京：人民出版社，1972：436.

自然力量的一种颠倒世界观以及因此对之表示信仰的行为与相应制度，是涵括这种意识、行为以及制度并使之规范化的一种特殊社会现象。早在 1982 年 3 月 31 日中共中央印发的《关于我国社会主义时期宗教问题的基本观点和基本政策》就明确指出"宗教是人类社会发展一定阶段的历史现象，有它发生、发展和消亡的过程。宗教信仰，宗教感情，以及同这种信仰和感情相适应的宗教仪式和宗教组织，都是社会的历史的产物"。宗教尽管是对现实世界的一种反映，但这种反映是颠倒的、扭曲的与虚幻的。宗教在社会主义社会将长期存在。总之，要把马克思主义基本原理同当代中国宗教工作实际和时代特点聚焦起来，构建与完善具有中国特色社会主义的宗教理论。

（二）宗教信仰自由

宗教信仰自由政策是党中央对待宗教问题的一项基本政策，其不仅源于马克思主义经典著作，而且经受住了国际共产主义运动以及我国新民主主义革命时期、社会主义革命时期、社会主义建设时期和改革开放以来的社会实践考验，并且在不同历史时期的法律规范、政策以及具体工作中有明确体现。整体而言，宗教信仰自由政策在党中央的宗教工作基本方针上处于基础性位置，也是对待宗教问题的一项长期基本政策。早在新民主主义革命时期，中华苏维埃于 1931 年召开的第一次全国代表大会上通过的《中华苏维埃共和国宪法大纲》明确规定："中国苏维埃政权以保证工农劳苦民众有真正的信教自由的实际为目的。"新中国成立后于 1954 年召开的第一届全国人民代表大会通过并颁布的新中国第一部宪法第八十八条明确规定"中华人民共和国公民有宗教信仰的自由"，并且在我国现行宪法第三十六条也是明确规定公民的这一基本权利。国务院新闻办公室于 2021 年 9 月 9 日发布的《国家人权行动计划（2021—2025 年）》指出切实保障公民权利和政治权利，其中包括"宗教信仰自由"。宗教信仰自由是指每个公民既有信仰宗教的自由，也有不信仰宗教的自由；有信仰这种宗教的自由，也有信仰那种宗教的自由；在同一宗教里面，有信仰这个教派的自由，也有信仰那个教派的自由；有过去不信教而现在信教的自由，也有过去信教而现在不信的自由。简言之，不仅要尊重和保护信教的自由，而且要尊重和保护不信教的自由。《宗教事务条例》第二条明确规定"信教公民和不信教公民、信仰不同宗教的公民应当相互尊重、和睦相处"。国务院新闻办 2021 年 8 月 12 日发表的《全面建成小康社会：中国人权事业发展的光辉篇章》白皮书明确指出我国公民的宗教信仰自由得到充分保障。任何国家机关、社会团体和个人不得强制公民信仰宗教或不信仰宗教，不得歧视信仰宗教的公民或不信仰宗教的公民。同时，为了充分尊重与保护公民宗教信仰自由的权利，宗教必须在宪法、法律以及政策允许的范围内活动，保护正常的宗教活动，制止与反对非法宗教活动。在思想层面，信仰宗教的自由隶属于个人隐私范畴，不涉及公共事务，从应然上是完全自由的，不应加以限制，但是当宗教信仰外化为具体行动时必须遵守法律、道德以及公序良俗的相关要求，不允许有法外之地、法外之人与法外之教。但是，在现实生活中依然存在着家族式强制信教、煽宣裹挟未成年人信教、随婚入教等极个别现象，特别是"教族捆绑"陋习在某种程度上潜移默化地破坏着宗教信仰自由政策。总之，无论是历史上还是现实生活中，宗教信仰自由政策均能够在最大程度上团结信教与不信教群众，他们在政治上以及经济上的根本利益是一致的，均为维护社会稳定和保障国家安全作出了重要贡献。

（三）宗教中国化

中国共产党自建党以来不断丰富与发展对宗教的认知，在立足国情与结合新的国内外形势基础上不断形成与完善新时代具有中国特色社会主义的宗教理论与政策，坚持我国宗教的中国化方向便是其重要组成部分与集中体现。习近平总书记在 2015 年中央统战工作会议上第一次作出"积极引导宗教与社会主义社会相适应，必须坚持中国化方向"的指示。一般意义上而言，我们可将宗教中国化的内涵界定为：存在于中国的所有宗教，其对教规教义的解读及其所从事的宗教活动均应符合中华民族的根本利益，认同社会主义核心价值观，并且能与当下中国的基本国情和时代发展相适应，服务于中国特色社会主义建设与发展，为国泰民安积极贡献力量。事实上，坚持我国宗教中国化方向是充分尊重宗教生存发展规律的必然要求，是积极引导宗教与社会主义社会相适应和全面提高新形势下宗教工作水平的重要任务与推动解决宗教领域突出问题的战略举措。"新时代党的宗教工作的政策底色和关键因素就是坚持我国宗教的中国化方向。"① 习近平总书记分别在 2016 年全国宗教工作会议和 2021 年全国宗教工作会议上强调坚持我国宗教中国化方向的重要性，并且写入党的十九大报告与党的二十大报告中。一般意义上而言，我们可将坚持我国宗教中国化方向理解为我国宗教要与社会发展同步、与时代进步同频，积极主动适应社会发展趋势，勇于履行责任，从而更好地服务社会。用社会主义核心价值观来引领和教育宗教界人士和信教群众，弘扬中华民族优良传统，用团结进步、和平宽容等观念引导广大信教群众，支持各宗教在保持基本信仰、核心教义、礼仪制度的同时，深入挖掘教义教规中有利于社会和谐、时代进步、健康文明的内容，对教规教义作出符合当代中国发展进步要求、符合中华优秀传统文化的阐释。宗教界人士和信教群众要加强对中国特色社会主义的认同，积极开展爱国主义教育，在总体国家安全观指引下解决新时期宗教问题，有针对性地加强党史、新中国史、改革开放史、社会主义发展史教育，引导宗教界人士和

---

① 黄超，张珍．中国共产党宗教信仰自由政策的百年创新与发展［J］．科学与无神论，2021（3）：11 – 20.

信教群众培育和践行社会主义核心价值观，弘扬中华文化。要坚持总体国家安全观，坚持独立自主自办原则，统筹推进相关工作。总之，坚持我国宗教中国化方向是以习近平同志为核心的党中央关于宗教工作重要论述的重大理论创新，是新时期积极引导宗教与社会主义社会相适应的重要途径。最为主要的是要与时俱进做好政治性基础工作，在社会主义核心价值观引领下，积极促进宗教界人士和信教群众对伟大祖国、中华民族、中华文化、中国共产党以及中国特色社会主义的认同，这是全面推进我国宗教中国化的最终目的与前提。

（四）宗教极端主义

20 世纪 90 年代以来，尤其是 2001 年美国"9·11"事件以后，受国际局势以及宗教极端主义全球滋生与蔓延的影响，曾在一段时期内，我国境内暴恐活动频发，"东突"势力在境内外相互勾连的基础上，打着宗教的幌子煽宣宗教极端主义，以此作为暴恐活动的思想基础，鼓吹通过"圣战"方式企图建立"东突厥斯坦"国家。当然，不能将宗教极端主义标签化，事实上，各种宗教在历史上均或多或少有过极端主义迹象。在认知宗教极端主义三要表现与把握其本质的基础上，通常意义上，我们可将宗教极端主义界定为利用宗教煽宣极端主张并以暴恐手段建立神权统治为政治目标的一种意识形态与行为体系。"一段时间以来，中国新疆地区深受民族分裂势力、宗教极端势力、暴力恐怖势力（简称"三股势力"）的叠加影响，恐怖袭击事件频繁发生，对各族人民生命财产安全造成极大危害，严重践踏了人类尊严。"[①] 宗教极端主义打着伊斯兰教旗号，本质上是反人类、反社会、反文明、反宗教的毒瘤，根本不是伊斯兰教。[②] 宗教极端主义煽动宗教狂热，撕裂族群与社会，损毁了宗教形象，主张以暴恐袭击的方式制造动乱，对人民生命财产以及国家安全造成了现实危害与潜在风险。

▶ 二、《宗教事务条例》的修订背景、内容结构、修订意义

法律是治国之重器，良法是善治之基础。依法提升对宗教事务管理的法治化水平，其中重要前提是坚持立法先行并不断提高立法质量，以法治的普遍性、统一性与科学性保障宗教事务管理的有效性与规范性，积极引导宗教与社会主义社会相适应，促进宗教事务治理体系与治理能力的现代化。改革开放伊始，我国对宗教事务的管理工作逐步走向了法治化轨道，除了作为根本大法的宪法规定了公民享有宗教信仰自由

---

① 中华人民共和国国务院新闻办公室. 新疆的反恐、去极端化斗争与人权保障. ［EB/OL］.（2019 - 03 - 18）［2024 - 07 - 19］https：//www. gov. cn/zhengce/2019 - 03/18/content_ 5374643. htm.

② 新疆维吾尔自治区伊斯兰教协会. 新疆宗教信仰自由状况报告［EB/OL］.（2020 - 11 - 03）［2024 - 07 - 19］. https：//www. xinjiang. cn/xinjiang/xjyw/202011/6c9f03e3db504ab6813405201a0b0a73. shtml.

权利等相关权利外,《中华人民共和国境内外国人宗教活动管理规定》、《宗教活动场所管理条例》、《宗教社会团体登记管理实施办法》,以及《宗教活动场所登记办法》等一系列单行法规和规章逐步被颁布,特别是 2004 年我国第一部事关宗教事务的综合性行政法规《宗教事务条例》的颁布,在我国依法管理宗教事务上是具有里程碑意义的。但是,在境内外政治、经济、文化、社会生活变化的态势下,宗教领域也出现了新的问题,例如,宗教活动的市场化特征日益突显等问题给依法管理宗教事务带来了新的挑战与要求。同时,作为具有中国特色社会主义法律体系重要组成部分的宗教事务法治化必须与党中央新时期宗教工作大政方针保持一致。鉴于此,为了更好地解决原有《宗教事务条例》在某些方面的空白性以及滞后性,更好地依法管理宗教事务,《宗教事务条例》已于 2017 年 6 月 14 日国务院第 176 次常务会议修订通过,新修订的《宗教事务条例》自 2018 年 2 月 1 日起施行。

新修订的《宗教事务条例》体现了新时期依法管理宗教事务的针对性、系统性以及及时性,从内容结构而言,原《宗教事务条例》共有七章四十八条,涵盖了总则、宗教团体、宗教活动场所、宗教教职人员、宗教财产、法律责任以及附则。与此相对比,新修订的《宗教事务条例》涵盖了九章七十七条,具体包括总则、宗教团体、宗教院校、宗教活动场所、宗教教职人员、宗教活动、宗教财产、法律责任以及附则。新增的两章二十九条,集中体现了 2016 年全国宗教工作会议精神以及党的十八大以来习近平总书记关于宗教工作的相关指示,结合时代特点对原有的宗教事务管理经验与方法进行了守正创新。新增了"宗教院校"和"宗教活动"两章,这一变化首先反映了宗教院校工作的重要性,同时也反映了以宗教团体为核心的宗教事务管理体制的细微变化。[①] 例如宗教院校担负着培养爱国爱教的宗教人才重任,具体到宗教院校的设立以及管理方面必须要有相应的法治化管理制度,有必要的办学资金和稳定的经费来源等。之前,国家在涉及宗教院校和宗教活动方面也颁布了相应法律规范,例如《宗教院校设立办法》《宗教院校教师资格认定和职称评审聘任办法(试行)》,此次新修订的《宗教事务条例》对上述规定进行了相应确定,使之更加体系化与统一化。国家依法保护正常的宗教活动,同时明确规定任何组织或者个人不得利用宗教破坏民族团结、分裂国家和进行恐怖活动等。针对新时期利用网络虚拟化空间实施非法宗教活动多而杂的突出问题,新修订的《宗教事务条例》对此作出了明确规定,例如第四十八条规定互联网宗教信息服务的内容应当符合有关法律法规、规章和宗教事务管理的规定。

新修订的《宗教事务条例》更加科学合理,无论是在贯彻全国宗教工作会议精

---

① 董栋. 关于新修订《宗教事务条例》部分条款的理论分析 [J]. 世界宗教文化, 2018(1):5-7+96.

神以及党中央关于宗教工作重要举措上还是与时俱进在保障宗教信仰自由、规范宗教事务管理、服务改革发展稳定大局等方面都发挥了重要作用。具体而言，可从以下两个方面认知其意义。首先，新修订的《宗教事务条例》有助于提升依法管理宗教事务的水平。宗教问题事关地区稳定与国家安全，对其依法管理虽然早已提上日程，例如在宪法以及相关法律规范中有相应的规定，但呈现出分散性这一突出特征。新修订的《宗教事务条例》在承继原《宗教事务条例》的基础上将近年来修订的例如刑法以及制定的例如反恐怖主义法、国家安全法等法律规范涉及宗教问题的内容进行整合，为新时期依法管理宗教事务提供了依据，完善了宗教事务方面的立法体系和具体制度，有利于运用法治思维和法治方式妥善处理宗教事务问题，有利于提升宗教工作法治化水平①。其次，新修订的《宗教事务条例》契合了新时期宗教工作现实需要。当前国际形势波诡云谲，国内正处于社会转型期，宗教领域问题也是错综复杂。以美国为首的西方国家利用宗教的国际性以及民族性等特点在国际社会摇唇鼓舌企图干涉我国内政，宗教意识形态渗透问题不容小觑，同时宗教商业化乱象不是个案现象以及个别地区非法宗教活动屡禁不止等，这些类似问题的出现突显了旧《宗教事务条例》局限性。此次修订有针对性地将以习近平同志为核心的党中央关于新时期宗教工作的部署与指示法治化，对妥善处理宗教工作实践问题有很强的针对性，为在未来一段时期中构建积极健康的宗教关系，依法正确处理宗教领域各种矛盾和问题提供了切实保障②。

▶ 三、宗教事务管理坚持的原则

新修订的《宗教事务条例》是做好新形势下依法管理宗教事务的重要依据与法治中国的重要体现，是把依法管理宗教事务作为处理宗教事务的基本方式与根本遵循，其坚持的原则体现如下：

第一，公民有宗教信仰自由，国家依法保护正常的宗教活动，积极引导宗教与社会主义社会相适应，维护宗教团体、宗教院校、宗教活动场所和信教公民的合法权益的原则。概言之，宗教信仰是公民个人的私事，任何组织或者个人不得强制公民信仰宗教或者不信仰宗教，不得歧视信仰宗教的公民或者不信仰宗教的公民。信教公民和不信教公民、信仰不同宗教的公民应当相互尊重、和睦相处。

第二，保护合法、制止非法、遏制极端、抵御渗透、打击犯罪原则。既要保护信教群众的合法权益，也要保护不信教群众的合法权益。制止非法是保护合法的一体两

---

① 张建文，高完成. 新修订《宗教事务条例》出台的背景、意义及亮点 [J]. 中国宗教，2017 (11)：33 – 35.

② 冯玉军. 新修订《宗教事务条例》出台的意义、内容与前景 [J]. 中国宗教，2017 (10)：45 – 47.

面，只有非法宗教活动得到有效制止，才能实现宗教活动规范有序开展。同时坚持我国宗教中国化方向，引导广大信教群众正信正行，自觉抵制极端思想，防范暴恐活动发生。此外要警惕境外敌对势力利用宗教对我国实施"西化""分化"战略，加大对宗教领域违法犯罪活动的处罚力度，坚守依法管理宗教事务的底线。

第三，各宗教坚持独立自主自办的原则。宗教团体、宗教院校、宗教活动场所和宗教事务不受外国势力的支配。概言之，中国的宗教事务由中国信教公民自主办理，由自己的组织如宗教团体、宗教院校和宗教活动场所进行管理，同时中国的宗教团体、宗教院校、宗教活动场所和宗教事务绝不能在组织上、经济上依附于外国势力，绝不允许外国势力利用宗教干涉我国内政。

第二节　宗教事务管理法律法规的主要内容

我国对宗教事务的依法管理日益走向完善化与体系化轨道，在宪法以及《宗教事务条例》奠定依法管理宗教事务基础上，《互联网宗教信息服务管理办法》、《宗教团体管理办法》、《宗教教职人员管理办法》，以及《宗教活动场所管理办法》等法律规范从更加微观角度对宗教团体、宗教院校、宗教活动场所、宗教教职人员、宗教活动、宗教财产、互联网宗教信息服务许可与管理以及法律责任进行了具体性的法律规定，更便于依法管理宗教事务实践工作的开展。

一、宗教团体、宗教院校

宗教团体是一个由信教公民自愿组成，按照国家有关社会团体登记管理的规定在民政部门依法登记，并按照经核准的章程开展活动的非营利性社会组织。就宗教团体的定性而言，依据《社会团体登记管理条例》第二条关于社会团体的界定，社会团体是指中国公民自愿组成，为实现会员共同意愿，按照其章程开展活动的非营利性社会组织，宗教团体也是一个非营利性社会组织。法律登记是国家确定社会团体合法性的基本形式，更是社会团体取得社会承认的法定路径，宗教团体也必须进行法律登记。"宗教团体的成立、变更和注销，应当依照国家社会团体管理的有关规定办理登记"[1]。依据《宗教事务条例》[2] 第六条规定，政府宗教事务部门依法对涉及国家利

---

[1] 本书编写组．新修订《宗教事务条例》释义（二）[J]．中国宗教，2017（12）：62－65.

[2] 除非特别指出，文中所引均为2018年2月1日颁布实施的《宗教事务条例》。

益和社会公共利益的宗教事务进行行政管理。可见宗教团体的业务主管单位是政府宗教事务部门，宗教团体的登记管理机关是政府民政部门。政府宗教事务部门依法以及依据章程对宗教团体实施监督管理。《社会团体登记管理条例》第五条也规定国家保护社会团体，依照法律、法规及其章程开展活动，任何组织和个人不得非法干涉。同理，宗教团体在章程规定的范围内开展活动受法律保护，任何组织和个人不得非法干涉，当然宗教团体开展的活动不得超出章程规定的业务范围，否则要受到相应处罚。依据《宗教事务条例》第八条规定，宗教团体的职能主要包括协助人民政府贯彻落实法律、法规、规章和政策，维护信教公民的合法权益以及法律、法规、规章和宗教团体章程规定的其他职能。总之，宗教团体是我们党和政府团结、联系宗教界人士和广大信教群众的桥梁和纽带，在新中国建设、改革以及发展进程中扮演着重要角色、发挥着重要作用，是我国妥善处理宗教问题、积极引导宗教与社会主义社会相适应，依法管理宗教事务的重要保障。

宗教院校是指宗教团体举办的培养宗教教职人员和宗教方面其他专门人才的全日制教育机构。"依据我国宪法精神，我国实行教育与宗教相分离的原则，在国民教育学校及其他教育机构不得开展宗教教育"①。正如宪法第十九条规定，国家举办各种学校，普及初等义务教育，发展中等教育、职业教育和高等教育并且发展学前教育。但是，根据目前国情以及教情的实际情况，宗教界内部实施宗教教育，培养宗教教职人员是其合法权益，理应予以保护和支持。同时，鉴于宗教院校教育未纳入国民教育体系，《中华人民共和国教育法》第八十四条规定宗教学校教育由国务院另行规定。在此基础上，《宗教事务条例》对宗教院校作了特别规定，设立宗教院校应当由全国性宗教团体向国务院宗教事务部门提出申请，或者由省、自治区、直辖市宗教团体向拟设立的宗教院校所在地的省、自治区、直辖市人民政府宗教事务部门提出申请，除此之外，任何组织或者个人均不得设立宗教院校。设立宗教院校应当有明确的培养目标、办学章程和课程设置计划以及有专职的院校负责人、合格的专职教师和内部管理组织等。同时《宗教事务条例》明确了宗教院校可以依法申请法人资格，这不仅有利于宗教院校自主开展民事活动，而且有助于宗教院校加强自身管理，当然也便于政府对其监管。

二、宗教活动场所、宗教教职人员

宗教活动场所是指依照《宗教事务条例》等规定登记的寺院、宫观、清真寺、教堂和其他固定宗教活动处所。为了规范宗教活动场所管理，保护正常的宗教活动，

① 本书编写组．新修订《宗教事务条例》释义（三）［J］．中国宗教，2018（1）：66-70．

维护宗教活动场所和信教公民的合法权益，《宗教活动场所管理办法》已于 2023 年 6 月 29 日经国家宗教事务局按规定程序审议通过并公布，自 2023 年 9 月 1 日起施行。整体而言，宗教活动场所分为寺院、宫观、清真寺、教堂和其他固定宗教活动处所两大类。具体而言，寺院包括佛教寺、庙、宫、庵、禅院等；宫观包括道教的宫、观、祠、庙、府、洞等；清真寺，即伊斯兰教信徒进行集体宗教活动的场所；教堂，即天主教、基督教信徒进行集体宗教活动的场所。为便于称谓和依法管理，寺院、宫观、清真寺、教堂往往可简称为寺观教堂。顾名思义，其他固定宗教活动处所主要是指除寺观教堂以外，供信教公民经常进行集体宗教活动的固定活动场所。"与寺观教堂相比，其他固定宗教活动处所规模一般较小，参加宗教活动的信徒较少，有些不像寺院、宫观、清真寺、教堂那样具有符合本宗教规制的完整建筑，只是在一般的房屋中进行活动。"① 换言之，信教公民有进行经常性集体宗教活动需要，尚不具备条件申请设立宗教活动场所的，由信教公民代表向县级人民政府宗教事务部门提出申请，县级人民政府宗教事务部门征求所在地宗教团体和乡级人民政府意见后，可以为其指定临时活动地点。这里强调的是公民经常进行集体宗教活动的处所，从规模角度而言，通常要比寺观教堂小。同时，在县级人民政府宗教事务部门指导下，所在地乡级人民政府对临时活动地点的活动进行监管。

宗教教职人员是指依法取得宗教教职人员资格、可以从事宗教教务活动的人员。常见的宗教教职人员有汉传佛教的比丘、比丘尼、道教的道士、伊斯兰教的阿訇、毛拉以及基督教神父、牧师等。宗教教职人员经宗教团体认定，报县级以上人民政府宗教事务部门备案，可以从事宗教教务活动。例如藏传佛教活佛传承继位，在佛教团体的指导下，依照宗教仪轨和历史定制办理，报省级以上人民政府宗教事务部门或者省级以上人民政府批准。再如天主教的主教由天主教的全国性宗教团体报国务院宗教事务部门备案。换言之，未取得或者已丧失宗教教职人员资格的，不得以宗教教职人员的身份从事活动。宗教教职人员必须爱国爱教，拥护中国共产党的领导，拥护社会主义制度，遵守宪法、法律、法规和规章，践行社会主义核心价值观，坚持我国宗教独立自主自办原则，坚持我国宗教中国化方向，维护国家统一、民族团结、宗教和睦与社会稳定。依据《宗教教职人员管理办法》第十二条规定，宗教教职人员不得危害国家安全、公共安全，宣扬、支持、资助宗教极端主义，破坏民族团结、分裂国家，进行恐怖活动或者参与相关活动以及其他违背宗教独立自主自办原则的行为以及不得以宗教名义进行商业宣传以及其他违反法律、法规和规章的行为。权利与义务是相统一的，宗教教职人员依法享有的权利有主持宗教活动、举行宗教仪式、从事宗教典籍

---

① 本书编写组．新修订《宗教事务条例》释义（四）［J］．中国宗教 2018（2）：68－72.

整理、进行宗教教义教规和宗教文化研究以及法律、法规和规章规定的其他权利。宗教教职人员依法必须履行的义务是维护国家利益和社会公共利益，在法律、法规和规章规定的范围内开展活动以及法律、法规和规章规定的其他义务。宗教事务部门依法对宗教教职人员进行行政管理，保护宗教教职人员合法权益，指导宗教团体、宗教院校和宗教活动场所培养、管理宗教教职人员，引导宗教教职人员在促进社会发展中发挥积极作用。

▶▶ 三、宗教活动、宗教财产

宗教活动从整体而言可分为个人性宗教活动和集体性宗教活动，常见的个人性宗教活动主要是依据宗教习惯，信教公民在自己家里从事的宗教活动，例如祈祷、诵经、礼拜、封斋等。集体性宗教活动通常是应当在宗教活动场所内举行，由宗教活动场所、宗教团体或者宗教院校组织，由宗教教职人员或者符合宗教规定的其他人员主持，按照教义教规进行的活动。事实上，无论是个人性宗教活动还是集体性宗教活动都必须依法实施，例如绝对不能干涉他人宗教信仰自由，强迫或变相强迫他人信教或以宗教活动为借口干涉他人正常的生活与工作。相比较而言，集体性宗教活动更要遵守法律规范，因其参加的人数较多且复杂，一方面需要信教群众自觉服从宗教活动场所的组织，例如任何组织或个人不得利用宗教活动场所进行危害国家安全、破坏社会秩序、损害公民身体健康、妨碍国家教育制度、违背公序良俗，以及其他损害国家利益、社会公共利益和公民合法权益的活动。"依法规制非法宗教活动、遏制宗教极端思想渗透、打击宗教极端主义活动，是保护公民宗教信仰自由、保障正常宗教活动的前提条件。"① 另一方面对宗教活动场所以及组织者提出更高要求，例如宗教活动场所管理组织成员不仅要拥护中国共产党的领导和社会主义制度、遵守宪法、法律、法规、规章和宗教事务管理的相关规定，而且要具备一定的宗教知识和组织管理能力，作风要端正、为人要正派、办事要公道、责任心要强等。国家依法保护正常的宗教活动，依法打击与预防非法宗教活动，有违反治安管理行为的，依法给予治安管理处罚，构成犯罪的，依法追究刑事责任，例如严厉打击宣扬、支持、资助宗教极端主义，破坏民族团结、分裂国家和进行恐怖活动或者参与相关活动的行为。

宗教财产主要是指依法为宗教团体、宗教院校、宗教活动场等所有者管理、使用的合法收入。常见的宗教财产有房屋、构筑物、土地、文物、宗教用品以及宗教性收入，例如祭奠收入、香金、诵经费、香客住宿费等。宗教财产依法受法律保护，例

---

① 肖建飞. 修订前后《宗教事务条例》法律责任条款设置的变化 [J]. 科学与无神论，2019（3）：10 - 20.

如《宗教事务条例》第五十条规定，宗教团体、宗教院校、宗教活动场所合法使用的土地，合法所有或者使用的房屋、构筑物、设施，以及其他合法财产、收益，受法律保护。换言之，任何组织或者个人不得侵占、哄抢、私分、损毁或者非法查封、扣押、冻结、没收、处分宗教团体、宗教院校、宗教活动场所的合法财产，不得损毁宗教团体、宗教院校、宗教活动场所占有、使用的文物。土地等不动产使用权是宗教团体、宗教院校、宗教活动场所进行正常宗教活动的基础保障。为防止其所使用的土地被侵占或被以其他形式损害，切实维护宗教界合法权益，宗教团体、宗教院校、宗教活动场所所有的房屋和使用的土地等不动产，应当依法向县级以上地方人民政府不动产登记机构申请不动产登记，领取不动产权证书；产权变更、转移的，应当及时办理变更、转移登记。涉及宗教团体、宗教院校、宗教活动场所土地使用权变更或者转移时，不动产登记机构应当征求本级人民政府宗教事务部门的意见。因为宗教团体、宗教院校、宗教活动场所是非营利性组织，即宗教团体、宗教院校、宗教活动场所是为了满足信教公民的宗教信仰需要而不是以营利为目的成立的社会组织，所以其财产和收入应当用于与其宗旨相符的活动以及公益慈善事业，不得用于分配。我国公民有宗教信仰自由，但是没有自由传教的自由，宗教团体、宗教院校、宗教活动场所、宗教教职人员可以依法兴办公益慈善事业，但不得利用公益慈善活动传教，同时，严厉禁止以宗教名义进行商业宣传。利用宗教进行商业宣传与营销，其本质已经背离了宗教本质，实质上是借教敛财，一方面违背了宗教组织的非营利性质，另一方面极大地损害了宗教界合法权益，有损于宗教领域的和谐稳定与社会正常发展。宗教团体、宗教院校、宗教活动场所可以按照国家有关规定接受境内外组织和个人的捐赠，用于与其宗旨相符的活动。依据《社会团体登记管理条例》第二十六条第三款规定，社会团体接受捐赠、资助，必须符合章程规定的宗旨和业务范围，必须根据与捐赠人、资助人约定的期限、方式和合法用途使用。社会团体应当向业务主管单位报告接受、使用捐赠、资助的有关情况，并应当将有关情况以适当方式向社会公布。当然，宗教团体、宗教院校、宗教活动场所也可以接受捐赠，但是这种捐赠不得附条件，因为我国宗教坚持独立自主自办原则，不受外国势力支配，无论是在组织上还是在经济上不依赖或依附于境外势力。宗教团体、宗教院校、宗教活动场所可以按照宗教习惯接受公民的捐赠，但不得强迫或者摊派，充分体现对公民宗教信仰自由权利的尊重与保护。简言之，公民捐赠完全是一种自愿行为。对宗教财产的所有、管理及使用等要遵守法律规范，例如宗教团体、宗教院校、宗教活动场所应当执行国家统一的财务、资产、会计制度，向所在地县级以上人民政府宗教事务部门报告财务状况、收支情况和接受、使用捐赠情况，接受其监督管理，并以适当方式向信教公民公布。

▶ 四、互联网宗教信息服务许可与管理

时至今日，互联网已经深入到人们的日常生活之中，网络信息也是无处不在，但是网络空间不是"宗教活动特区"，更不是依法管理宗教事务的法外之地，"网络提供的虽然是虚拟的空间和环境，但仍然是现实生活的延伸，网络空间并非法外之地，也要接受一般性法律法规和互联网领域专门立法的约束"①。《中华人民共和国网络安全法》《互联网信息服务管理办法》《宗教事务条例》等相关法律法规对涵盖宗教信息的相关事项作了相应规定，为了更加有针对性规范互联网宗教信息服务，保障公民宗教信仰自由，《互联网宗教信息服务管理办法》已经由国家宗教事务局按规定程序审议通过，并经国家互联网信息办公室、工业和信息化部、公安部、国家安全部同意并予以公布，自2022年3月1日起施行。《互联网宗教信息服务管理办法》对互联网宗教信息服务许可与管理等相关事项作了具体规定。

首先，从概念的角度而言，互联网宗教信息服务是指包括互联网宗教信息发布服务、转载服务、传播平台服务以及其他与互联网宗教信息相关的服务。互联网宗教信息服务许可是指通过互联网站、应用程序、论坛、博客、微博客、公众账号、即时通信工具、网络直播等形式，以文字、图片、音视频等方式向社会公众提供宗教教义教规、宗教知识、宗教文化、宗教活动等信息的服务都必须依法依规实施。换言之，并非所有的主体都能获得通过互联网实施传播等有关宗教信息的资格，必须具备申请人是在中华人民共和国境内依法设立的法人组织或者非法人组织，其法定代表人或者主要负责人是具有中国国籍的内地居民，有熟悉国家宗教政策法规和相关宗教知识的信息审核人员，有健全的互联网宗教信息服务管理制度以及申请人及其法定代表人或者主要负责人近3年内无犯罪记录、无违反国家宗教事务管理有关规定等条件。此外，境外组织或者个人及其在境内成立的组织不得在境内从事互联网宗教信息服务。

其次，互联网宗教信息服务管理坚持保护合法、制止非法、遏制极端、抵御渗透、打击犯罪的原则。依据《互联网宗教信息服务管理办法》第十四条规定，互联网宗教信息不得含有利用宗教煽动颠覆国家政权、反对中国共产党的领导，破坏社会主义制度、国家统一、民族团结和社会稳定，宣扬极端主义、恐怖主义、民族分裂主义和宗教狂热的，以及有关法律、行政法规和国家规定禁止的其他内容的信息。即使取得《互联网宗教信息服务许可证》的宗教团体、宗教院校和寺观教堂，可以且仅限于通过其依法自建的互联网站、应用程序、论坛等由宗教教职人员、宗教院校教师讲经讲道，阐释教义教规中有利于社会和谐、时代进步、健康文明的内容，引导信教

---

① 王海全.《互联网宗教信息服务管理办法》颁布实施的重大意义及贯彻落实的对策建议［J］. 世界宗教文化，2022（4）：22 – 29.

公民爱国守法。参与讲经讲道的人员实行实名管理。特别是宗教学校，可以且仅限于通过其依法自建的专用互联网站、应用程序、论坛等开展面向宗教院校学生、宗教教职人员的宗教教育培训。专用互联网站、应用程序、论坛等对外须使用虚拟专用网络连接，并对参加教育培训的人员进行身份验证。未取得《互联网宗教信息服务许可证》的互联网信息传播平台，应当加强平台注册用户管理，不得为用户提供互联网宗教信息发布服务。

最后，规定了明确的法律责任。从事互联网宗教信息服务的，应当遵守宪法、法律、法规和规章，践行社会主义核心价值观，坚持我国宗教独立自主自办原则，坚持我国宗教中国化方向，积极引导宗教与社会主义社会相适应，维护宗教和顺、社会和谐、民族和睦。互联网宗教信息传播平台注册用户违反规定的，由宗教事务部门会同网信部门、公安机关责令互联网宗教信息传播平台提供者依法依约采取警示整改、限制功能直至关闭账号等处置措施。同时违反《互联网宗教信息服务管理办法》和《互联网信息服务管理办法》及国家对互联网新闻信息服务、互联网视听节目服务、网络出版服务等相关管理规定的，由宗教事务部门、网信部门、电信主管部门、公安机关、广播电视主管部门、电影主管部门、出版主管部门等依法处置。此外，还包括国家工作人员在互联网宗教信息服务管理工作中滥用职权、玩忽职守、徇私舞弊的，依法给予处分等。

总之，随着以自媒体为代表的网络社会的迅猛发展，有关涉宗教内容的互联网站、论坛以及网络直播现象日益常见，主流现象是值得肯定的，但也存在打着宗教旗号在网络虚拟空间从事违法犯罪的现象，例如发表违背党中央的宗教政策言论，甚至利用宗教煽动宗教狂热、宣扬宗教极端思想、欺骗与蛊惑少数不明真相群众策划暴恐活动等，对国家安全造成了现实危害与潜在风险。对此，依法加强与完善互联网宗教信息服务许可与管理，对确保我国网络安全和意识形态安全具有重大意义。

第三节　极端主义与去极端化

当前，面对极端主义的严峻挑战，任何国家都不可能独善其身。新疆是我国反恐怖斗争的前沿阵地，其去极端化斗争是国际反恐斗争的重要组成部分，并为此作出了重要贡献。涉疆问题根本不是人权、民族、宗教问题，而是反暴恐和去极端化问题。[1] 近

---

[1]　人民日报评论员：新疆反恐和去极端化成果不容污蔑［EB/OL］．（2020 - 06 - 21）［2024 - 07 - 19］．http：//news. china. com. cn/2020 - 06/21/content_ 76187071. htm.

年来，新疆依法开展去极端化斗争，取得了重要阶段性成果，维护了社会稳定与保障了国家安全，但"三股势力"及其影响依然存在，"东突"势力依然在伺机制造事端，去极端化斗争形势依然严峻复杂，为了遏制和消除极端化，防范极端化侵害，实现社会稳定和长治久安，根据《中华人民共和国宪法》、《中华人民共和国反恐怖主义法》、国务院《宗教事务条例》等有关法律、法规，同时结合新疆维吾尔自治区实际，《新疆维吾尔自治区去极端化条例》于 2017 年 3 月 29 日由新疆维吾尔自治区第十二届人民代表大会常务委员会第二十八次会议通过，根据 2018 年 10 月 9 日新疆维吾尔自治区第十三届人民代表大会公告修正。《新疆维吾尔自治区去极端化条例》是一部具有重大而又深远影响的地方性法规，不仅为预防遏制和消除极端化提供了有力法律武器，而且对促进宗教和谐、民族团结、国家的长治久安具有重要意义。

一、极端化的相关概念及主要表现

　　坚持法治思维、运用法治方式是打击与预防极端主义的重要原则，也是依法治国的重要体现。近年来，我国依法开展去极端化工作，治理非法宗教活动、非法宗教宣传品、非法宗教网络传播，有力遏制了极端思想的滋生蔓延。依据《新疆维吾尔自治区去极端化条例》第三条规定，极端化是指受极端主义影响，渲染偏激的宗教思想观念，排斥、干预正常生产、生活的言论和行为。极端主义是指以歪曲宗教教义或者其他方法煽动仇恨、煽动歧视、鼓吹暴力等的主张和行为。曾在一段时期内，极端主义势力蓄意实施破坏活动，影响了宗教的和谐、和睦，撕裂了民族关系，给社会稳定带来极大现实危害。受极端主义影响，极端化的主要表现为：宣扬、散布极端化思想；干涉他人宗教信仰自由，强迫他人参加宗教活动，强迫他人向宗教活动场所、宗教教职人员提供财物或者劳务；干涉他人婚丧嫁娶、遗产继承等活动；干涉他人与其他民族或者有其他信仰的人员交往交流交融、共同生活，驱赶其他民族或者有其他信仰的人员离开居住地；干预正常文化娱乐活动，排斥、拒绝广播、电视等公共产品和服务；泛化清真概念，将清真概念扩大到清真食品领域之外的其他领域，借不清真之名排斥、干预他人世俗生活；自己或强迫他人穿戴蒙面罩袍、佩戴极端化标志；以非正常蓄须、起名渲染宗教狂热；不履行法律手续以宗教方式结婚或者离婚；不允许子女接受国民教育，妨碍国家教育制度实施；恐吓、诱导他人抵制享受国家政策，故意损毁居民身份证、户口簿等国家法定证件以及污损人民币；故意损毁、破坏公私财物；出版、印刷、发行、销售、制作、下载、存储、复制、查阅、摘抄、持有含极端化内容的文章、出版物、音视频；蓄意干涉或破坏计划生育政策实施以及其他极端化言论和行为。概言之，我国依法预防与打击一切形式的极端主义，清除境外"种子"、改良疆内"土壤"和封堵网上"平台"均是依法同步进行，去极端化斗争始终在法治轨道上健全与完善。

▶▶ 二、去极端化坚持的原则

极端势力罔顾历史与现实，肆意煽动民族隔阂和仇恨，编造异端邪说，纠集一小撮人对不明真相的少数群众灌输极端思想，蓄意制造暴力恐怖事件，妄图建立神权统治。对此，必须预防、遏制和消除极端化。我国在吸收借鉴国际社会去极端化经验的同时，坚持从中国去极端化实际出发，把保障各族人民根本利益放在首位，从依法解决各种深层次矛盾入手，预防和惩治极端主义犯罪活动，最大限度地保障各族人民免受极端主义的危害，形成了一套行之有效的去极端化坚持的原则。

第一，坚持党的宗教工作基本方针，坚持宗教中国化、法治化方向，积极引导宗教与社会主义社会相适应原则。党的十八大以来，国家不断完善良法善治工作，信教群众与不信教群众同心协力积极投身中国特色社会主义建设事业中。但是，极端主义已经成为社会毒瘤，我国也曾深受其害，并且依然面临潜在风险，例如以"东突"势力为首的"三股势力"伺机制造事端。《中华人民共和国反恐怖主义法》第四条第二款明确规定，国家反对一切形式的以歪曲宗教教义或者其他方法煽动仇恨、煽动歧视、鼓吹暴力等极端主义，消除恐怖主义的思想基础。对此，必须在坚持党的宗教工作基本方针基础上，继续采取措施切实防范极端主义危害，对一切以宗教为旗号散布极端主义的行为严厉打击与预防，尽一切努力遏制宗教极端主义蔓延。同时，大力支持与帮助宗教界立足本土，坚持中国化方向，深化与完善宗教思想建设，积极引导广大信教群众正信正行，不断提升自觉抵制极端主义意识。

第二，坚持区分性质，分类施策，团结教育大多数，孤立打击极少数原则。去极端化应当准确把握民族习俗、正常宗教活动、非法宗教活动与极端化行为的界限。引导教育群众学习现代科学文化知识，驳斥极端主义的邪说谬论，同党中央保持高度一致，团结广大人民群众，群防群治，共同铲除极端主义滋生蔓延的土壤。

第三，坚持系统治理、综合施策、标本兼治原则。去极端化是一个系统性工程，并不是某一部门某一个主体的职责，也不是仅靠某一种举措就能彻底治理的。这主要取决于极端主义产生的原因是综合性的，例如涉及历史与现实因素，国际关系与地缘政治因素，以及民族宗教因素等。同时根据已取得的去极端化经验而言，以暴制暴并不能根除极端主义。去极端化更需要教育转化工作，要与教育培训、改善民生、关爱帮扶、脱贫致富、民族团结进步创建等紧密结合，实现相互促进的目的。

第四，坚持正确的政治方向和舆论导向原则。依法去极端化不仅是一个社会问题，更是一个政治问题，最终要达到法律效果、社会效果与政治效果的高度统一。弘扬主旋律，传播正能量；加强意识形态领域反渗透、反分裂斗争，既要禁止利用各种媒介宣扬极端化、扰乱社会秩序，又要禁止任何机构和个人借课题研究、社会调查、学术论坛等传播、宣扬极端化。坚持现代文化为引领，让正能量占领思想意识形态阵地。

第五，坚持崇尚科学、文明，引导信教群众确立正信正行，自觉抵制极端化原则。去极端化应当开展大宣讲、大学习、大讨论，用现代科学文化知识教育群众，发动群众、依靠群众。用法律知识教育群众学法遵法，树立正信，逐步提升去极端化意识，积极协助政府挤压极端主义活动空间，堵住极端主义的传播渠道。自觉学习国家通用语言文字、学习法律、学习技能等，实现个别教育与职业技能教育培训中心教育相结合目标，切实增强教育转化实效。

三、政府部门职责与社会各方面责任

极端主义反人类、反文明、反社会，去极端化事关社会稳定与国家安全。去极端化，既是世界性问题，也是世界性难题。对此，必须高度重视去极端化工作，高举社会主义法治旗帜，大力提高群防群治预警能力，各级人民政府与社会各方面应当依照各自职责共同开展去极端化工作。

第一，县级以上人民政府可设立职业技能教育培训中心等教育转化机构和管理部门，对受极端主义影响人员进行教育转化。通过教育转化，提升受极端主义影响人员使用国家通用语言文字的能力，拓宽其获取现代知识和信息的渠道，以便能更好适应现代社会发展。乡镇人民政府、街道办事处应当在上级人民政府领导和有关部门指导下，依法加强宗教事务管理，治理非法宗教活动、非法宗教宣传品等；指导村、居民委员会制定推行新型村规民约、居民公约等。最终，提高法治化水平，建立常态化治理机制，依法做好去极端化工作。

第二，民族宗教部门开展民族宗教政策和民族团结宣传教育活动，守正创新。在巩固完善宗教人士教育培训和服务管理机制基础上，加强对宗教教职人员、宗教活动场所、宗教活动的服务管理，加强宗教出版物的审核，组织宗教教职人员做好讲经解经工作，引导正信正行。同时会同有关部门依法治理非法宗教活动、非法宗教宣传品、非法宗教网络传播等问题。

第三，司法行政部门组织、指导、协调有关法律法规的宣传工作，开展普法活动，例如聘请法官、检察官、律师等讲授《中华人民共和国宪法》《中华人民共和国刑法》《中华人民共和国民法典》《中华人民共和国教育法》《中华人民共和国反恐怖主义法》《中华人民共和国治安管理处罚法》《新疆维吾尔自治区去极端化条例》等法律法规，培育和提高各族群众遵法、学法、守法、用法意识。同时加强监狱管理，防范遏制极端化在监狱传播，做好相关改造、教育、转化工作。

第四，公安机关应当依法防范打击极端化违法犯罪活动，配合相关部门做好非法宗教活动、非法宗教宣传品、非法宗教网络传播的综合治理工作。防范打击利用互联网、移动存储介质等从事极端化违法犯罪活动、境外极端势力渗透破坏活动、非法出入境活动，加强对重点人员的管控。

第五，教育部门与文化部门积极防范极端化干预国民教育，加强对师生进行民族宗教政策、有关法律法规和科学知识教育，引导师生正确认识和对待宗教，加强教材、教学辅导材料审核，防范和抵御极端化向校园渗透。同时弘扬社会主义核心价值观，倡导进步、开放、包容、文明、科学的理念，创新文化活动，引领文明风尚；加强基层文化设施建设，丰富文化产品，提高公共文化服务效能；加强文化市场监管，会同有关部门依法治理非法宗教宣传品。

第六，电信主管部门督促电信业务经营者落实对手机、声讯台、固定电话等通信工具中含有极端化内容的音频、留言、通话记录等的监督制度和安全技术防范措施，防止含有极端化内容的信息传播。电信业务经营者发现含有极端化内容的信息，应当立即停止传输，删除相关信息，留存证据，及时报案；对互联网上跨境传输的含有极端化内容的信息，应当采取技术措施予以阻断，协助公安机关进行依法处理。

去极端化斗争除了政府部门依法依规履行好职责外，社会各方面例如工商联、文联、社科联、学会、协会、基金会等各类社会团体和社会组织应当根据自身的特点和优势，做好去极端化工作。

总之，深入开展去极端化斗争，全社会都应当共同参与，要坚持"一手抓打击、一手抓预防"，重视开展源头治理工作，践行社会主义核心价值观，共同发力，最终实现标本兼治的目标。

【思考题】

1. 阐释宗教、宗教信仰自由、宗教中国化、宗教极端主义概念。

2. 结合极端化的相关概念及主要表现，谈谈如何去极端化。

第十章　网络安全法

2016 年 11 月 7 日，《中华人民共和国网络安全法》（以下简称"网络安全法"）经第十二届全国人民代表大会常务委员会第二十四次会议审议通过，自 2017 年 6 月 1 日起正式施行。网络安全法是我国第一部全面规范网络空间安全管理方面问题的基础性法律，其明确网络空间主权原则，明确网络产品和服务提供者、网络运营者的安全义务，进一步完善了个人信息保护规则，建立了关键信息基础设施安全保护制度和确立了关键信息基础设施重要数据跨境传输的规则，在确保国家网络信息安全、加强对个人信息保护、打击网络诈骗等方面发挥了重要的基础性作用，提供了坚实的法律保障，初步实现了维护我国网络安全的既定目标。网络安全法是我国网络空间法治建设的重要里程碑，也是依法治网、化解网络风险的法律重器，是让互联网在法治轨道上健康运行的重要保障。

第一节　网络安全法概述

一、网络和网络安全的概念

一个专有名词的产生并成流行开来，是有其特有的规律性，说明它的内涵和外延能够满足这一事物的基本特征和内在要求，正是所谓"名如其人"。"网络"正是如此。

从词源来看，网，在古汉语中是象形字，是指用绳或线织成的捕猎工具，后演化出比喻义为"法网"等；络，是形声字，本义是指粗丝绵。网和络，在古汉语中鲜见有结合起来一起使用的。在现代汉语中，网络有含义有多重意思，例如，网状的东西；由若干元器件或设备等连接成的网状的系统；由许多互相交错的分支组成的系统；特指计算机网络；等等。① 从专业领域看，在数学上，网络是一种图，一般认为专指加权图；在物理上，网络是从某种相同类型的实际问题中抽象出来的模型；而在计算机领域中，网络是信息传输、接收、共享的虚拟平台，通过它把各个点、面、体的信息联系到一起，从而实现这些资源的共享。因此，网络是人类发展史中重要的发明，提高了科技和人类社会的发展。

20 世纪 90 年代，网络技术诞生以来，人们一直试图用一个专有名词来指代这个新生事物。从中文视角看，例如因特网、互联网、万维网、赛博网等词汇百花齐放、层出不穷。但经过近 20 年的实践积累和学术沉淀，"网络"一词逐渐被官方和学术界所接受，并被习惯于表述为 20 世纪末以来全球范围内基于计算机网络而逐渐形成的国际互联网的简称。

网络安全是指网络系统的硬件、软件及其系统中的数据受到保护，不因偶然的或者恶意的原因而遭受到破坏、更改、泄露，系统连续可靠正常地运行，网络服务不中断。②

▶▶ 二、网络安全法的立法背景

2013 年，全国人大常委会曾因"条件不具备、仍需继续研究"，未通过网络安全立法项目。但仅三年时间，网络安全法制定出台，并于 2017 年正式施行。

（一）网络安全形势严峻

有关数据表明，截止到 2023 年 4 月，全球共有 51.8 亿互联网用户，占全球人口的 64.6%，其中有 48 亿为社交媒体用户，占全球总人口的 59.9%，约有 6 成的地球人每天在网上冲浪，寻找自己感兴趣的新鲜事物；③ 在 2021 年统计中，全球共有 42 亿社交媒体用户，占全球总人口的 59.4%，④ 仅两年就增加了 6 亿用户，提升 0.5 个百分点。如此庞大的用户基数，再加上互联网传播速度快、影响范围广的特点，一旦发生网络安全问题，将会对我国的经济、社会造成不可估量的损失。从国际上来讲，美国"棱镜门"监视窃听事件、美国政府人事信息泄露威胁公民人身安全以及朝鲜网络被攻击导致瘫痪 9 小时等，网络安全事故在世界范围内不断出现，可见国际网络安全形势不容乐观。从国内来讲，我国是互联网大国，也是面临网络安全威胁最严重

---

① 中国社会科学院语言研究所词典编辑室. 现代汉语词典（第 7 版）［M］. 北京：商务印书馆，2018：1353.

② 万雅静. 计算机文化基础：Windows7 + Office2010［M］. 北京：机械工业出版社，2016：234.

③ 2023 全球社交媒体趋势报告（上）［EB/OL］.（2023 – 09 – 26）［2024 – 07 – 19］. https：//roll. sohu. com/a/723612132_ 121076928.

④ 全球网民数量达 46.6 亿，中国人每天上网 5 小时 22 分［EB/OL］.（2021 – 01 – 28）［2024 – 07 – 19］. https：//new. qq. com/rain/a/20210128A05D9I00.

的国家。互联网协会发布的《中国网民权益保护调查报告 2016》显示，54% 的网民认为个人信息泄露严重，我国网民因为垃圾短信、诈骗短信、个人信息泄露等遭受的总体经济损失高达 915 亿元。① 这些数据均表明我国的网络空间安全治理、网络信息规制迫在眉睫。除了网络违法信息之外，关键信息基础设施运行安全、网络黑客入侵攻击等问题都面临着挑战。复杂的国内外网络安全形势要求我们尽快制定网络安全领域的专门法，回应网络安全所面临的挑战，网络安全法就是在这样的时代背景和严峻形势之下出台的。

（二）世界各国对于网络安全的高度重视

随着科学技术日新月异，世界形势不断变化，以网络安全为代表的非传统领域安全的重要性引起世界各国的关注。美国首先将网络安全提至国家层面，并制定了网络安全战略，同时制定了《联邦信息安全管理法案》等一系列法案保障网络安全。欧盟紧随其后，一方面制定了《欧盟网络安全战略：一个开放、安全、可靠的网络空间》来加强欧盟各国网络安全合作，另一方面制定了《网络安全法案》等具体保障网络安全。俄罗斯自 1995 年把信息安全纳入国家安全管理体系后，相继颁布《联邦信息、信息化和信息网络保护法》《俄罗斯国家安全构想》等法案不断完善网络信息安全立法，加强网络安全法治；并于 2002 年通过了《国家信息安全学说》，对国家信息安全保障的目的、任务、原则、现状、前景和防御进行了详细的论述。我国对网络安全也极为重视，网络安全是国家安全非常重要的组成部分，并且被纳入总体国家安全观进行统筹规划。党的十八大以来，习近平同志在多次重要讲话中强调重视网络安全。以习近平同志为核心的党中央从总体国家安全观出发，对加强国家网络安全工作做出了重要部署，对加强网络安全法治建设提出了明确的要求。国内和国际社会对于网络安全的高度重视直接推动了我国网络安全法的制定和出台。

（三）我国网络安全法律体系不完善

我国 1994 年接入国际互联网后，为了加强网络管理，于 1994 年制定了《计算机信息系统安全保护条例》，1996 年制定了《计算机信息网络国际互联网管理暂行规定》。1997 年刑法规定了"非法侵入计算机信息系统罪"和"破坏计算机信息系统罪"，进一步强化对于网络安全的法律保障。2000 年以后，随着网络与社会生活日益密切，网络法治建设进程加快。《中共中央关于全面深化改革若干重大问题的决定》明确指出，"坚持积极利用、科学发展、依法管理、确保安全的方针，加大依法管理网络力度，加快完善互联网管理领导体制，确保国家网络和信息安全"。2004 年我国

---

① 中国互联网协会.中国网民权益保护调查报告 2016［EB/OL］.（2016－06－26）［2024－07－19］. https：//www.isc.org.cn/article/33759.html.

出台了《中华人民共和国电子签名法》。在网络安全法出台之前，我国的网络立法工作存在不足之处。第一，与网络安全相关的法律规定，基本上属于"渗透型"模式①，散见于传统法律、行政法规、部门规章和司法解释之中，而没有专门法进行系统性规定，这就导致网络安全相关法律的位阶不高，且缺乏具体的实施细则，在实际操作时非常困难，系统性不强，各规定之间的衔接不够顺畅。第二，立法内容相对滞后。技术发展日新月异，已有的法律规定无法应对新出现的网络安全问题，比如在关键信息基础设施保护缺失、网络平台的监管责任杂乱、个人信息保护内容不完善，社会各方纷纷呼吁网络安全法尽快出台，对上述问题作出回应。

▶ 三、网络安全法的主要内容

网络安全法共有七章七十九条，内容十分丰富，主要表现为：一是明确了网络空间主权的原则；二是明确了网络产品和服务提供者的安全义务；三是明确了网络运营者的安全义务；四是进一步完善了个人信息保护规则；五是建立了关键信息基础设施安全保护制度；六是确立了关键信息基础设施重要数据跨境传输的规则。网络安全法将近年来一些成熟的做法制度化，并为将来制度创新做了原则性规定，为网络安全工作提供切实法律保障。

（一）明确了我国网络安全的基本原则

第一，网络空间主权原则。主权是一个国家在其管辖区域内所拥有的至高无上的、排他性的政治权力，体现为对内最高统治权和对外独立权的统一。网络安全法第一条"立法目的"开宗明义，明确规定要维护我国网络空间主权②。网络空间主权是国家主权在网络空间的体现和延伸，网络空间主权原则是我国维护国家安全和利益、参与网络国际治理与合作所坚持的重要原则。近年来，我国政府、相关机构和国家领导人在不同场合多次申明和阐述了网络空间主权原则和主张，强调：网络的发展没有改变以《联合国宪章》为核心的国际关系基本准则，国家主权原则在网络空间同样适用。网络空间的主权原则至少包括以下要素：国家对其领土内的信息通信基础设施和信息通信活动拥有管辖权；各国政府有权制定符合本国国情的互联网公共政策；任何国家不得利用网络干涉他国内政或损害他国利益。近年来，网络空间主权原则在国际上获得越来越多的认同和支持。

---

① 杜瑾. 网络安全立法博弈的价值取向［J］. 社会科学家，2014（9）：55.
② 综合相关国际文件、我国主张和一些学者论述，网络空间主权至少包括以下内容：一是国内主权，即国家拥有对其领土范围内网络基础设施、网络活动与信息的管辖权；二是"依赖性主权"，即国家拥有管理跨界网络活动的权力，这一权力通常需要依赖国家间的合作来实现；三是独立权，即独立制定政策、自主处理国内外网络事务，不受他国干涉的权力；四是自卫权，即对他国的网络攻击有采取自卫措施的权力。

第二，网络安全与信息化发展并重原则。习近平总书记指出，安全是发展的前提，发展是安全的保障，安全和发展要同步推进。总书记进一步指出，坚持筑牢国家网络安全屏障，坚持发挥信息化驱动引领作用。网络安全和信息化是一体之两翼、驱动之双轮，必须统一谋划、统一部署、统一推进、统一实施。网络安全法第三条明确规定，国家坚持网络安全与信息化并重，遵循积极利用、科学发展、依法管理、确保安全的方针；既要推进网络基础设施建设，鼓励网络技术创新和应用，又要建立健全网络安全保障体系，提高网络安全保护能力，做到"双轮驱动、两翼齐飞"。

第三，共同治理原则。2015 年，习近平主席首次向世界发出构建网络空间命运共同体的倡议：网络空间是人类共同的活动空间，网络空间前途命运应由世界各国共同掌握。各国应加强沟通、扩大共识、深化合作，共同构建网络空间命运共同体。

网络空间安全仅依靠政府是无法实现的，需要政府、企业、社会组织、技术社群和公民等网络利益相关者的共同参与。网络安全法坚持共同治理原则，要求采取措施鼓励全社会共同参与，政府部门、网络建设者、网络运营者、网络服务提供者、网络行业相关组织、高等院校、职业学校、社会公众等都应根据各自的角色参与网络安全治理工作。

（二）制定网络安全战略，明确网络空间治理目标

网络安全法第四条明确提出我国网络安全战略的主要内容，即明确保障网络安全的基本要求和主要目标，提出重点领域的网络安全政策、工作任务和措施。第七条明确规定，我国致力于"推动构建和平、安全、开放、合作的网络空间，建立多边、民主、透明的网络治理体系"。这是我国第一次通过国家法律形式向世界宣示网络空间治理目标，明确表达我国网络空间治理诉求。上述规定提高了我国网络治理公共政策的透明度，与我国的网络大国地位相称，有利于提升我国对网络空间的国际话语权和规则制定权，促成网络空间国际规则的出台。

（三）进一步明确了政府各部门的职责权限，完善了网络安全监管体制

网络安全法将现行有效的网络安全监管体制法制化，明确了网信部门与其他相关网络监管部门的职责分工。第八条规定，国家网信部门负责统筹协调网络安全工作和相关监督管理工作，国务院电信主管部门、公安部门和其他有关机关依法在各自职责范围内负责网络安全保护和监督管理工作。这种"1＋X"的监管体制，符合当前互联网与现实社会全面融合的特点和我国监管的需要。

（四）强化了网络运行安全，重点保护关键信息基础设施

网络安全法规范了网络运行安全，特别强调要保障关键信息基础设施的运行安全。关键信息基础设施是指那些一旦遭到破坏、丧失功能或者数据泄露，可能严重危

害国家安全、国计民生、公共利益的系统和设施。网络运行安全是网络安全的重心，关键信息基础设施安全则是重中之重，与国家安全和社会公共利益息息相关。为此，网络安全法强调在网络安全等级保护制度的基础上，对关键信息基础设施实行重点保护，明确关键信息基础设施的运营者负有更多的安全保护义务，并配以国家安全审查、重要数据强制本地存储等法律措施，确保关键信息基础设施的运行安全。

（五）完善了网络安全义务和责任，加大了违法惩处力度

网络安全法将原先散见于各类法规、规章中的规定上升到法律层面，对网络运营者等主体的法律义务和责任做了全面规定，包括守法义务，遵守社会公德、商业道德义务，诚实信用义务，网络安全保护义务，接受监督义务，承担社会责任等，在"网络运行安全""网络信息安全""监测预警与应急处置"等章节中进一步明确、细化。在"法律责任"中则提高了违法行为的处罚标准，加大了处罚力度，有利于保障网络安全法的实施。

（六）将监测预警与应急处置措施制度化、法制化

网络安全法第五章将监测预警与应急处置工作制度化、法制化，明确国家建立网络安全监测预警和信息通报制度，建立网络安全风险评估和应急工作机制，制定网络安全事件应急预案并定期演练。这为建立统一高效的网络安全风险报告机制、情报共享机制、研判处置机制提供了法律依据，为深化网络安全防护体系，实现全天候全方位感知网络安全态势提供了法律保障。

▶▶ 四、网络安全法的作用

（一）保障网络安全

网络安全法是网络安全领域的基础性法律，保障网络安全是其首要目的。网络安全法确立国家、有关主管部门、网络运营者以及网络使用者的网络安全责任，确立网络设备设施安全、网络运行安全、网络数据安全、网络信息安全等各方面基本制度，以防范对网络的攻击、侵入、干扰、破坏和非法使用以及意外事故，提高网络安全保护能力和水平，保障网络处于稳定可靠的运行状态，保障网络存储、传输、处理信息的完整性、保密性、可用性。

（二）维护网络空间主权和国家安全、社会公共利益

1. 维护网络空间主权

网络空间主权是一国国家主权在网络空间中的自然延伸和表现。习近平总书记指出，《联合国宪章》确立的主权平等原则是当代国际关系的基本准则，覆盖国与国交往各个领域，其原则和精神也应该适用于网络空间。各国自主选择网络发展道路、网

络管理模式、互联网公共政策和平等参与国际网络空间治理的权利应当得到尊重。第二条明确规定网络安全法适用于我国境内网络以及网络安全的监督管理。这是我国网络空间主权对内最高管辖权的具体体现。网络安全法将维护网络空间主权作为立法目的，有利于更好地维护我国的国家主权和安全，有利于推动构建和平、安全、开放、合作的网络空间，建立多边、民主、透明的网络治理体系。

2. 维护国家安全

随着网络和信息技术快速发展，与政治经济军事社会深度融合，一个国家的政权、主权、统一和领土完整、人民福祉、经济社会可持续发展和其他重大利益所面临的安全威胁，都可能通过网络来组织、发动、传播、扩散，因此维护网络安全，将网络运用好、发展好、管理好，是事关国家安全的重大问题。习近平总书记在十八届三中全会上作关于《中共中央关于全面深化改革若干重大问题的决定》的说明时指出："网络和信息安全牵涉到国家安全和社会稳定，是我们面临的新的综合性挑战。""确保网络信息传播秩序和国家安全、社会稳定，已经成为摆在我们面前的现实突出问题。"2014年2月27日，习近平总书记在中央网络安全和信息化领导小组第一次会议上进一步提出，"没有网络安全就没有国家安全"，"网络安全和信息化是事关国家安全和国家发展、事关广大人民群众工作生活的重大战略问题"。党的十八届三中全会决定提出："坚持积极利用、科学发展、依法管理、确保安全的方针，加大依法管理网络力度，加快完善互联网管理领导体制，确保国家网络安全。"党的十八届四中全会决定提出，"完善网络信息、网络安全保护、网络社会管理等方面的法律法规"。

3. 维护社会公共利益

社会公共利益是反映社会最广大群体共同价值的客观需求。网络安全关系公共产品和服务的保障和供给，关系公众的健康和安全，关系社会的长远利益和福祉，与社会公共利益息息相关。网络安全法确立维护网络安全的各项制度，就是要保障通过网络提供的公共产品和服务不中断，满足人民群众的各种生产生活需求，保障通过网络传输、处理信息的真实性、准确性、完整性，避免因各种网络安全事故影响和危害公众的健康和安全，维护社会公众的共同利益。

（三）保护公民、法人和其他组织的合法权益

公民、法人和其他组织是网络的参与者、建设者、运营者、管理者，是网络活动的主体，维护好、保障好公民、法人和其他组织在网络领域的合法权益，是制定本法的重要目的。网络安全法一方面通过建立健全建设、运营、管理和使用网络的法律规范，使之有明确的法律遵循，以维护公民、法人和其他组织依法利用网络从事相关活动的权利；另一方面建立健全预防、制止和惩治侵害公民、法人和其他组织行为的法

律规范，使公民、法人和其他组织的人身权益、财产权益受到更好保护，在其合法权益受到损害时，能够得到及时、有效的救济和补偿。

（四）促进经济社会信息化健康发展

当前，以互联网为代表的信息技术迅猛发展，促进产业变革、经济转型，推动社会生活方式深刻改变，为适应和引领经济发展新常态提供新动能。在不断推进经济社会信息化进程中，需要切实防范、控制和化解各种网络安全风险和威胁。网络安全与信息化发展是一体之两翼、驱动之双轮，必须做到协调一致、齐头并进。制定网络安全法，就是要通过法律制度建设，为经济社会信息化发展提供良好环境，促进经济社会信息化健康发展。

▶▶ 五、网络安全法与国家安全法

网络安全是国家安全领域中的重要因素，国家安全法第二十五条就明确规定：国家建设网络与信息安全保障体系，提升网络与信息安全保护能力，加强网络和信息技术的创新研究和开发应用，实现网络和信息核心技术、关键基础设施和重要领域信息系统及数据的安全可控；加强网络管理，防范、制止和依法惩治网络攻击、网络入侵、网络窃密、散布违法有害信息等网络违法犯罪行为，维护国家网络空间主权、安全和发展利益。国家安全法中设置有针对网络与信息安全保障的专门条款，既是对总体国家安全观的贯彻落实，也是以基本法的形式明确维护网络安全的重要性。同时国家安全法第五十九条规定：国家建立国家安全审查和监管的制度和机制，对影响或者可能影响国家安全的外商投资、特定物项和关键技术、网络信息技术产品和服务、涉及国家安全事项的建设项目，以及其他重大事项和活动，进行国家安全审查，有效预防和化解国家安全风险。进一步明确了加强网络安全技术风险审查的迫切性和必要性。

网络安全法第三十五条建立关键信息基础设施运营者采购网络产品、服务的安全审查制度，其中规定，关键信息基础设施的运营者采购网络产品或者服务，可能影响国家安全的，应当通过国家网信部门会同国务院有关部门组织的安全审查。从上述条款可以看出，网络安全保障的内容如涉及国家安全，基于维护国家网络空间主权、安全和发展利益，将受到国家安全法的规制和保护。国家安全法对涉及国家安全事项的网络与信息安全保障做出原则性的规定，而网络安全法作为网络安全管理方面的基础性法律，具体指导相关规定的有效实施，充分体现了两部法律在相关规定上的衔接。

网络安全法是保障网络空间安全的基本法，其与国家安全法都是由全国人大常委会制定的法律，因此二者在我国法律体系内处于同一法律位阶，不存在上位法与下位法的关系。网络安全法的立法宗旨是"保障网络安全，维护网络空间主权和国家安全、社会公共利益，保护公民、法人和其他组织的合法权益，促进经济社会信息化健康发展"。

随着我国经济发展和社会信息化进程加快，国民经济和社会发展对基础信息网络和重要信息系统的依赖性越来越大，信息安全事关国家安全。在重要领域施行信息安全等级保护是我国保护计算机信息系统安全的重要举措。

第二节　确保网络运行安全

网络安全法突出强化网络运行安全，重点保护关键信息基础设施，第三章用近三分之一的篇幅规范网络运行安全，特别强调要保障关键信息基础设施的运行安全。

》　一、网络安全等级保护制度

网络安全等级保护制度是我国现行的网络安全领域的一项重要制度。[1] 1994 年国务院制定的《计算机信息系统安全保护条例》规定：计算机信息系统实行安全等级保护，安全等级的划分标准和安全等级保护的具体办法由公安部会同有关部门制定。2007 年公安部等部门制定的《信息安全等级保护管理办法》规定，信息系统的安全保护等级分为五级，并规定了每个等级的范围、信息系统运营者的义务及应对措施等。网络安全法总结实践经验，对该制度的名称做了调整，改为网络安全等级保护制度，对其主要内容作了规定。

（一）网络安全等级保护制度的主要内容

网络安全等级保护制度的主要内容可以分为技术类安全要求和管理类安全要求两大类。技术类安全要求主要从物理安全、网络安全、主机安全、应用安全和数据安全几个层面提出，通过在信息系统中部署软硬件并正确配置其安全功能来实现；管理类安全要求主要从安全管理制度、安全管理机构、人员安全管理、系统建设管理和系统运维管理几个方面提出，通过控制各种角色的活动，从政策、制度、规范、流程以及记录等方面作出规定来实现。网络安全法第二十一条，根据网络安全等级保护制度，对网络运营者的安全保护义务作了基本规定，主要包括以下几个方面：

---

[1]　杨合庆. 中华人民共和国网络安全法解读 [M]. 北京：中国法制出版社，2017：48.

第一，制定内部安全管理制度和操作规程，确定网络安全负责人，落实网络安全保护责任。网络运营者应依照法律、行政法规及网络安全等级保护制度的规定，制定内部安全管理制度和操作规程，细化并落实安全管理义务，根据不同保护等级设置安全管理机构、安全管理人员、安全主管、安全管理负责人等，并明确相关机构和人员的职责。

第二，采取各项防范危害网络安全行为的技术措施。网络运营者应当依照法律、行政法规及网络安全等级保护制度的规定，切实采取技术防范措施，从技术上防范计算机病毒和网络攻击、网络侵入等网络安全风险。如安装防病毒软件防范计算机病毒；安装网络身份认证系统、网络入侵检测系统、网络风险审计系统等，防范网络攻击、侵入；安装自动报警系统，当检测到安全风险时自动报警；等等。

第三，配备相应的硬件和软件监测、记录网络运行状态、网络安全事件，按照规定留存相关网络日志。网络日志是对网络信息系统的用户访问、运行状态、系统维护等情况的记录，对于追溯非法操作、未经授权的访问，并维护网络安全以及调查网络违法犯罪活动具有重要作用。网络安全法规定网络运营者应当按照规定留存相关的网络日志不少于六个月。

第四，采取数据分类、重要数据备份和加密等措施。[①] 网络运营者应当依照本法和有关法律、行政法规以及网络安全等级保护制度的规定，采取数据分类、重要数据备份和加密等措施，保护网络数据安全。

第五，网络运营者的其他义务。除了本法规定的义务外，网络运营者还应当履行其他有关法律、行政法规规定的网络安全保护义务。

（二）网络产品和服务提供者保证安全和保护个人信息的有关义务

1. 网络产品、服务提供者的安全义务

（1）网络产品、服务应当符合相关国家标准的强制性要求。网络产品和服务是作为网络组成部分以及维持网络功能的设备、软件和服务。国家标准是对重要产品等需要在全国范围内统一适用的技术要求，网络产品和服务应当符合相关国家标准的强制性要求。目前网络产品、服务的标准多为推荐性的行业标准。国务院有关部门应当按照本法要求，根据实际需要和标准化的规定，抓紧制定相关产品和服务的强制性国家标准；对于尚未制定强制性国家标准的网络产品和服务，按照产品质量法的规定，也必须符合保障人体健康和人身、财产安全的要求。

---

① 数据分类是按照某种标准，例如重要程度，对数据进行区分、归类。数据备份就是为防止系统故障或者其他安全事件导致数据丢失，而将数据从应用主机的硬盘或阵列复制、存储到其他存储介质。数据加密就是通过加密算法和密钥将明文数据转变为密文数据，从而实现数据的保密性。

（2）不得设置恶意程序。恶意程序是指专门编写的用于实施网络攻击、干扰网络正常使用、窃取网络数据等行为的程序，通常是指计算机病毒以及侵害用户软件安装、使用和卸载知情权、选择权的恶意软件。设置恶意程序，将对网络安全或者他人合法权益带来严重损害，应当予以禁止。

（3）发现网络风险及时采取应对措施。网络产品和服务的提供者在发现安全风险后负有及时应对的义务。与消费者权益保护法①的相关规定相衔接，网络安全法第二十二条第一款要求网络产品和服务的提供者发现其网络产品、服务存在安全缺陷、漏洞等风险时，应当立即采取补救措施，按照规定及时告知用户并向有关主管部门报告，以防止风险扩大或者避免损害发生，以维护用户的合法权益。

2. 网络产品、服务提供者的安全维护义务

网络安全法第二十二条第二款规定，网络产品、服务的提供者应当为其产品、服务持续提供安全维护；在规定或者当事人约定的期限内，不得终止提供安全维护。这要求网络产品和服务提供者对其产品和服务持续提供安全维护服务，是消费者权益保护法相关规定的具体体现。网络运营者应当切实履行规定的安全维护义务，在规定或者当事人约定的期限内，不得终止提供安全维护。在实践中可综合产品、服务的重要程度、使用范围、终止安全服务后可能造成的后果等因素合理确定应当提供安全维护的期限。

3. 网络产品、服务提供者的用户信息保护的义务

目前，越来越多的网络产品、服务具有收集用户信息的功能，同时存在信息收集功能被滥用的情形。网络安全法第四章对网络运营者的用户信息保护义务作了规定，但这一章规定的网络运营者并不能涵盖网络产品、服务的提供者。因此，第二十二条第三款规定，网络产品、服务具有收集用户信息功能的，其提供者应当向用户明示并取得同意；涉及用户个人信息的，还应当遵守本法和有关法律、行政法规关于个人信息保护的规定。

（三）网络关键设备和网络安全专用产品安全认证和安全检测

1. 网络关键设备和网络安全专用产品的安全认证和安全检测

按照相关标准和程序对产品进行认证、检测，是我国标准化法确立的重要制度，也是国际通行做法。依据我国电信条例的规定，国务院电信主管部门建立了电信设备进网许可制度，国务院公安等部门建立了网络安全专用产品销售许可制度，对用于保护计算机信息系统安全的专用硬件和软件产品进行安全功能检测。网络安全法第二十

---

① 消费者权益保护法第十九条规定，经营者发现其提供的商品或者服务存在缺陷，有危及人身、财产安全危险的，应当立即向有关部门报告和告知消费者，并采取相应的处置措施。

三条规定，销售或者提供网络关键设备和网络安全专用产品均需要通过安全认证和安全检测。这里的"提供"既包括有偿供他人使用，也包括无偿供他人使用。

2. 对网络关键设备和网络安全专用产品的安全认证和安全检测的要求

实践中，存在多个政府部门依据各自职责开展网络相关设备和产品的安全认证和安全检测，产品范围有重复的情况。网络安全法第二十三条规定，网络关键设备和网络安全专用产品应当按照相关国家标准的强制性要求，由具备资格的机构安全认证合格或者安全检测符合要求后，方可销售或者提供。国家网信部门会同国务院有关部门制定、公布网络关键设备和网络安全专用产品目录，并推动安全认证和安全检测结果互认，避免重复认证、检测。

（四）网络用户身份的管理

1. 实行网络用户身份管理制度的必要性

当前，公民在维护其个人信息安全及其他人身权利、财产权利，有关主管部门在依法查处违法犯罪活动的过程中存在的突出问题是，侵权人、违法犯罪行为人的身份信息没有登记或者登记的信息虚假，导致违法活动成本低，取证、查处难，因此，有必要建立网络用户身份管理制度。世界上许多国家如日本、法国、德国、澳大利亚、韩国、新加坡等国家都在立法中对网络用户身份管理制度作了规定。我国也高度重视网络用户身份管理问题。2015 年反恐怖主义法从反恐的角度又对网络用户身份管理作了规定，要求电信和互联网业务经营者、服务提供者应当对用户身份进行查验，对身份不明或者拒绝身份查验的不得提供服务。网络安全法在 2012 年全国人大常委会决定的基础上，对网络用户身份管理制度作了完善，为公民维护自身合法权益、查处利用网络从事违法犯罪活动提供必要条件。

2. 网络用户身份管理制度的主要内容

网络安全法第二十四条第一款规定，网络运营者为用户办理网络接入、域名注册服务，办理固定电话、移动电话等入网手续，或者为用户提供信息发布、即时通讯等服务，在与用户签订协议或者确认提供服务时，应当要求用户提供真实身份信息。用户不提供真实身份信息的，网络运营者不得为其提供相关服务。在实际操作中，多数服务提供者是通过手机号进行验证，实现用户身份实名制。要求用户提供真实身份信息是网络运营者的一项法定义务。

3. 关于网络可信身份战略

美国于 2011 年发布了网络空间可信身份国家战略，旨在通过建立身份生态系统，使个人和组织能够在充满信心、增强隐私保护的环境下，运用安全、高效、易用、可操作的数字身份使用网络在线服务。我国政府有关部门对此也十分重视，对建设网络可信身份体系进行研究。网络安全法第二十四条第二款规定，国家实施网络可信身份战略，支持研究开发安全、方便的电子身份认证技术，推动不同电子身份认证之间的互认。

（五）网络运营者的义务

1. 制定网络安全事件应急预案

为有效应对、处置网络安全事件，保障网络安全、稳定运行，网络安全法第二十五条要求网络运营者制定网络安全事件应急预案。网络运营者应当结合自身生产经营情况，对系统漏洞、计算机病毒、网络攻击、网络侵入等安全风险进行系统评估并作出预测，并提出应对网络安全事件的指导思想、基本策略，组织机构、人员、技术、物资保障，指挥处置程序、应急和支持措施等，制定形成预案，使网络安全事件应急处置工作有章可循、有据可依。

2. 网络安全事件的补救措施

在发生危害网络安全的事件时，网络运营者应当立即启动应急预案，根据应急预案采取相应的补救措施，及时查明影响范围，分析、确定事件原因，提出防止危害扩大及恢复网络正常功能的措施和方案并组织实施，将危害造成的损失降低到最小。同时，为监督网络运营者履行网络安全事件处置义务，并防止网络安全事件的危害扩大、蔓延，网络安全法第二十五条规定，网络运营者按照规定向有关主管部门报告网络安全事件及其应急处置的情况。

3. 关于网络运营者为有关机关提供技术支持和协助义务

通过立法确立网络运营者为有关执法机关维护国家安全和侦查犯罪的活动提供技术和协助的义务，是维护国家安全和惩治犯罪所必需的。美国《通信协助执法法》要求电信运营商根据法院命令或者其他的合法授权，采取必要措施对某类通信进行隔离，并保证有关执法机关能够对其实施监听及获取可用的呼叫识别信息、监听到的通信。欧盟出台的《合法拦截电信通讯决议》规定，执法机关可以要求互联网企业提供技术接口，确保被拦截的信息可传输至执法监控设备。

网络安全法第二十八条规定，网络运营者应当为公安机关、国家安全机关依法维护国家安全和侦查犯罪的活动提供技术支持和协助。该项义务，是与有关国家安全的法律和有关刑事诉讼的法律相衔接的。公安机关、国家安全机关行使此项权力，必须严格按照规定的权限和程序。

▶▶ 二、关键信息基础设施的运行安全

（一）建立关键信息基础设施保护制度

随着国家智能制造战略的不断推进以及工业革命技术的深入发展，交通、电力、

电信、供水、金融及政府服务愈发依赖信息技术系统，网络安全日益成为关乎国家安全和主权、社会稳定、经济安全的牵一发而动全身的核心议题。① 这些行业和领域的重要网络系统一旦丧失功能、遭到破坏，将给国家安全、公共安全、民生福祉造成不可估量的危害。近年来，一些国家如伊朗核设施遭受"震网"病毒攻击被破坏，乌克兰电网因受网络攻击致使境内三分之一的地区持续断电，美国域名解析服务器因网络攻击导致众多网络无法访问等。我国的国家顶级域名系统也曾多次遭到大流量拒绝服务攻击，针对我国重要行业和政府机构网络的有组织攻击活动也呈上升趋势。为此，网络安全法第三十一条第一款规定，国家对公共通信和信息服务、能源、交通、水利、金融、公共服务、电子政务等重要行业和领域，以及其他一旦遭到破坏、丧失功能或者数据泄露，可能严重危害国家安全、国计民生、公共利益的关键信息基础设施，在网络安全等级保护制度的基础上，实行重点保护。关键信息基础设施的具体范围和安全保护办法由国务院制定。

（二）自愿参与关键信息基础设施保护体系

网络安全法第三十一条第二款专门对国家鼓励关键信息基础设施以外的网络运营者自愿参与关键信息基础设施保护体系作了规定，以扩大关键信息基础设施保护制度共享合作机制的范围，更好发挥关键信息基础设施保护制度在提高网络安全保护水平方面的作用。

（三）建设关键信息基础设施应当确保其性能

关键信息基础设施承载重要产品和服务的供给，对国家安全、公共利益、国计民生有重大影响，网络安全法对关键信息基础设施及其业务的稳定、持续运行提出了更高要求。在关键信息基础设施设计、施工、投入使用阶段做好网络安全技术防护，对于防范网络安全风险、减少网络安全事件的发生具有重要意义。据此，网络安全法第三十三条要求保障关键信息基础设施运行安全的技术措施，应当与关键信息基础设施的主体工程同步规划、同步建设、同步使用，通常被称为"三同时"制度。

（四）关键信息基础设施运营者应当履行的安全保护义务

网络安全法要求在网络安全等级保护制度的基础上，对关键信息基础设施实行重点保护。根据我国关键信息基础设施保护工作的实际，第三十四条对关键信息基础设施的安全管理要求和技术要求作了更为严格的规定。关键信息基础设施的运营者除履行本法第二十一条规定的安全保护义务外，还应当按照本条规定，采取相应的措施，

---

① 北京航空航天大学法学院，腾讯研究院. 网络空间法治化的全球视野与中国实践（2019）［M］. 北京：法律出版社，2019：37.

加强关键信息基础设施的网络安全保护。一是完善网络安全管理体系，设置专门安全管理机构和安全管理负责人。同时关键信息基础设施的运营者还应当对安全管理负责人和具有较高权限、能够接触到敏感信息的关键岗位人员进行安全背景审查，确定其可靠性。二是采取多种方式，定期对从业人员进行网络安全教育、技术培训和技能考核，提高从业人员的网络安全意识和网络安全技术技能。三是对重要系统和数据库进行容灾备份，以保证关键信息基础设施因网络攻击、自然灾害、故障等原因受到影响或者停止运行时，确保备份系统能够替代主系统运行。四是制定网络安全事件应急预案，并定期进行演练，以提高应急工作人员的能力，检验应急预案的有效性。此外，本条还规定了关键信息基础设施运营者应当履行其他相关法律、行政法规规定的网络安全保护义务。

第三十六条是在实践做法的基础上，要求关键信息基础设施的运营者采购网络产品和服务时，应当按照有关规定与提供者签订安全保密协议，明确安全和保密义务与责任。一是关键信息基础设施的运营者应当加强资质资信审查，慎重选择网络产品和服务的供应商；二是应当按照规定与供应商签订保密协议，明确供应商的安全义务、保密义务及不履行义务应承担的责任和义务；三是应当监督供应商进行设备安装、测试、检测、维修、安全维护等各方面的活动，留存操作记录，保证供应商按照协议的规定履行安全和保密义务。

第三节　网络安全应急处置与法律责任

网络安全法第五章将应急处置工作制度化、法制化，明确国家建立网络安全监测预警和信息通报制度，建立网络安全风险评估和应急工作机制，制定网络安全事件应急预案并定期演练。这为建立统一高效的网络安全风险报告机制、情报共享机制、研判处置机制提供了法律依据，为深化网络安全防护体系，实现全天候全方位感知网络安全态势提供了法律保障。

▶▶ 一、应急处置

（一）建立网络安全应急处置机制

国家建立相应的网络安全应急处置机制。网络安全法第五十三条规定："国家网信部门协调有关部门建立健全网络安全风险评估和应急工作机制，制定网络安全事件应急预案，并定期组织演练。负责关键信息基础设施安全保护工作的部门应当制定本行业、本领域的网络安全事件应急预案，并定期组织演练。网络安全事件应急预案应当按照事件发生后的危害程度、影响范围等因素对网络安全事件进行分级，并规定相应的应急处置措施。"

从这条规定可知，国家网络安全应急处置机制，涉及的参与部门众多，要实现"反应灵敏、协调有序、运转高效"的应急机制，必须加强统筹协调。因此，实践中国家网信部门需要协调有关部门做好以上工作。

（二）建立网络安全风险预警机制

当前关于网络安全风险的学术研究，通常将注意力集中在网络运营阶段的网络面临的威胁，但实际上网络安全风险是渗透在网络设计、网络实施以及网络运营的整个网络生命周期中的。① 网络安全法第五十四条规定，当网络安全事件发生的风险增大时，省级以上人民政府有关部门应当按照规定的权限和程序，启动网络安全风险预警机制，并根据网络安全风险的特点和可能造成的危害采取以下措施：

一是及时收集有关信息，加强监测。省级以上人民政府有关部门应当要求有关部门、机构和人员及时收集、报告有关信息，掌握安全风险动态。

二是开展网络安全风险分析评估。省级以上人民政府有关部门应当组织有关部门、机构、专业人员，对所获得的网络安全风险信息进行系统地分析评估，同时对网络安全事件发生的可能性进行预测，确定发生概率，并对影响范围及可能造成的危害程度预测，提出预测评估报告。

三是进行风险预警。省级以上人民政府有关部门应当根据风险评估结果，按网络安全事件应急预案的要求，向社会发布风险警示的级别，说明应采取的避免、减轻危害的措施。

（三）启动网络安全事件应急预案

网络安全法第五十五条规定，发生网络安全事件，应当立即启动网络安全事件应急预案，对网络安全事件进行调查和评估，要求网络运营者采取技术措施和其他必要措施，消除安全隐患，防止危害扩大，并及时向社会发布与公众有关的警示信息。

所谓网络安全事件应急预案，是指规定网络安全事件应对的基本原则、组织体系、运行机制及处置等工作方案。在发生网络安全事件时，负责事件应急处置的有关部门立即启动预案。相关人员应按规定及时到位，履行职责，按照预案的要求采取相应措施。

---

① 寿步．网络空间安全法律问题研究［M］．上海：上海交通大学出版社，2018：162.

一方面，要对网络安全事件进行调查和评估。预案启动的同时，负责事件应急处置的部门和人员应当组织调查和评估网络安全事件的产生原因、结果和影响范围等，对事件的危害级别及其造成的社会影响、经济损失等进行评估。另一方面，要求网络运营者采取必要处置措施。网络运营者有义务自行及时、有效地采取应急处置措施。同时有关部门在依法处置事件时，有权要求网络运营者采取技术措施和其他必要措施，消除安全隐患，防止危害扩大。同时向社会发布警示信息。负责事件处置的部门经调查评估，认为该事件对社会公众有较大影响的，应当及时、准确、客观地向社会发布与公众有关的警示信息。

二、法律责任

（一）网络监管者的法律责任

网络监管者即政府。政府部门的安全责任不涉及民事侵权。当网信部门及相关网络主管部门的工作人员出现滥用公民个人信息、玩忽职守、徇私舞弊时，情节严重或者造成严重后果时，可能会承担刑事责任。但更多的是在各网络专门法中所规定的"给予行政处分"的情况。根据网络安全法等相关法律，我国网信部门是网络安全管理工作的主要负责部门，其他政府部门主要起协助和支持的作用。

网络安全法第五十一至五十四条规定国家建立网络安全监测预警和信息通报制度。国家网信部门有权按照规定发布网络安全监测预警信息，并且要制定应急预案、组织演练、采取处置措施。省级以上人民政府在网络安全事故风险增大时，要及时报告、评估预测相关事项、发布预警。"法律责任"这一章中第七十二条、第七十三条规定国家政务机关网络运营者不履行网络安全保护义务、网信部门或相关部门滥用信息、失职渎职时，要依法给予处分。

总而言之，从国家层面上，网络安全工作皆由国家网信部门主管，而公安部门及相关部门在必要时候要给予国家网信部门技术支持和帮助。国家网信部门起到一个统筹协调以及监督管理的作用，国家网信部门的职责可以概括为制定治理规划、应急预案、应急演习、监督检查、发布预警信息，具体的规则和实施由各行业、各领域内的保护主管部门制定和进行。目前在政府的监管职责方面，还存在一些问题，一是网络安全法、《关键信息基础设施安全保护条例》等高位阶的法律法规相对宏观，缺乏具体的可操作性，而更加具体的行政法规和部门规章因为位阶较低，实施效果并不理想；二是网络安全相关部门的职责分工不够清晰，在网络安全法中，除了明确规定了国家网信部门的统筹协调职能外，其他具体职责都以"有关部门"代称，为各部门履行职责造成了障碍。

除了法律规定的政府的监管职责外，中国共产党也是重要的网络安全监管者。2021 年《中国共产党党内法规汇编》公开发行，收录《党委（党组）网络安全工作责任制实施办法》，规定了各级党委（党组）、各地区各部门网络安全和信息化领导机构、行业主管监管部门负责网络安全工作，并规定责任范围、责任事项、问责主体等责任网络全覆盖。

（二）网络服务提供者及网络运营者的法律责任

互联网时代，网络服务提供者在信息传播的过程中，拥有更大的管理权限，获得巨大的经济利益，因此也应当在网络安全治理中承担更多的义务和责任。网络安全法第七十四条规定，违反本法规定，给他人造成损害的，依法承担民事责任。违反本法规定，构成违反治安管理行为的，依法给予治安管理处罚；构成犯罪的，依法追究刑事责任。

通过梳理网络关联法和网络专门法，网络服务提供者和网络运营商所承担的义务可以归纳为八项内容，即身份验证义务、采取一定技术性预防措施的义务、数据记录保存义务、个人信息保护义务、及时报告义务、协助调查义务、主动审查监管义务以及阻断、删除违法内容和停止服务义务①。违反这些义务将承担相应的民事、刑事和行政责任。

1. 网络运营者及网络服务提供者的民事责任

此处的民事侵权责任不是直接侵害权利人合法权益所要承担的责任，而是为网络用户侵害权利人的合法权益提供帮助行为，或者明知网络用户侵害权利人民事权益，但是没有及时采取断开链接、删除侮辱性言论等有效措施进行制止，导致不良信息大范围传播，侵害权利人的名誉权等合法权益的间接侵权责任。如果网络服务提供者及网络运营者出现这样的行为和造成这样的后果，则与该网络用户构成共同侵权，向权利人承担按份责任或者连带责任，向权利人赔偿损失、赔礼道歉、停止侵害等。

2. 网络运营者或网络服务提供者的刑事责任

2015 年颁布的《中华人民共和国刑法修正案（九）》增加了"拒不履行信息网络安全管理义务罪""帮助信息网络犯罪活动罪"，这是我国刑法首次对网络服务提供者的刑事责任作出规定。网络服务提供者对于自身提供的违法犯罪内容要承担刑事责任，对于他人提供的违法犯罪内容在"明知"而提供服务的情况下同样要承担连带责任。网络服务提供者不履行法律、行政法规规定的网络安全管理义务导致违法信

---

① 张茜，汪恭政. 论大数据时代我国网络服务提供者的法律责任 [J]. 合肥工业大学学报（社会科学版），2018（4）：42.

息大量传播、刑事证据灭失、用户信息严重泄漏的情况下，要承担相应的刑事责任。①

3. 网络运营者或网络服务提供者的行政责任

在行政责任项下，涉及网络服务提供者义务规定的行政法规众多，有反恐怖主义法、网络安全法、个人信息保护法等。反恐怖主义法第十九条规定互联网服务提供者应当落实监督和防范措施防止恐怖主义、极端主义信息传播，保存证据，删除信息并报告；第二十一条要求互联网服务提供者核实客户身份。网络安全法第九条是网络运营者安全保障义务和运营行为的一般规定，在第三章系统规定了网络服务提供者及网络运营者包括核实网络用户真实身份、制定网络安全事件应急预案、保护公民个人信息不被泄露或窃取、收集信息获得同意等义务；并在第六章法律责任中，从第五十九条至六十九条规定了网络服务提供者、网络运营者、关键信息基础设施运营者不履行义务时，要承担罚款、吊销许可证、吊销营业执照等行政处罚。个人信息保护法第六十六、六十九、七十条规定了个人信息处理者违反法律规定要承担的行政责任。

（三）网络参与者的法律责任

网络空间不是法外之地，利用互联网实施的违法行为均要受到法律的规制。在电脑屏幕遮挡下，在所谓"言论自由"保护下，键盘成了网络参与者随意伤害他人的武器。由于看不见这些犯罪分子或者不知道他们的存在，我们会不经意地信任他们，让他们得逞。② 侮辱、诽谤他人、散播谣言等也因此成为网络参与者违法的主要行为方式。民事责任项下，我国民法典规定网络用户利用网络侵害他人民事权益的要承担侵权责任。行政责任项下，治安管理处罚法规定散播谣言、谎报险情、疫情、警情或者以其他方式故意扰乱公共秩序的，要承担罚款、拘留等行政责任。刑事责任项下，刑法规定了侮辱、诽谤、编造、故意传播虚假信息罪。最高人民法院、最高人民检察院《关于办理利用信息网络实施诽谤等刑事案件适用法律若干问题的解释》第五条规定，利用信息网络辱骂、恐吓他人情节恶劣的，破坏社会秩序的，以寻衅滋事罪定罪处罚。

针对其他网络犯罪行为，我国刑法也做出了相应的规定。这里提到的网络犯罪行为，主要指的是在网络快速发展的时代背景下，难以纳入传统的法律规范的新兴网络不法行为，而那些只是借助网络作为实施不法行为的工具、实则与传统不法行为无

---

① 如《最高人民法院、最高人民检察院、公安部关于依法惩治网络暴力违法犯罪的指导意见》第六条规定，网络服务提供者对于所发现的网络暴力违法犯罪行为的信息未采取有效措施，经责令后拒不改正导致大量违法信息传播的，要以拒不履行信息网络安全管理义务罪定罪处罚。

② 索朗热·戈尔纳奥提. 网络的力量：网络空间中的犯罪、冲突与安全 [M]. 王标，谷明菲，王芳，译. 北京：北京大学出版社，2018：1.

异。还有一些网络参与者，通常被称为黑客，是以计算机信息系统或者计算机信息数据为犯罪对象实施犯罪行为，意在侵入计算机信息系统截取信息数据或者破坏计算机信息系统的正常运行。目前我国对于数据安全的法益保护不够独立，数据安全法益更多依附于财产法益、人身法益等传统法益进行保护，并且对于一般数据的保护力度不足，对于数据安全的保护未覆盖全周期。因此，网络犯罪和数据安全相关规定还需进一步研究和完善。

【思考题】

1. 网络安全法的主要内容、特点是什么？如何理解贯彻落实网络安全法对维护国家网络安全的重要意义？

2. 如何正确理解"没有网络安全就没有国家安全"这句话的深刻涵义？

第十一章　其他法律法规

　　为贯彻国家安全法所提出的维护国家安全工作和活动的法律原则，全国人大及其常委会先后制定出台了一系列有关国家安全的法律法规，例如，反分裂国家法、保密法、非政府组织管理法、核安全法、数据安全法、个人信息保护法、密码法、香港国安法、生物安全法、反外国制裁法等。上述法律的实施不断填补我国国家安全立法的空白和不足，进一步夯实了维护国家安全的法律制度体系，为维护国家安全提供了较为系统的、科学的、完备的法律保障。

第一节　其他法律法规概述

▶▶　一、反分裂国家法基本内容

　　2005 年 3 月 14 日，第十届全国人民代表大会第三次会议通过了《反分裂国家法》。《反分裂国家法》共计十个法律条文。基本内容包括：

（一）立法宗旨是反对和遏制"台独"分裂势力分裂国家，维护台海地区和平稳定

　　该法第一条就开宗明义地指出："为了反对和遏制'台独'分裂势力分裂国家，促进祖国和平统一，维护台湾海峡地区和平稳定，维护国家主权和领土完整，维护中华民族的根本利益，根据宪法，制定该法。"这里明确规定了该法的最终目的是维护和平稳定，维护中华民族根本利益。同时也规定了该法的适用范围是"台独"势力分裂国家的行为，而不是针对台湾民众。

　　习近平总书记在庆祝中国共产党成立 100 周年大会上的庄重宣示："解决台湾问题、实现祖国完全统一，是中国共产党矢志不渝的历史任务，是全体中华儿女的共同愿望。""任何人都不要低估中国人民捍卫国家主权和领土完整的坚强决心、坚定意志、强大能力!"

(二) 明确规定解决台湾问题的前提、原则和方式

解决台湾问题的首要前提是明确台湾问题的性质。该法第三条规定:"台湾问题是中国内战遗留下来的问题。解决台湾问题、实现祖国统一是中国的内部事务,不受任何外国势力的干涉。"只有明确了台湾问题是"中国内部问题"的性质,才能进一步理解为什么和平解决台湾问题必须要坚持一个中国的原则。以一个中国为原则,体现的是大陆和台湾同属一个中国的事实,追求的是和平统一的目标。对此,该法第五条规定:"坚持一个中国的原则,是实现祖国和平统一的基础。"该条文首次把一个中国原则以法律的形式确立了下来,形成了国家意志。以和平方式实现国家统一,最符合包括台湾同胞在内的全中国人民的根本利益,因此该法第五条同时又规定了"国家以最大诚意,尽最大的努力,实现和平统一"。维护台海地区和平稳定,促进两岸共同发展、共同繁荣,是两岸同胞的共同愿望,符合两岸同胞的共同利益。为此,该法第六条规定:"国家采取下列措施,维护台湾海峡地区和平稳定,发展两岸关系:(一) 鼓励和推动两岸居民往来,增进了解,增强互信;(二) 鼓励和推动两岸经济交流与合作,直接通邮通航通商,密切两岸经济关系,互利互惠;(三) 鼓励和推动两岸教育、科技、文化、卫生、体育交流,共同弘扬中华文化的优秀传统;(四) 鼓励和推动两岸共同打击犯罪;(五) 鼓励和推动有利于维护台湾海峡地区和平稳定、发展两岸关系的其他活动。"实现国家和平统一,需要推动台海两岸协商和谈判,并为协商和谈判提供广阔的空间。有鉴于此,该法第七条主张通过台湾海峡两岸平等的协商和谈判以实现和平统一,并对谈判的方式、事项做了详尽阐述。

(三) 明确实现和平统一的依靠力量是包括台湾同胞在内的全中国人民

该法第四条规定,完成统一祖国的大业是包括台湾同胞在内的全中国人民的神圣职责。历史唯物主义认为,人民群众是历史的主体,是推动社会发展的决定力量,历史的每一个进步都是人民群众推动的结果。祖国和平统一是历史的必然,代表了人民的愿望,和平统一任务的完成也只有牢牢依靠人民的力量,取得人民的拥护和支持才能得以实现。①

(四) 规定了实现国家统一的特殊方式

以和平方式实现国家统一是中国政府的一贯主张,和平统一即使只有一线希望也要尽最大努力争取,但这并不表明中国政府承诺放弃非和平方式。维护国家主权和领

---

① 游志强.《反分裂国家法》在两岸关系和平发展时期的实施研究 [J]. 台海研究,2020 (3):11 – 18.

土完整是国家的核心利益，任何主权国家都不会容忍分裂国家的行为，都有权采取必要的方式捍卫国家主权和领土完整。① 该法第八条规定："'台独'分裂势力以任何名义、任何方式造成台湾从中国分裂出去的事实，或者发生将会导致台湾从中国分裂出去的重大事变，或者和平统一的可能性完全丧失，国家得采取非和平方式及其他必要措施，捍卫国家主权和领土完整。"

2022 年 8 月 10 日，中国政府正式发布《台湾问题与新时代中国统一事业》白皮书，进一步重申台湾是中国的一部分的事实和现状，展现中国共产党和中国人民追求祖国统一的坚定意志和坚强决心，阐述中国共产党和中国政府在新时代推进实现祖国统一的立场和政策，必将有力提振全党全国各族人民矢志追求国家统一的精气神，增强岛内和海外反"独"促统力量的信心勇气。新时代新征程上，祖国完全统一的时和势始终在我们这一边，任何人任何势力，都无法阻挡民族复兴、祖国统一的历史车轮滚滚向前！

2024 年 6 月 21 日，最高人民法院、最高人民检察院、公安部、国家安全部、司法部联合发布《关于依法惩治"台独"顽固分子分裂国家、煽动分裂国家犯罪的意见》（以下简称《意见》），自发布之日起施行。《意见》深入贯彻习近平法治思想和新时代党解决台湾问题的总体方略，根据《反分裂国家法》和《中华人民共和国刑法》、《中华人民共和国刑事诉讼法》等法律规定，对依法惩治"台独"顽固分子分裂国家、煽动分裂国家犯罪的总体要求、定罪量刑标准和程序规范等作出具体规定，为司法办案提供明确指引。

《意见》指出，世界上只有一个中国，台湾是中国领土不可分割的一部分。极少数"台独"顽固分子大肆进行"台独"分裂活动，严重危害台湾海峡地区和平稳定，严重损害两岸同胞共同利益和中华民族根本利益。人民法院、人民检察院、公安机关、国家安全机关和司法行政机关要充分发挥职能作用，依法严惩"台独"顽固分子分裂国家、煽动分裂国家犯罪，坚决捍卫国家主权、统一和领土完整。

▶▶ 二、保密法基本内容

1988 年 9 月 5 日，第七届全国人民代表大会常务委员会第三次会议通过了《中华人民共和国保守国家秘密法》（以下简称"保密法"）。2010 年 4 月 29 日，第十一届全国人民代表大会常务委员会第十四次会议对该法进行了第一次修订。2024 年 2 月 27 日第十四届全国人民代表大会常务委员会第八次会议进行了第二次修订。保密

---

① 杨华洋. 实现祖国和平统一的根本保障：解读《反分裂国家法》［J］. 贵州社会主义学院学报，2005（2）：54.

法共六章六十五条，包括总则、国家秘密的范围和密级、保密制度、监督管理、法律责任等。基本内容包括：

（一）坚持党管保密、依法管理原则

党的领导是中国特色社会主义最本质的特征，是社会主义法治最根本的保证。党的二十大报告提出，"坚决维护党中央权威和集中统一领导，把党的领导落实到党和国家事业各领域各方面各环节"。党管保密是保密工作长期实践和历史经验的总结，是保密工作必须坚持的政治原则。保密法把党对保密工作的领导写入法律，明确中央保密工作领导机构职责，旨在更好发挥党管保密的政治优势和组织优势。依法管理国家秘密是依法治国在保密领域的具体体现。该法第三条规定："坚持中国共产党对保守国家秘密（以下简称保密）工作的领导。中央保密工作领导机构领导全国保密工作，研究制定、指导实施国家保密工作战略和重大方针政策，统筹协调国家保密重大事项和重要工作，推进国家保密法治建设。"

（二）确立了保密工作坚持总体国家安全观，遵循党管保密、依法管理，积极防范、突出重点，技管并重、创新发展的保密工作方针

保密法第四条第一款明确规定，保密工作坚持总体国家安全观，遵循党管保密、依法管理，积极防范、突出重点，技管并重、创新发展的原则，既确保国家秘密安全，又便利信息资源合理利用。随着我国经济社会和网络信息技术的快速发展，保密工作的对象、内容和职责、任务都发生深刻变化，只有坚持依法管理，才能更好地统筹社会力量，平衡社会利益，规范社会行为，共同维护好国家秘密安全。保密法制订并完善了一系列保密管理制度，严格规范保密行政许可、行政检查、案件查处等行政行为，着力提升依法行政的能力和水平。保密工作的本质特征决定了必须防患于未然，始终坚持把防范窃密泄密作为出发点和落脚点，积极主动，关口前移。保密法的第二次修订进一步完善了保密宣传教育制度，旨在筑牢保密思想防线；建立了风险评估、监测预警、应急处置、信息通报制度机制，有利于及时发现和消除泄密风险隐患，有效防范泄密事件的发生。突出重点是抓好保密工作的重要方法和有效路径。保密工作必须突出重点，处理好重点与全面的关系，合理分配保密资源，确保核心秘密安全。保密法聚焦重点区域、重点领域、涉密人员的保密管理，完善相应管理制度。保密法在加强重点保密管理的同时，注重统筹兼顾，加强全面管理，促进保密工作协调发展。注重技管并重、创新发展。近年来，随着信息化、数字化的发展，国家秘密的存在形态、处理方式发生深刻变化，必须注重技术防护与管理措施两种手段，构筑起集人防、物防、技防于一体的综合防范体系，确保国家秘密安全。保密法第二次修订进一步完善了保密管理措施，提升了保密管理效能，同时更加注重科技在保密工作

中的支撑和引领作用，新增了涉密信息系统全流程管理和风险评估相关规定，对用于保护国家秘密的安全保密产品、保密技术装备等提出明确要求。创新发展是保密工作与时俱进、更好维护国家秘密安全的内在要求。做好新时代新征程保密工作，必须主动适应保密形势任务要求，加强保密理念、体制机制、方法手段和科学技术创新。保密法第二次修订进一步创新管理机制，完善管理制度，鼓励和支持保密科学技术研究和应用，强调提升自主创新能力，旨在激发保密科技创新主体活力，加快实现保密科技高水平自立自强，提升保密工作体系对抗能力。"既确保国家秘密安全，又便利信息资源合理利用"，在确保国家秘密安全的同时，充分遵循信息化条件下信息资源利用和管理的客观规律，建立科学有效的保密管理制度，促进信息资源的合理利用。"依法公开"，一是指法律法规要求公开的必须公开，不得以保密为由不予公开或者拒绝公开；二是指公开前必须依法进行保密审查，公开事项不得涉及国家秘密；三是指公开的程序和方式必须符合法律规定。① 信息公开与国家秘密保护是一个问题的两个方面，是辩证统一的，都是为了维护国家和人民的利益。正确认识和把握二者的关系，关键是要做到依法公开、依法保密、保放适度。保密法的第二次修订明确保密事项范围的确定应当遵循必要、合理原则，进行科学论证评估，从源头上提升定密工作的科学性和精准性；将国家秘密的定期审核修改为每年审核，督促机关、单位及时审核已确定的国家秘密，推动及时解密。此外，增加了信息公开保密审查专门条款，建立起信息公开的"安全网"，做到该保守的秘密坚决守住，该公开的信息依法公开。

（三）明确规定了国家秘密的范围和密级

保密法第二章主要规定了涉密事项范围和密级范围，定密工作体制，定密责任和权限，定密工作内容和流程，国家秘密的变更和解除，以及不明确或者有争议事项的确定等。第十三条以列举方式规定国家秘密主要产生于政治、国防军事、外交外事、经济、科技、政法等领域。这些领域中的事项，只有具备国家秘密本质属性，即泄露后可能损害国家安全和利益的，才能确定为国家秘密。国家秘密的密级，是按照国家秘密事项与国家安全和利益的关联程度，以泄露后可能造成的损害程度为标准，对国家秘密作出的等级划分。国家秘密的密级分为绝密、机密、秘密三级。绝密级国家秘密是最重要的国家秘密，泄露会使国家安全和利益遭受特别严重的损害；机密级国家秘密是重要的国家秘密，泄露会使国家安全和利益遭受严重的损害；秘密级国家秘密是一般的国家秘密，泄露会使国家安全和利益遭受损害。保密事项范围是确定、变更和解除国家秘密事项的具体标准和依据。国家秘密的保密期限，除另有规定外，绝密

---

① 刘延东. 保密法立法目的探究与相关制度完善（上）［J］. 保密工作，2022（9）：42－44.

级不超过三十年，机密级不超过二十年，秘密级不超过十年。该法第二十四条第二款规定："国家秘密的保密期限已满的，自行解密。在保密期限内因保密事项范围调整不再作为国家秘密，或者公开后不会损害国家安全和利益，不需要继续保密的，应当及时解密；需要延长保密期限的，应当在原保密期限届满前重新确定密级、保密期限和知悉范围。提前解密或者延长保密期限的，由原定密机关、单位决定，也可以由其上级机关决定。"

（四）确立了科学合理的保密管理制度

保密法第三章主要规定了国家秘密载体、涉密信息系统、信息发布、涉密采购、对外交往和合作、涉密会议活动、保密要害部门部位、军事禁区与涉密场所、从事涉密业务的企业事业单位、涉密人员等方面的保密管理制度，并针对危害国家秘密安全的行为作出禁止性规定。[①]

（五）规范和加强保密行政管理部门的监督管理职责

保密法第四章对保密行政管理部门的监督管理职责作出明确规定，主要包括：一是保密规章制定。规定国家保密行政管理部门依照法律、行政法规的规定，制定保密规章和国家保密标准。二是定密监督。规定保密行政管理部门发现国家秘密确定、变更或者解除不当的，应当及时通知有关机关、单位予以纠正。三是保密检查。规定保密行政管理部门对机关、单位遵守保密制度的情况进行检查，有关机关、单位应当配合。保密行政管理部门发现机关、单位存在泄密隐患的，应当要求其采取措施，限期整改；对存在泄密隐患的设施、设备、场所，应当责令停止使用；对严重违反保密规定的涉密人员，应当建议有关机关、单位给予处分并调离涉密岗位。保密行政管理部门对保密检查中发现的非法获取、持有的国家秘密载体，应当予以收缴。四是泄密案件调查。规定保密行政管理部门依法组织开展泄密案件查处工作。保密行政管理部门发现涉嫌泄露国家秘密的，应当督促、指导有关机关、单位进行调查处理。涉嫌犯罪的，移送司法机关处理。五是密级鉴定。规定办理涉嫌泄露国家秘密案件的机关，需要对有关事项是否属于国家秘密以及属于何种密级进行鉴定的，由国家保密行政管理部门或者省、自治区、直辖市保密行政管理部门鉴定。六是处分监督。规定机关、单位对违反保密规定的人员不依法给予处分的，保密行政管理部门应当建议纠正，对拒不纠正的，提请其上一级机关或者监察机关对该机关、单位负有责任的领导人员和直接责任人员依法予以处理。

---

① 李杰. 涉密人员管理的基本原则［J］. 保密工作，2020（2）：41.

三、非政府组织管理法基本内容

2016 年 4 月 28 日，第十二届全国人大常委会第二十次会议通过《中华人民共和国境外非政府组织境内活动管理法》（以下简称"非政府组织管理法"）。2017 年 11 月 4 日，第十二届全国人大常委会第三十次会议对非政府组织管理法进行了第一次修订。这部法律共七章五十四条，包括总则、登记和备案、活动规范、便利措施、监督管理、法律责任等。基本内容包括：

（一）明确了对境外非政府组织的管理体制

非政府组织管理法首先明确界定了境外非政府组织的内涵。该法所称境外非政府组织，是指在境外合法成立的基金会、社会团体、智库机构等非营利、非政府的社会组织。该法同时明确对境外非政府组织实施双重管理体制，境外非政府组织在我国境内开展活动同时受到登记管理机关和业务主管部门的监督管理。该法规定，国务院公安部门和省级人民政府公安机关为境外非政府组织在境内开展活动的登记管理机关，负责境外非政府组织代表机构的登记、年度检查、境外非政府组织临时活动的备案、对境外非政府组织及其代表机构的违法行为进行查处；国务院有关部门和单位及省级人民政府有关部门和单位，是境外非政府组织在中国境内开展活动的业务主管单位，对境外非政府组织设立代表机构、变更登记事项、年度工作报告提出意见指导、监督非政府组织及其代表机构依法开展活动、协助公安机关等部门查处境外非政府组织及其代表机构的违法行为。此外，该法还规定国家建立境外非政府组织监督管理工作协调机构，负责研究、协调、解决境外非政府组织在中国境内开展活动监督管理和服务便利中的重大问题，目前该机构已经成立。

（二）明确了境外非政府组织开展活动的形式

非政府组织管理法明确了境外非政府组织在我国境内开展活动的两种途径：一种为依法登记设立代表机构，另一种为临时活动备案。登记设立代表机构的，经依法申请并获准登记之后，凭代表机构登记证书依法办理税务登记、刻制印章、在中国境内开立银行账户。未设立代表机构的境外非政府组织，则需要与境内的中方合作单位合作开展临时活动。若要开展临时活动的，则需要中方合作单位按照国家规定办理审批手续，并到登记管理机关备案。

（三）规范境外非政府组织在我国境内的活动

根据非政府组织管理法规定，境外非政府组织在我国境内活动应遵守的法律义务包括：遵守我国法律，不得危害中国的国家统一、安全和民族团结，不得损害中国国家利益、社会公共利益和公民、法人以及其他组织的合法权益；不得从事或者资助营利性活动、政治活动，不得非法从事或者资助宗教活动；应当以登记的名称，在登记业务范围和活动区域内开展活动；不得在我国境内设立分支机构（国务院另有规定的除外）；不得对中方合作单位、受益人附加违反中国法律法规的条件；不得取得或者使用规定以外的资金；不得在我国境内进行募捐；向社会公开年度工作报告；接受公安机关、有关部门和业务主管单位监督管理；等等。[①]

（四）规定了为境外非政府组织在我国境内开展活动提供的便利措施

非政府组织管理法规定，国家保障和支持境外非政府组织在中国境内依法开展活动，并为其开展活动提供必要的便利和服务。为解决登记难问题，制定境外非政府组织活动领域和项目目录，公布业务主管单位目录，为境外非政府组织开展活动提供指引。县级以上人民政府有关部门为境外非政府组织提供政策咨询、活动指导服务，公布申请登记和临时活动备案的程序供境外非政府组织查询。境外非政府组织代表机构可依法享受税收优惠等政策。境外非政府组织代表机构首席代表和代表中的境外人员，可以凭登记证书、代表证明文件等依法办理就业等工作手续。

（五）赋予相关国家机关监督管理职权

非政府组织管理法赋予了登记管理机关在法定情形下可以采取行政强制措施的权限，包括：约谈境外非政府组织代表机构的首席代表以及其他负责人、现场检查、询问相关当事人、查询、复制甚至封存有关资料、查封与扣押及冻结银行账户等。其他诸如国家安全、外交外事、财政、金融监管、海关、税务、外国专家和反洗钱主管部门等，也在其职责范围之内对于境外非政府组织境内开展的活动依法实施监督管理。

▶ 四、核安全法基本内容

2017年9月1日，第十二届全国人大常委会第二十九次会议通过了《中华人民共和国核安全法》（以下简称"核安全法"）。该法旨在保障核安全、预防与应对核事故、安全利用核能、保护公众和从业人员的安全与健康、保护生态环境、促进经济社会可持续发展。核安全法共八章九十四条，包括总则、核设施安全、核材料和放射性废物安全、核事故应急、信息公开和公众参与、监督检查、法律责任等。基本内容包括：

（一）明确国家坚持理性、协调、并进的核安全观

核安全法规定，要加强核安全能力建设，保障核事业健康发展，从事核事业必须遵循确保安全的方针。同时，明确国家坚持理性、协调、并进的核安全观，要求核安

---

① 贾西津. 境外非政府组织境内活动管理法实施观察［J］. 中国非营利评论，2018（1）：294 - 303.

全工作必须坚持安全第一、预防为主、责任明确、严格管理、纵深防御、独立监管、全面保障的原则。"理性"旨在突出核能事业安全与发展之间的辩证关系，"协调"旨在阐明核安全领域国家自主与国际合作的关系，"并进"旨在阐明四个方面的并重：发展与安全并重、权利与义务并重、自主与协作并重，以及治标与治本并重。[①]

（二）明确各相关主体的核安全责任

核安全法明确规定，核设施营运单位对核安全负全面责任。核设施营运单位应当具备保障核设施安全运行的能力，应设置核设施纵深防御体系，有效防范技术原因、人为原因和自然灾害造成的威胁，确保核设施安全；应当对核设施进行定期安全评价，并接受国务院核安全监督管理部门的审查。为核设施营运单位提供设备、工程以及服务的单位，也应当负相应责任。国务院核安全监督管理部门负责核安全的监督管理。任何单位和个人不得危害核设施、核材料安全。值得注意的是，核安全管理工作涉及国务院核安全监督管理部门、核工业主管部门、能源主管部门和公安部门、卫生主管部门、交通主管部门等多个部门职能，有必要建立国家核安全协调机制，统筹相关工作，形成合力，保障核安全。核安全法第六条第三款对此作出规定，国家建立核安全工作协调机制，统筹协调有关部门推进相关工作。

（三）设立核设施分类管理制度及核安全事故的应急响应制度

核安全法明确规定，国家根据核设施的性质和风险程度等因素，对核设施实行分类管理。同时明确规定，国家建立核设施安全许可制度、建立放射性废物管理许可制度。除了法律规定的四种特定情形，核设施建造许可证的有效期不得超过 10 年。有效期届满，需要延期建造的，应当报国务院核安全监督管理部门审查批准。值得注意的是，核安全法针对核事故应急准备与响应制度作出详细规定，包括对核事故应急预案、应急演练、应急经费保障、应急救援、应急信息发布、事故调查等内容。

（四）强化信息公开和公众参与原则

核安全法明确规定，国务院有关部门及核设施所在地省、自治区、直辖市人民政府指定的部门应当在各自职责范围内依法公开核安全相关信息。国务院核安全监督管理部门应当依法公开与核安全有关的行政许可，以及核安全有关活动的安全监督检查报告、总体安全状况、辐射环境质量和核事故等信息。核设施营运单位应当公开本单位核安全管理制度和相关文件、核设施安全状况、流出物和周围环境辐射监测数据、年度核安全报告等信息。对依法公开的核安全信息，应当通过政府公告、网站以及其他便于公众知晓的方式，及时向社会公开。特别强调的是，核设施营运单位和核设施

---

① 孙杨杰，肖文涛.《中华人民共和国核安全法》评析［J］. 中国应急管理科学，2020（10）：28－33.

所在地省、自治区、直辖市人民政府应当就涉及公众利益的重大核安全事项通过问卷调查、听证会、论证会、座谈会，或者采取其他形式征求利益相关方的意见，并以适当形式反馈。①

五、数据安全法基本内容

2021 年 6 月 10 日，第十三届全国人民代表大会常务委员会第二十九次会议通过了《中华人民共和国数据安全法》（以下简称"数据安全法"）。数据安全法共七章五十五条，包括总则、数据安全与发展、数据安全制度、数据安全保护义务、政务数据安全与开放、法律责任等。基本内容包括：

（一）制度设计体现了践行总体国家安全观的基本要求

习近平总书记强调："把国家安全贯穿到党和国家工作各方面全过程，同经济社会发展一起谋划、一起部署，坚持系统思维，构建大安全格局。"数据安全是国家安全的重要组成部分。数据安全法确立和完善了数据安全保护管理的各项基本制度，形成了我国保障数据安全的顶层设计，在数据安全领域践行了总体国家安全观的要求。比如，该法规定国家建立数据分类分级保护制度，根据数据在经济社会发展中的重要程度，以及一旦遭到篡改、破坏、泄露或者非法获取、非法利用，对国家安全、公共利益或者个人、组织合法权益造成的危害程度，对数据实行分类分级保护；国家建立集中统一、高效权威的数据安全风险评估、报告、信息共享、监测预警机制等。这些规定对于保障数据安全，维护国家主权、安全、发展利益具有重要意义。②

（二）明确提出了支持、促进数据安全与发展的多样化措施

数据安全法第二章对支持促进数据安全与发展的措施作了规定，保护个人、组织与数据有关的权益，提升数据安全治理和数据开发利用水平，促进以数据为关键要素的数字经济发展。包括：实施大数据战略，制定数字经济发展规划；支持数据相关技术研发和商业创新；推进数据相关标准体系建设，促进数据安全检测评估、认证等服务的发展；培育数据交易市场；支持采取多种方式培养专业人才；等等。近年来，我国积极推进数字产业化、产业数字化，引导数字经济和实体经济深度融合，推动经济高质量发展。这就要求我们在充分发挥数据资源作为未来基础资源和创新引擎作用、加快发展数字经济的同时，牢牢守住数据安全的底线。数据安全法坚持发展与安全并重，明确鼓励数据依法合理有效利用，保障数据依法有序自由流动，促进以数据为关

---

① 岳树梅. 我国核安全法治体系现代化研究 [J]. 广西社会科学，2023（1）：10 – 25.
② 高志华. 浅析数据安全与《数据安全法》[J]. 中国外资，2022（5）：185 – 187.

键要素的数字经济发展，为支持、促进数据安全与发展提供法治保障。①

（三）建立健全国家数据安全管理制度

为有效应对境内外数据安全风险，有必要完善国家数据安全治理体系。对此，该法主要作了以下规定：一是，建立数据分类分级管理制度，确定重要数据保护目录，对列入目录的数据进行重点保护。二是，建立集中统一、高效权威的数据安全风险评估、报告、信息共享、监测预警机制，加强数据安全风险信息的获取、分析、研判、预警工作。三是，建立数据安全应急处置机制，有效应对和处置数据安全事件。四是，与相关法律相衔接，确立数据安全审查制度和出口管制制度。五是，针对一些国家对我国的相关投资和贸易采取歧视性等不合理措施的做法，明确我国可以根据实际情况采取相应的措施。

（四）明确规定了相关组织和个人的数据安全保护义务

保障数据安全，关键是要落实开展数据活动的组织、个人的主体责任。对此，该法主要作了以下规定：一是，开展数据活动必须遵守法律法规，尊重社会公德和伦理，有利于促进经济社会发展，增进人民福祉，不得违法收集、使用数据，不得危害国家安全、公共利益，不得损害公民、组织的合法权益。二是，开展数据活动应当按照规定建立健全全流程数据安全管理制度，组织开展数据安全教育培训，采取相应的技术措施和其他必要措施，保障数据安全。三是，开展数据活动应当加强数据安全风险监测、定期开展风险评估，及时处置数据安全事件，并履行相应的报告义务。四是，对数据交易中介服务和在线数据处理服务等作出规范。五是，对公安机关和国家安全机关因依法履行职责需要调取数据以及境外执法机构调取境内数据时，有关组织和个人的相关义务作了规定。

（五）推动政务数据安全与开放利用

为保障政务数据安全，并推进政务数据开放利用，该法主要作了以下规定：一是，对推进电子政务建设，提升运用数据服务经济社会发展的能力提出要求。二是，规定国家机关收集、使用数据应当在其履行法定职责的范围内依照法律、行政法规规定的条件和程序进行，并落实数据安全保护责任，保障政务数据安全。三是，对国家机关委托他人存储、加工或者向他人提供政务数据的审批要求和监督义务作出规定。四是，要求国家机关按照规定及时准确公开政务数据，制定政务数据开放目录，构建政务数据开放平台，推动政务数据开放利用。

---

① 崔晴．《数据安全法》及《个人信息保护法》要点解读［J］．中国外资，2022（5）：68－70．

▶▶ 六、个人信息保护法基本内容

2021 年 8 月 20 日，第十三届全国人民代表大会常务委员会第三十次会议通过了《中华人民共和国个人信息保护法》（以下简称"个人信息保护法"）。个人信息保护法共八章七十四条，包括总则、个人信息处理规则、个人信息跨境提供的规则、个人在个人信息处理活动中的权利、个人信息处理者的义务、履行个人信息保护职责的部门、法律责任等。基本内容包括：

（一）建立健全个人信息处理规则

为了规范个人信息处理活动，该法规定：一是，确立个人信息处理应遵循的原则，强调处理个人信息应当采用合法、正当的方式，具有明确、合理的目的，限于实现处理目的的最小范围，遵循公开处理规则，保证信息准确，采取安全保护措施等，并将上述原则贯穿于个人信息处理的全过程、各环节。二是，确立以"告知—同意"为核心的个人信息处理系列规则，要求处理个人信息应当在事先充分告知的前提下取得个人同意，并且个人有权撤回同意；重要事项发生变更的应当重新取得个人同意；不得以个人不同意为由拒绝提供产品或者服务。考虑到经济社会生活的复杂性和个人信息处理的不同情况，还对基于个人同意以外合法处理个人信息的情形作了规定。三是，根据个人信息处理的不同环节、不同个人信息种类，对个人信息的共同处理、委托处理、向第三方提供、公开、用于自动化决策、处理已公开的个人信息等提出有针对性的要求。四是，对处理敏感个人信息作出更严格的限制，只有在具有特定的目的和充分的必要性的情形下，方可处理敏感个人信息，并且应当取得个人的单独同意或者书面同意。① 五是，规定国家机关处理个人信息的规则，在保障国家机关依法履行职责的同时，要求国家机关处理个人信息应当依照法律、行政法规规定的权限和程序进行。

（二）完善个人信息跨境提供规则

一是，明确关键信息基础设施运营者和处理个人信息达到国家网信部门规定数量的处理者，确需向境外提供个人信息的，应当通过国家网信部门组织的安全评估；对于其他需要跨境提供个人信息的，规定了经专业机构认证等途径。二是，对跨境提供个人信息的"告知—同意"做出更严格的要求。三是，对因国际司法协助或者行政执法协助，需要向境外提供个人信息的，要求依法申请有关主管部门批准。四是，对从事损害我国公民个人信息权益等活动的境外组织、个人，以及在个人信息保护方面

---

① 王喜梅，丁富甲. 对大数据时代《个人信息保护法》的解读［J］. 焦作大学学报，2023（2）：14.

对我国采取不合理措施的国家和地区，规定了可以采取的相应措施。①

（三）明确个人信息处理活动中个人权利和处理者义务

一是，与民法典的有关规定相衔接，明确在个人信息处理活动中个人的各项权利，包括知情权、决定权、查询权、更正权、删除权等，并要求个人信息处理者建立个人行使权利的申请受理和处理机制。二是，明确个人信息处理者的合规管理和保障个人信息安全等义务。要求其按照规定制定内部管理制度和操作规程，采取相应的安全技术措施，并指定负责人对其个人信息处理活动进行监督；定期对其个人信息活动进行合规审计；对处理敏感个人信息、向境外提供个人信息等高风险处理活动，事前进行风险评估；履行个人信息泄露通知和补救义务；等等。

七、密码法基本内容

2019 年 10 月 26 日，第十三届全国人民代表大会常务委员会第十四次会议通过了《中华人民共和国密码法》（以下简称"密码法"），该法旨在规范密码应用和管理，促进密码事业发展，保障网络与信息安全，提升密码管理科学化、规范化、法治化水平，是我国密码领域的综合性、基础性法律。密码法共五章四十四条，包括总则、核心密码、普通密码、商用密码、法律责任等。基本内容包括：

（一）明确对核心密码、普通密码与商用密码实行分类管理的原则

密码法第二条明确规定了密码的含义，所谓密码"是指采用特定变换的方法对信息等进行加密保护、安全认证的技术、产品和服务"。密码是保障网络与信息安全的核心技术和基础支撑，是解决网络与信息安全问题最有效、最可靠、最经济的手段；它就像网络空间的 DNA，是构筑网络信息系统免疫体系和网络信任体系的基石，是保护党和国家根本利益的战略性资源，是国之重器。第六条至第八条明确了密码的种类及其适用范围，规定核心密码用于保护国家绝密级、机密级、秘密级信息，普通密码用于保护国家机密级、秘密级信息，商用密码用于保护不属于国家秘密的信息。对密码实行分类管理，是党中央确定的密码管理根本原则，是保障密码安全的基本策略，也是长期以来密码工作经验的科学总结。同时，该法第四条规定："坚持中国共产党对密码工作的领导。中央密码工作领导机构对全国密码工作实行统一领导，制定国家密码工作重大方针政策，统筹协调国家密码重大事项和重要工作，推进国家密码法治建设。"该条文确立了密码工作领导体制，同时明确了党管密码根本原则。

（二）明确规定了核心密码、普通密码的主要管理制度

核心密码、普通密码用于保护国家秘密信息和涉密信息系统，有力地保障了中央

---

① 吕尧，李东格.《密码法》解读及影响分析［J］. 网络空间安全，2019（11）：74－78.

政令军令安全，为维护国家网络空间主权、安全和发展利益构筑起牢不可破的密码屏障。密码法第十四条规定："在有线、无线通信中传递的国家秘密信息，以及存储、处理国家秘密信息的信息系统，应当依照法律、行政法规和国家有关规定使用核心密码、普通密码进行加密保护、安全认证。"同时，密码法明确规定，密码管理部门依法对核心密码、普通密码实行严格统一管理，并规定了核心密码、普通密码使用要求，安全管理制度以及国家加强核心密码、普通密码工作的一系列特殊保障制度和措施。核心密码、普通密码本身就是国家秘密，一旦泄密，将危害国家安全和利益。因此，有必要对核心密码、普通密码的科研、生产、服务、检测、装备、使用、销毁等各个环节实行严格统一管理，确保核心密码、普通密码的安全。①

（三）明确规定了商用密码的主要管理制度

商用密码广泛应用于国民经济发展和社会生产生活，涵盖金融和通信、公安、税务、社保、交通、卫生健康、能源、电子政务等重要领域，在维护国家安全、促进经济社会发展以及保护公民、法人和其他组织合法权益等方面发挥着重要作用。密码法明确规定，国家鼓励商用密码技术的研究开发、学术交流、成果转化和推广应用，健全统一、开放、竞争、有序的商用密码市场体系，鼓励和促进商用密码产业发展。一是坚决贯彻落实"放管服"改革要求，充分体现非歧视和公平竞争原则，进一步削减行政许可数量，放宽市场准入，更好地激发市场活力和社会创造力。二是由全环节严格管理调整为重点把控产品销售、服务提供、使用、进出口等关键环节，管理方式上由重事前审批转为重事中事后监管，重视发挥标准化和检测认证的支撑作用。三是对于关系国家安全和社会公共利益，又难以通过市场机制或者事中事后监管方式进行有效监管的少数事项，规定了必要的行政许可和管制措施。密码法规定了商用密码的主要管理制度，包括商用密码标准化制度、检测认证制度、市场准入管理制度、使用要求、进出口管理制度、电子政务电子认证服务管理制度及商用密码事中事后监管制度。

▶ 八、香港国安法基本内容

2020年6月30日，第十三届全国人民代表大会常务委员会第二十次会议通过了《中华人民共和国香港特别行政区维护国家安全法》（以下简称"香港国安法"）。香港国安法是继香港基本法之后，中央为香港特别行政区专门制定的第二部重要法律。香港国安法是香港繁荣稳定的"守护神"和"定海神针"。该法是一部兼具实体法、程序法和组织法内容的综合性法律，也是一部主要针对涉港国家安全制定的全国性法

---

① 霍炜. 贯彻落实密码法推动网络可信体系发展［J］. 信息安全研究，2020（1）：10－13.

律，共六章六十六条，包括总则、香港特别行政区维护国家安全的职责和机构、罪行和处罚、案件管辖、法律适用和程序、中央人民政府驻香港特别行政区维护国家安全机构等。基本内容包括：

（一）明确界定中央政府和香港特别行政区对涉港国家安全事务的责任划分

香港国安法第三条明确规定了中央人民政府对涉港国家安全事务负有根本责任，香港特别行政区负有维护国家安全的宪制责任。该条文涉及对中央和特区在维护国家安全方面各自权力、职能和责任的规定。中央的根本责任意味着对涉港国家安全负有最高责任、最终责任和全面责任，香港的宪制责任意味着特区所有公权力机关都承担有依法防范、制止和惩治危害国家安全的行为与活动的职责。香港居民也都有维护国家主权、统一和领土完整的义务。该法第五条明确规定："防范、制止和惩治危害国家安全犯罪，应当坚持法治原则。法律规定为犯罪行为的，依照法律定罪处刑；法律没有规定为犯罪行为的，不得定罪处刑。任何人未经司法机关判罪之前均假定无罪。保障犯罪嫌疑人、被告人和其他诉讼参与人依法享有的辩护权和其他诉讼权利。任何人已经司法程序被最终确定有罪或者宣告无罪的，不得就同一行为再予审判或者惩罚。"该条文既涵盖法律制定过程，也涵盖法律实施过程，对中央政府和香港特别行政区都有约束力，包括尊重和保障香港居民基本人权原则、罪刑法定原则、依法治罪原则、无罪推定原则、一事不再理原则和保障犯罪嫌疑人权利等原则。①

（二）明确规定香港特区维护国家安全相关机构的职责与活动准则

香港国安法明确规定香港特别行政区行政长官应当就香港特别行政区维护国家安全事务向中央人民政府负责，并就香港特别行政区履行维护国家安全职责的情况提交年度报告。香港特别行政区设立维护国家安全委员会，负责香港特别行政区维护国家安全事务，承担维护国家安全的主要责任，并接受中央人民政府的监督和问责。同时，香港特别行政区维护国家安全委员会由行政长官担任主席，成员包括政务司长、财政司长、律政司长、保安局局长、警务处处长、该法第十六条规定的警务处维护国家安全部门的负责人、入境事务处处长、海关关长和行政长官办公室主任。

该法第十四条具体规定了"香港特别行政区维护国家安全委员会的职责为：（一）分析研判香港特别行政区维护国家安全形势，规划有关工作，制定香港特别行政区维护国家安全政策；（二）推进香港特别行政区维护国家安全的法律制度和执行机制建设；（三）协调香港特别行政区维护国家安全的重点工作和重大行动。香港特别行政区维护国家安全委员会的工作不受香港特别行政区任何其他机构、组织和个人

---

① 饶戈平．香港特别行政区维护国家安全法：学习与解读［J］．港澳研究，2020（3）：5.

的干涉，工作信息不予公开。香港特别行政区维护国家安全委员会作出的决定不受司法复核"。同时，香港特别行政区维护国家安全委员会设立国家安全事务顾问，由中央人民政府指派，就香港特别行政区维护国家安全委员会履行职责相关事务提供意见。另外，香港特别行政区政府警务处设立维护国家安全的部门，配备执法力量。香港特别行政区律政司设立专门的国家安全犯罪案件检控部门，负责危害国家安全犯罪案件的检控工作和其他相关法律事务。①

（三）明确规定案件管辖、法律适用及司法程序等重要内容

香港国安法第四十条规定："香港特别行政区对本法规定的犯罪案件行使管辖权，但本法第五十五条规定的情形除外。"香港特别行政区管辖危害国家安全犯罪案件的立案侦查、检控、审判和刑罚的执行等诉讼程序事宜，适用该法和香港特别行政区本地法律。香港特别行政区管辖的危害国家安全犯罪案件的审判遵循公诉程序进行。同时，明确规定对犯罪嫌疑人、被告人，除非法官有充足理由相信其不会继续实施危害国家安全行为的，不得准予保释。另外，第四十三条规定："香港特别行政区政府警务处维护国家安全部门办理危害国家安全犯罪案件时，可以采取香港特别行政区现行法律准予警方等执法部门在调查严重犯罪案件时采取的各种措施，并可以采取以下措施：（一）搜查可能存有犯罪证据的处所、车辆、船只、航空器以及其他有关地方和电子设备；（二）要求涉嫌实施危害国家安全犯罪行为的人员交出旅行证件或者限制其离境；（三）对用于或者意图用于犯罪的财产、因犯罪所得的收益等与犯罪相关的财产，予以冻结，申请限制令、押记令、没收令以及充公；（四）要求信息发布人或者有关服务商移除信息或者提供协助；（五）要求外国及境外政治性组织，外国及境外当局或者政治性组织的代理人提供资料；（六）经行政长官批准，对有合理理由怀疑涉及实施危害国家安全犯罪的人员进行截取通讯和秘密监察；（七）对有合理理由怀疑拥有与侦查有关的资料或者管有有关物料的人员，要求其回答问题和提交资料或者物料。"对于负责处理危害国家安全犯罪案件的法官人选，该法第四十四条明确规定，香港特别行政区行政长官应当从裁判官、区域法院法官、高等法院原诉讼法庭法官、上诉法庭法官以及终审法院法官中指定若干名法官，也可从暂委或者特委法官中指定若干名法官，负责处理危害国家安全犯罪案件。同时，律政司长可基于保护国家秘密、案件具有涉外因素或者保障陪审员及其家人的人身安全等理由，发出证书指示相关诉讼毋须在有陪审团的情况下进行审理。需要注意的是，香港特别行政区法院在审理案件中遇有涉及有关行为是否涉及国家安全或者有关证据材料是否涉及国

---

① 韩大元，杨晓楠. 论《香港国安法》的原意解释［J］. 港澳研究，2023（2）：3－13.

家秘密的认定问题，应取得行政长官就该等问题发出的证明书，上述证明书对法院有约束力。①

（四）设立中央政府驻香港特区维护国家安全公署

香港国安法第四十八条规定："中央人民政府在香港特别行政区设立维护国家安全公署。中央人民政府驻香港特别行政区维护国家安全公署依法履行维护国家安全职责，行使相关权力。驻香港特别行政区维护国家安全公署人员由中央人民政府维护国家安全的有关机关联合派出。"第四十九条规定："驻香港特别行政区维护国家安全公署的职责为：（一）分析研判香港特别行政区维护国家安全形势，就维护国家安全重大战略和重要政策提出意见和建议；（二）监督、指导、协调、支持香港特别行政区履行维护国家安全的职责；（三）收集分析国家安全情报信息；（四）依法办理危害国家安全犯罪案件。"香港特别行政区维护国家安全公署管辖危害国家安全犯罪的案件包括：（1）案件涉及外国或者境外势力介入的复杂情况，香港特别行政区管辖确有困难的；（2）出现香港特别行政区政府无法有效执行本法的严重情况的；（3）出现国家安全面临重大现实威胁的情况的。根据该法第五十五条规定，管辖有关危害国家安全犯罪案件时，由驻香港特别行政区维护国家安全公署负责立案侦查，最高人民检察院指定有关检察机关行使检察权，最高人民法院指定有关法院行使审判权。

▶▶ 九、生物安全法基本内容

2020年10月17日，第十三届全国人民代表大会常务委员会第二十二次会议通过了《中华人民共和国生物安全法》（以下简称"生物安全法"）。作为生物安全领域基础性、系统性、综合性、纲领性的重要法律，这部法律的正式实施对于提升国家生物安全治理能力、传染病防控能力、人类命运共同体构建能力等方面都具有非常重要的意义。该法共十章八十八条，包括总则、生物安全风险防控体制、防控重大新发突发传染病、动植物疫情、生物技术研究、开发与应用安全、病原微生物实验室生物安全、人类遗传资源与生物资源安全、防范生物恐怖与生物武器威胁、生物安全能力建设、法律责任等。基本内容包括：

（一）贯彻总体国家安全观原则

生物安全法明确规定了生物安全的重要地位和原则，规定生物安全是国家安全的重要组成部分，对其落实之逻辑起点应当是尊重和维护我国国家主权，并在其第三条明确规定维护生物安全应当贯彻总体国家安全观，统筹发展和安全，坚持以人为本、

---

① 田飞龙.香港国安法的实施成效、法理正当性与制度前景［J］.中央社会主义学院学报，2023（5）：56－73.

风险预防、分类管理、协同配合的原则。

（二）推进国际生物安全合作，提升人类命运共同体构建能力

生物安全是全球性问题，传染病具有快速蔓延不受国界束缚的特性。在现代社会，传染病拥有了更多的传播途径，可通过旅游、商业和学术交流等渠道进行传播，客观上需要全球合作应对。在具体内容方面，生物安全法第六条规定了国际合作原则，即国家加强生物安全领域的国际合作，履行中华人民共和国缔结或者参加的国际条约规定的义务，支持参与生物科技交流合作与生物安全事件国际救援，积极参与生物安全国际规则的研究与制定，推动完善全球生物安全治理，体现了国际合作的立法原则。此外，人类命运共同体理念的提出，在国际关注的突发公共卫生事件语境下更显得尤为珍贵。秉持人类命运共同体理念，形成人类命运休戚与共、国际社会相互依存、共同合作的理念，有助于在生物安全领域推进国际合作，提升人类命运共同体构建能力。

（三）明确规定日常监管制度

建立生物安全名录和清单制度的目的在于明确从事生物安全行为合法或非法的基本界线。根据生物安全法第十八条之规定，国家建立生物安全名录和清单制度。在生物安全领域，标准基于其前瞻性、创新型、实用性等鲜明特点，发挥了重要的技术支撑作用。生物安全法在其第十九条予以规定，国家建立生物安全标准制度。在具体内容上，生物安全审查是国家层面的重要安全审查制度，其审查对象为影响或者可能影响国家安全的生物领域重大事项和活动，审查主体为国务院有关部门，审查的目的在于有效防范和化解生物安全风险。与生物安全审查制度不同，生物安全监督检查制度则是着眼生物安全领域的日常执法检查。对此，生物安全法第二十五条、第二十六条规定了生物安全监督检查的主体、人员组成、检查措施、违法信息共享等内容。比较传统安全威胁而言，生物危害可能在短时间内产生跨区域、远距离传播，及时感知并有效预警是应对生物威胁的关键。有鉴于此，生物安全法明确建立我国在此领域的监测预警制度体系内容及参与主体。根据生物安全法第十四条和第二十七条之规定，国家建立生物安全风险监测预警制度。国家生物安全工作协调机制组织建立国家生物安全风险监测预警体系，提高生物安全风险识别和分析能力。建立生物安全风险调查评估制度。根据生物安全法第十五条之规定，生物安全调查评估分为定期评估和应急评估两种。具体而言，生物安全法第十五条第一款规定定期评估，第二款规定应急评估。定期评估的实施主体为国家生物安全工作协调机制，其应当根据风险监测的数据、资料等信息，定期组织开展生物安全风险调查评估。同时，生物安全信息在生物安全管理过程中具有重要的资料、数据价值，有助于固化、交换生物安全管理方面的进展和经验。生物安全信息也是向社会公众进行生物安全宣传，推进公众参与的重要基础。生物安全法在其第十六条、第十七条规定了生物安全信息共享制度和生物安全信息发布制度。①

（四）明确建立生物安全领域的应急管理制度

应急管理是国家治理体系和治理能力现代化的重要组成部分。生物安全作为国家安全的重要内容之一，对此领域的风险予以防范，科学规定相应的应急管理制度，是包括生物安全法在内的生物安全法律法规体系的重要内容。根据生物安全法第二十一条之规定，国家建立统一领导、协同联动、有序高效的生物安全应急制度。在该制度下，国务院有关部门、县级以上地方人民政府及其有关部门、中国人民解放军、中国人民武装警察部队都是参与主体。这些主体依照生物安全法的规定或者按照中央军事委员会的命令，从事组织、指导、督促制定生物安全事件应急预案，开展应急演练、应急处置、应急救援和事后恢复等工作，或者依法参加生物安全事件应急处置和应急救援工作。第六十四条规定，国务院有关部门、省级人民政府及其有关部门负责组织遭受生物恐怖袭击、生物武器攻击后的人员救治与安置、环境消毒、生态修复、安全监测和社会秩序恢复等工作。2020 年新冠疫情防控的经验显示，面对突发公共卫生事件此类生物安全风险，及时依法采取指定口岸、医学检查等应对措施至关重要。对此，生物安全法在其第二十四条规定境外重大生物安全事件应对制度，即国家建立境外重大生物安全事件应对制度。境外发生重大生物安全事件的，海关依法采取生物安全紧急防控措施，加强证件核验，提高查验比例，暂停相关人员、运输工具、货物、物品等进境。必要时经国务院同意，可以采取暂时关闭有关口岸、封锁有关国境等措施。根据生物安全法的规定，生物安全涉及的领域较为庞杂。如发生生物安全事件，及时进行科学、严谨的调查溯源工作具有重要的意义。生物安全法第二十二条对生物安全事件溯源制度予以规定，国家建立生物安全事件调查溯源制度。发生重大新发突发传染病、动植物疫情和不明原因的生物安全事件，国家生物安全工作协调机制应当组织开展调查溯源，确定事件性质，全面评估事件影响，提出意见建议。

▶▶ 十、反外国制裁法基本内容

我国在对外交往中一贯反对霸权主义和强权政治，针对某些西方国家和组织以涉疆涉藏涉港涉台涉海涉疫等议题为借口，干涉我国内政，对我国有关国家机关、组织和国家机关工作人员进行所谓"制裁"的霸凌行径，我国政府采取了有力反制措施，

---

① 郭仕捷，吴菁敏. 我国《生物安全法》的困境与突破［J］. 河北工业大学学报（社会科学版），2021（2）：61－67.

对一些行为恶劣、无信无德的个人和组织相应进行反制。为此，制定《中华人民共和国反外国制裁法》（以下简称"反外国制裁法"），主要目的是反制、反击、反对外国对中国搞的所谓"单边制裁"，维护我国的主权、安全、发展利益，保护我国公民、组织的合法权益。2021 年 6 月 10 日，第十三届全国人民代表大会常务委员会第二十九次会议通过此法律。该法共十六条，基本内容包括：

（一）外交基本政策和原则立场

我国一贯主张在坚持和平共处五项原则基础上发展同世界各国的友好关系，我国立法进行反制与某些西方国家搞的所谓"单边制裁"有着本质区别，是应对、回击某些西方国家对中国遏制打压的防御措施。根据宪法有关规定精神，反外国制裁法第二条和第三条第一款重申了中国长期以来奉行的基本外交政策和原则立场，郑重宣示：中华人民共和国坚持独立自主的和平外交政策，坚持互相尊重主权和领土完整、互不侵犯、互不干涉内政、平等互利、和平共处的五项原则，维护以联合国为核心的国际体系和以国际法为基础的国际秩序，发展同世界各国的友好合作，推动构建人类命运共同体。中华人民共和国反对霸权主义和强权政治，反对任何国家以任何借口、任何方式干涉中国内政。

（二）明确采取反制措施的情形和反制措施适用的对象

根据反外国制裁法第三条第二款的规定，外国国家违反国际法和国际关系基本准则，以各种借口或者依据其本国法律对我国进行遏制、打压，对我国公民、组织采取歧视性限制措施，干涉我国内政的，我国有权采取相应反制措施。根据反外国制裁法第四条、第五条的规定，反制措施适用的对象：一是国务院有关部门可以决定将直接或者间接参与制定、决定、实施上述歧视性限制措施的个人、组织列入反制清单。二是除列入反制清单的个人、组织以外，国务院有关部门还可以决定对下列个人、组织采取反制措施：列入反制清单个人的配偶和直系亲属；列入反制清单组织的高级管理人员或者实际控制人；由列入反制清单个人担任高级管理人员的组织；由列入反制清单个人和组织实际控制或者参与设立、运营的组织。上述范围内的个人、组织都有可能被确定为反制措施适用的对象。①

（三）明确反制措施的种类

反外国制裁法第六条明确列举了三类反制措施：一是不予签发签证、不准入境、注销签证或者驱逐出境；二是查封、扣押、冻结在我国境内的动产、不动产和其他各类财产；三是禁止或者限制我国境内的组织、个人与其进行有关交易、合作等活动。

---

① 马忠法.《反外国制裁法》：出台背景、内容构成及时代价值［J］. 贵州省委党校学报，2021（4）：8.

同时，还作了一个兜底性规定，即"其他必要措施"。根据法律规定，上述反制措施的具体应用，国务院有关部门可以按照各自职责和任务分工，对有关个人、组织根据实际情况决定采取其中一种或者几种措施。采取反制措施所依据的情形发生变化的，国务院有关部门可以暂停、变更或者取消有关反制措施。反制清单和反制措施的确定、暂停、变更或者取消，由外交部或者国务院其他有关部门发布命令予以公布。为了强化反制措施的执行力和威慑力，体现国家主权行为的性质，反外国制裁法第七条规定，国务院有关部门依据本法有关规定作出的决定为最终决定。

（四）建立反制工作机制

做好反外国制裁工作，需要建立相关工作机制，有关部门协调联动、共同配合。因此，反外国制裁法第十条规定，国家设立反外国制裁工作协调机制，负责统筹协调相关工作。国务院有关部门应当加强协同配合和信息共享，按照各自职责和任务分工确定和实施有关反制措施。

第二节　其他法律法规的法律责任

一、反分裂国家法的法律责任

中国政府一贯主张以和平方式实现国家统一。和平统一即使只有一线希望，也要尽最大努力争取而绝不放弃。同时，必须明确，维护国家主权和领土完整，是国家、民族的核心利益，是包括台湾同胞在内的全中国人民的共同义务。

（一）反分裂国家法的相关规定

围绕反对和遏制"台独"分裂势力分裂国家的活动，第八条规定在三种情况下"国家得采取非和平方式及其他必要措施，捍卫国家主权和领土完整"，从而清楚表明全体中国人民维护国家主权和领土完整，绝不允许"台独"分裂势力以任何名义、任何方式把台湾从中国分裂出去的共同意志和坚定决心。采取非和平方式制止分裂国家、捍卫国家主权和领土完整，是我们在和平统一的努力完全无效的情况下，不得已作出的最后选择。该法同时规定，采取非和平方式及其他必要措施，授权国务院、中央军委决定、组织实施，并及时向全国人大常委会报告。

需要强调的是，如果"台独"分裂势力一意孤行，迫使我们不得不作出最后选择，采取非和平方式及其他必要措施，完全是针对"台独"分裂势力，决不是针对台湾同胞。对此，该法第九条规定，依照规定采取非和平方式及其他必要措施并组织实施时，国家尽最大可能保护台湾平民和在台湾的外国人的生命财产安全和其他正当权益，减少损失。同时，国家依法保护台湾同胞在中国其他地区的权利和利益。

（二）意见①的规定

根据 2024 年 6 月 21 日两高三部出台的意见，对认定犯罪、适用程序有相关的规定：

一是针对分裂行径，明确犯罪认定标准。对极少数"台独"顽固分子组织、策划、实施"法理台独""倚外谋独""以武谋独"等分裂行径，明确适用分裂国家罪、煽动分裂国家罪的具体情形，规定相关犯罪所涉"首要分子""罪行重大""积极参加"等的认定标准。原文如下：

2. 以将台湾从中国分裂出去为目的，组织、策划、实施下列行为之一的，依照刑法第一百零三条第一款的规定，以分裂国家罪定罪处罚：

（1）发起、建立"台独"分裂组织，策划、制定"台独"分裂行动纲领、计划、方案，指挥"台独"分裂组织成员或者其他人员实施分裂国家、破坏国家统一活动的；

（2）通过制定、修改、解释、废止台湾地区有关规定或者"公民投票"等方式，图谋改变台湾是中国一部分的法律地位的；

（3）通过推动台湾加入仅限主权国家参加的国际组织或者对外进行官方往来、军事联系等方式，图谋在国际社会制造"两个中国"、"一中一台"、"台湾独立"的；

（4）利用职权在教育、文化、历史、新闻传媒等领域大肆歪曲、篡改台湾是中国一部分的事实，或者打压支持两岸关系和平发展和国家统一的政党、团体、人员的；

（5）其他图谋将台湾从中国分裂出去的行为。

3. 在"台独"分裂犯罪集团中起组织、策划、指挥作用的，应当认定为刑法第一百零三条第一款规定的"首要分子"。

4. 实施本意见第二条规定的行为，具有下列情形之一的，应当认定为刑法第一百零三条第一款规定的"罪行重大"：

（1）直接参与实施"台独"分裂组织主要分裂活动的；

（2）实施"台独"分裂活动后果严重、影响恶劣的；

（3）其他在"台独"分裂活动中起重大作用的。

---

① 前文所述，2024 年 6 月 21 日两高三部出台的《关于依法惩治"台独"顽固分子分裂国家、煽动分裂国家犯罪的意见》。

5. 实施本意见第二条规定的行为，具有下列情形之一的，应当认定为刑法第一百零三条第一款规定的"积极参加"：

（1）多次参与"台独"分裂组织分裂活动的；

（2）在"台独"分裂组织中起骨干作用的；

（3）在"台独"分裂组织中积极协助首要分子实施组织、领导行为的；

（4）其他积极参加的。

6. 实施本意见第二条规定行为的，对首要分子或者罪行重大的，处无期徒刑或者十年以上有期徒刑，其中对国家和人民危害特别严重、情节特别恶劣的，可以判处死刑；对积极参加的，处三年以上十年以下有期徒刑；对其他参加的，处三年以下有期徒刑、拘役、管制或者剥夺政治权利。

二是明确从重情节，重申追诉期限。明确规定与外国或者境外机构、组织、个人相勾结实施分裂国家、煽动分裂国家犯罪行为的，依法从重处罚。犯罪行为有连续或者继续状态的，追诉期限从犯罪行为终了之日起计算；在公安机关、国家安全机关立案侦查或者人民法院受理案件以后，逃避侦查或者审判的，不受追诉期限的限制。原文如下：

7. 以将台湾从中国分裂出去为目的，实施下列行为之一的，依照刑法第一百零三条第二款的规定，以煽动分裂国家罪定罪处罚：

（1）顽固宣扬"台独"分裂主张及其分裂行动纲领、计划、方案的；

（2）其他煽动将台湾从中国分裂出去的行为。

8. 实施本意见第七条规定的行为，情节严重、造成严重后果或者造成特别恶劣影响的，应当认定为刑法第一百零三条第二款规定的"罪行重大"。

9. 实施本意见第七条规定行为的，处五年以下有期徒刑、拘役、管制或者剥夺政治权利；首要分子或者罪行重大的，处五年以上有期徒刑。

10. 实施本意见第二条、第七条规定行为的，可以并处没收财产。

11. 与外国或者境外机构、组织、个人相勾结实施本意见第二条、第七条规定行为的，依照刑法第一百零六条的规定从重处罚。

12. "台独"顽固分子分裂国家、煽动分裂国家的犯罪行为有连续或者继续状态的，追诉期限从犯罪行为终了之日起计算。在公安机关、国家安全机关立案侦查或者人民法院受理案件以后，逃避侦查或者审判的，不受追诉期限的限制。

三是坚持宽严相济，体现罚当其罪。坚持依法惩治，做到当严则严，该宽则宽。专门规定"台独"顽固分子主动放弃"台独"分裂立场，不再实施"台独"分裂活动，并采取措施减轻、消除危害后果或者防止危害扩大，符合刑事诉讼法相关规定的，可以撤销案件、不起诉或者对涉嫌数罪中的一项或多项不起诉。原文如下：

13. 应当逮捕的犯罪嫌疑人如果在逃，公安机关、国家安全机关可以发布通缉令，采取有效措施，追捕归案。

14. 犯罪嫌疑人、被告人自愿如实供述自己的罪行，承认指控的犯罪事实，愿意接受处罚的，可以依法从宽处理。

15. "台独"顽固分子主动放弃"台独"分裂立场，不再实施"台独"分裂活动，并采取措施减轻、消除危害后果或者防止危害扩大，符合刑事诉讼法第一百八十二条第一款规定的，可以撤销案件、不起诉或者对涉嫌数罪中的一项或多项不起诉。

16. 犯罪嫌疑人、被告人依法享有辩护权利，除自己行使辩护权以外，还可以委托一至二人作为辩护人。

四是遵循法定程序，保障诉讼权利。第17至20条明确对"台独"顽固分子分裂国家、煽动分裂国家犯罪案件可以依法适用缺席审判程序；明确规定犯罪嫌疑人、被告人依法享有辩护权、上诉权等诉讼权利。

▶ 二、保密法的法律责任

为了加大对国家秘密的保护力度，严厉惩处泄密违法行为，保密法在法律责任部分着重增强责任追究的可操作性，同时强化对机关、单位领导人员和保密部门的责任追究。一是明确了严重违反保密规定行为的法律责任。该法第五十七条规定："违反本法规定，有下列情形之一，根据情节轻重，依法给予处分；有违法所得的，没收违法所得：（一）非法获取、持有国家秘密载体的；（二）买卖、转送或者私自销毁国家秘密载体的；（三）通过普通邮政、快递等无保密措施的渠道传递国家秘密载体的；（四）寄递、托运国家秘密载体出境，或者未经有关主管部门批准，携带、传递国家秘密载体出境的；（五）非法复制、记录、存储国家秘密的；（六）在私人交往和通信中涉及国家秘密的；（七）未按照国家保密规定和标准采取有效保密措施，在互联网及其他公共信息网络或者有线和无线通信中传递国家秘密的；（八）未按照国家保密规定和标准采取有效保密措施，将涉密信息系统、涉密信息设备接入互联网及其他公共信息网络的；（九）未按照国家保密规定和标准采取有效保密措施，在涉密信息系统、涉密信息设备与互联网及其他公共信息网络之间进行信息交换的；（十）使用非涉密信息系统、非涉密信息设备存储、处理国家秘密的；（十一）擅自卸载、修改涉密信息系统的安全技术程序、管理程序的；（十二）将未经安全技术处理的退出使用的涉密信息设备赠送、出售、丢弃或者改作其他用途的；（十三）其他违反本法规定的情形。有前款情形尚不构成犯罪，且不适用处分的人员，由保密行政管理部门督促其所在机关、单位予以处理。"该条文第二款同时规定对尚不构成犯罪，且不适用处分人员的处理。"不适用处分的人员"，主要是指不属于组织人事和监察机关规定的可以予以处分范围的人员。不适用处分的人员有所列举的严重违规行为之一的，由保密行政管理部门督促其所在机关、单位根据内部管理规定，或者合同约定的条款，给予教育、训诫、经济处罚和解聘等不同形式的处理。二是明确了机关、单位发生重大泄密案件或者定密不当的法律责任。该法第五十八条规定："机关、单位违反本法规定，发生重大泄露国家秘密案件的，依法对直接负责的主管人员和其他直接责任人员给予处分。不适用处分的人员，由保密行政管理部门督促其主管部门予以处理。机关、单位违反本法规定，对应当定密的事项不定密，对不应当定密的事项定密，或者未履行解密审核责任，造成严重后果的，依法对直接负责的主管人员和其他直接责任人员给予处分。"三是明确了互联网及其他公共信息网络运营商、服务商的法律责任。互联网及其他公共信息网络运营商、服务商违反该法第三十四条规定的，由公安机关、国家安全机关、电信主管部门、保密行政管理部门按照各自职责分工依法予以处罚。四是明确了保密行政管理部门工作人员的法律责任。该法第六十一条规定："保密行政管理部门的工作人员在履行保密管理职责中滥用职权、玩忽职守、徇私舞弊的，依法给予处分。"滥用职权，是指保密行政管理部门工作人员超越职权范围或者违背法律授权的宗旨、违反法律程序行使职权的行为。玩忽职守，是指保密行政管理部门工作人员严重不负责任，不履行或不正确履行职责的行为。徇私舞弊，是指保密行政管理部门工作人员在履行职责过程中，利用职务之便，弄虚作假、徇私谋利的行为。该条明确保密行政管理部门工作人员不依法履行保密管理职责的法律责任，体现了权责统一的原则，有利于加强对保密行政管理部门工作人员的监督和管理，有利于强化责任意识，加强自我约束，正确履行职责。

三、非政府组织管理法的法律责任

非政府组织管理法规定对境外非政府组织的处罚包括警告、责令限期停止活动、吊销登记证书、取缔临时活动等。此外，值得注意的是"黑名单"制度，该法第四十八条规定，对有颠覆国家政权、分裂国家等违法犯罪情形的境外非政府组织，国务院公安部门可以将其列入不受欢迎的名单，不得在中国境内再设立代表机构或者开展临时活动。对直接责任人员的处罚包括警告、行政拘留、追究刑事责任等，对于境外人员违反该法规定的，可以依法限期出境、遣送出境或者驱逐出境。该法还同时规定，境外非政府组织代表机构被责令限期停止活动的，由登记管理机关封存其登记证书、印章和财务凭证。对被撤销登记、吊销登记证书的，由登记管理机关收缴其登记证书、印章并公告作废。公安机关、有关部门和业务主管单位及其工作人员在境外非政府组织监督管理工作中，不履行职责或者滥用职权、玩忽职守、徇私舞弊的，依法追究法律责任。同时明确，违反该法规定，构成违反治安管理行为的，由公安机关依法给予治安管理处罚；构成犯罪的，依法追究刑事责任。

▶▷ 四、核安全法的法律责任

核安全法专章规定了法律责任，为了保证各项禁止性、限制性和义务性规定得以有效实施，该法对政府及其有关主管部门工作人员，核设施营运单位、核材料持有单位以及为之提供各种服务的主体的责任追究问题，均做出了明确规定，包括行政责任、民事赔偿责任和刑事责任等内容。对相关责任人可以依法给予处分、治安管理处罚等，对相关单位可以责令改正、警告、罚款、责令停止建设或者停产整顿等。违反该法规定，构成犯罪的，依法追究刑事责任。另外，该法明确规定，因核事故造成他人人身伤亡、财产损失或者环境损害的，核设施营运单位应当按照国家核损害责任制度承担赔偿责任，但能够证明损害是因战争、武装冲突、暴乱等情形造成的除外。为核设施营运单位提供设备、工程以及服务等的单位不承担核损害赔偿责任。核设施营运单位与其有约定的，在承担赔偿责任后，可以按照约定追偿。同时，核设施营运单位应当通过投保责任保险、参加互助机制等方式，作出适当的财务保证安排，确保能够及时、有效履行核损害赔偿责任。

▶▷ 五、数据安全法的法律责任

数据安全法设"法律责任"专章，细化了数据处理活动主体承担责任的具体情形和责任形式，为数据处理活动主体设置了行为底线，增强了数据安全法的规范效力。比如，数据安全法规定，开展数据处理活动应当依照法律、法规的规定，建立健全全流程数据安全管理制度，组织开展数据安全教育培训，采取相应的技术措施和其他必要措施，保障数据安全。开展数据处理活动的个人、组织不履行这一义务，由有关主管部门责令改正，给予警告，可以并处五万元以上五十万元以下罚款，对直接负责的主管人员和其他直接责任人员可以处一万元以上十万元以下罚款；拒不改正或者造成大量数据泄露等严重后果的，处五十万元以上二百万元以下罚款，并可以责令暂停相关业务、停业整顿、吊销相关业务许可证或者吊销营业执照，对直接负责的主管人员和其他直接责任人员处五万元以上二十万元以下罚款。违反国家核心数据管理制度，危害国家主权、安全和发展利益的，由有关主管部门处二百万元以上一千万元以下罚款，并根据情况责令暂停相关业务、停业整顿、吊销相关业务许可证或者吊销营业执照；构成犯罪的，依法追究刑事责任。国家机关不履行本法规定的数据安全保护义务的，对直接负责的主管人员和其他直接责任人员依法给予处分。同时规定，履行数据安全监管职责的国家工作人员玩忽职守、滥用职权、徇私舞弊的，依法给予处分。给他人造成损害的，依法承担民事责任；构成违反治安管理行为的，依法给予治安管理处罚；构成犯罪的，依法追究刑事责任。这些规定，有利于引导数据处理活动主体更加自觉采取合法、正当方式开展数据处理活动，夯实保障数据安全的社会根基。

六、个人信息保护法的法律责任

为了更好地惩治和预防违法信息处理行为，个人信息保护法规定了严格的法律责任，例如，对于违法的个人信息处理行为中情节严重的，除没收违法所得，还可以并处五千万元以下或者上一年度营业额百分之五以下罚款，并可以责令暂停相关业务或者停业整顿、通报有关主管部门吊销相关业务许可或者吊销营业执照；同时，对于直接负责的主管人员和其他直接责任人员不仅可予以罚款，还可以决定禁止其在一定期限内担任相关企业的董事、监事、高级管理人员和个人信息保护负责人。另外，有该法规定的违法行为的，还将按照法律、行政法规的规定记入信用档案，予以公示。该法第七十一条规定，对于违反该法规定，构成违反治安管理行为的，依法给予治安管理处罚；构成犯罪的，依法追究刑事责任。

需要注意的是，个人信息保护法第六十九条明确了侵害个人信息权益实行过错推定责任，规定个人信息处理者如果不能证明自己没有过错的，就必须要为其处理个人信息侵害个人信息权益造成的损害承担损害赔偿等侵权责任。该规定对于减轻受害人的举证负担，保护其个人信息权益非常有利。不仅如此，考虑到侵害个人信息权益对受害人造成的损害主要是精神损害，但是精神损害往往难以证明，该条特别规定，因侵害个人信息权益，无论给受害人造成的是财产损失还是精神损害，都可以按照个人因此受到的损失或者个人信息处理者因此获得的利益确定；个人因此受到的损失和个人信息处理者因此获得的利益难以确定的，根据实际情况确定赔偿数额。

七、密码法的法律责任

密码法设"法律责任"专章，对违反密码法管理制度的行为主体规定了承担责任的具体情形和责任形式，增强了密码法的规范效力。密码法规定，未按照要求使用核心密码、普通密码的，由密码管理部门责令改正或停止违法行为，给予警告。发生核心密码、普通密码泄密案件的；发现核心密码、普通密码泄密或者影响核心密码、普通密码安全的重大问题、风险隐患，未立即采取应对措施，或者未及时报告的，可由保密行政管理部门、密码管理部门建议有关国家机关、单位对直接负责的主管人员和其他直接责任人员依法给予处分或者处理。对于商用密码部分，密码法规定，商用密码检测、认证机构违反规定开展商用密码检测认证的；违反规定销售或者提供未经检测认证或者检测认证不合格的商用密码产品，或者提供未经认证或者认证不合格的商用密码服务的，可由市场监督管理部门会同密码管理部门责令改正或者停止违法行为、给予警告、没收违法所得、罚款、依法吊销相关资质等处罚。同时，密码法规定，关键信息基础设施的运营者未按照要求使用商用密码，或者未按照要求开展商用密码应用安全性评估的；未经认定从事电子政务电子认证服务的，由密码管理部门责令改正或者停止违法行为，可给予警告、没收违法产品和违法所得、罚款等处罚。密码管理部门和有关部门、单位的工作人员在密码工作中滥用职权、玩忽职守、徇私舞弊，或者泄露、非法向他人提供在履行职责中知悉的商业秘密和个人隐私的，依法给予处分。密码法第四十一条规定："违反本法规定，构成犯罪的，依法追究刑事责任；给他人造成损害的，依法承担民事责任。"需要注意的是，违反该法第二十八条实施进口许可、出口管制的规定，进出口商用密码的，由国务院商务主管部门或者海关依法予以处罚。违反该法第十二条规定，窃取他人加密保护的信息，非法侵入他人的密码保障系统，或者利用密码从事危害国家安全、社会公共利益、他人合法权益等违法活动的，由有关部门依照网络安全法和其他有关法律、行政法规的规定追究法律责任。

▶▶ 八、香港国安法的法律责任

香港国安法第三章设专章明确规定了防范、制止和惩治四类危害国家安全的罪行：分裂国家罪、颠覆国家政权罪、恐怖活动罪、勾结外国或者境外势力危害国家安全罪。

对于第一类危害国家安全的犯罪，明确规定任何人组织、策划、实施或者参与实施以下旨在分裂国家、破坏国家统一行为之一的，不论是否使用武力或者以武力相威胁，即属犯罪：将香港特别行政区或者中华人民共和国其他任何部分从中华人民共和国分离出去；非法改变香港特别行政区或者中华人民共和国其他任何部分的法律地位；将香港特别行政区或者中华人民共和国其他任何部分转归外国统治。同时，任何人煽动、协助、教唆、以金钱或者其他财物资助他人实施该法第二十条规定的犯罪的，即属犯罪。

对于第二类危害国家安全犯罪，明确规定任何人组织、策划、实施或者参与实施以下以武力、威胁使用武力或者其他非法手段旨在颠覆国家政权行为之一的，即属犯罪：推翻、破坏中华人民共和国宪法所确立的中华人民共和国根本制度；推翻中华人民共和国中央政权机关或者香港特别行政区政权机关；严重干扰、阻挠、破坏中华人民共和国中央政权机关或者香港特别行政区政权机关依法履行职能；攻击、破坏香港特别行政区政权机关履职场所及其设施，致使其无法正常履行职能。同时，任何人煽动、协助、教唆、以金钱或者其他财物资助他人实施该法第二十二条规定的犯罪的，即属犯罪。

对于第三类危害国家安全犯罪，明确规定为胁迫中央人民政府、香港特别行政区政府或者国际组织或者威吓公众以图实现政治主张，组织、策划、实施、参与实施或者威胁实施以下造成或者意图造成严重社会危害的恐怖活动之一的，即属犯罪：针对人的严重暴力；爆炸、纵火或者投放毒害性、放射性、传染病病原体等物质；破坏交通工具、交通设施、电力设备、燃气设备或者其他易燃易爆设备；严重干扰、破坏水、电、燃气、交通、通讯、网络等公共服务和管理的电子控制系统；以其他危险方法严重危害公众健康或者安全。组织、领导恐怖活动组织的，即属犯罪。同时，为恐怖活动组织、恐怖活动人员、恐怖活动实施提供培训、武器、信息、资金、物资、劳务、运输、技术或者场所等支持、协助、便利，或者制造、非法管有爆炸性、毒害性、放射性、传染病病原体等物质以及以其他形式准备实施恐怖活动的，即属犯罪。另外，宣扬恐怖主义、煽动实施恐怖活动的，即属犯罪。

对于第四类危害国家安全犯罪，明确规定为外国或者境外机构、组织、人员窃取、刺探、收买、非法提供涉及国家安全的国家秘密或者情报的；请求外国或者境外机构、组织、人员实施，与外国或者境外机构、组织、人员串谋实施，或者直接或者间接接受外国或者境外机构、组织、人员的指使、控制、资助或者其他形式的支援实施以下行为之一的，均属犯罪：对中华人民共和国发动战争，或者以武力或者武力相威胁，对中华人民共和国主权、统一和领土完整造成严重危害；对香港特别行政区政府或者中央人民政府制定和执行法律、政策进行严重阻挠并可能造成严重后果；对香港特别行政区选举进行操控、破坏并可能造成严重后果；对香港特别行政区或者中华人民共和国进行制裁、封锁或者采取其他敌对行动；通过各种非法方式引发香港特别行政区居民对中央人民政府或者香港特别行政区政府的憎恨并可能造成严重后果。

从具体责任形式看，危害国家安全罪行的行为人需承担罚金、没收财产、拘役、管制、有期徒刑、无期徒刑等刑罚。另外，公司、团体等法人或者非法人组织实施本法规定的犯罪的，对该组织判处罚金。公司、团体等法人或者非法人组织因犯本法规定的罪行受到刑事处罚的，应责令其暂停运作或者吊销其执照或者营业许可证。不具有香港特别行政区永久性居民身份的人实施本法规定的犯罪的，可以独立适用或者附加适用驱逐出境。不具有香港特别行政区永久性居民身份的人违反本法规定，因任何原因不对其追究刑事责任的，也可以驱逐出境。

对于效力范围，该法明确规定，任何人在香港特别行政区内实施本法规定的犯罪的，适用本法。犯罪的行为或者结果有一项发生在香港特别行政区内的，就认为是在香港特别行政区内犯罪。在香港特别行政区注册的船舶或者航空器内实施本法规定的犯罪的，也适用本法。香港特别行政区永久性居民或者在香港特别行政区成立的公司、团体等法人或者非法人组织在香港特别行政区以外实施本法规定的犯罪的，适用本法。不具有香港特别行政区永久性居民身份的人在香港特别行政区以外针对香港特别行政区实施本法规定的犯罪的，适用本法。

需要注意的是，香港特别行政区适用该法时，该法规定的"有期徒刑"、"无期徒刑"、"没收财产"和"罚金"分别指"监禁"、"终身监禁"、"充公犯罪所得"和"罚款"，"拘役"参照适用香港特别行政区相关法律规定的"监禁"、"入劳役中心"、"入教导所"，"管制"参照适用香港特别行政区相关法律规定的"社会服务令"、"入感化院"，"吊销执照或者营业许可证"指香港特别行政区相关法律规定的"取消注册或者注册豁免，或者取消牌照"。

》 九、生物安全法的法律责任

生物安全法第九章设专章明确规定了法律责任。具体而言，履行生物安全管理职责的工作人员在生物安全工作中滥用职权、玩忽职守、徇私舞弊或者有其他违法行为的，依法给予处分。医疗机构、专业机构或者其工作人员瞒报、谎报、缓报、漏报，授意他人瞒报、谎报、缓报，或者阻碍他人报告传染病、动植物疫病或者不明原因的聚集性疾病的，由县级以上人民政府有关部门责令改正，给予警告；对法定代表人、主要负责人、直接负责的主管人员和其他直接责任人员，依法给予处分，并可以依法暂停一定期限的执业活动直至吊销相关执业证书。编造、散布虚假的生物安全信息，构成违反治安管理行为的，由公安机关依法给予治安管理处罚。另外，对于从事国家禁止的生物技术研究、开发与应用活动的；从事生物技术研究、开发活动未遵守国家生物技术研究开发安全管理规范的；从事病原微生物实验活动未在相应等级的实验室进行，或者高等级病原微生物实验室未经批准从事高致病性、疑似高致病性病原微生物实验活动的，可处以责令停止违法行为、没收违法所得、技术资料和用于违法行为的工具、设备、原材料等物品、罚款、吊销相关许可证件等处罚。违反该法规定，未经批准，采集、保藏我国人类遗传资源或者利用我国人类遗传资源开展国际科学研究合作的；境外组织、个人及其设立或者实际控制的机构在我国境内采集、保藏我国人类遗传资源，或者向境外提供我国人类遗传资源的，责令停止违法行为、没收违法所得和违法采集、保藏的人类遗传资源、罚款等处罚。同时规定，未经批准，擅自引进外来物种的，由县级以上人民政府有关部门根据职责分工，没收引进的外来物种，并处五万元以上二十五万元以下的罚款。违反本法规定，构成犯罪的，依法追究刑事责任；造成人身、财产或者其他损害的，依法承担民事责任。

▶▶　十、反外国制裁法的法律责任

反外国制裁法从三个方面对有关组织和个人的义务和违法行为的后果作出规定：一是我国境内的组织和个人应当执行国务院有关部门采取的反制措施。有关组织和个人违反规定的，国务院有关部门依法予以处理，限制或者禁止其从事相关活动。二是任何组织和个人均不得执行或者协助执行外国国家对我国公民、组织采取的歧视性限制措施。有关组织和个人违反规定，侵害我国公民、组织合法权益的，我国公民、组织可依法向人民法院提起诉讼，要求其停止侵害、赔偿损失。三是任何组织和个人不执行、不配合实施反制措施的，依法追究法律责任。

【思考题】

简述反分裂国家法、保密法、境外非政府组织境内活动管理法、核安全法、数据安全法、个人信息保护法、密码法、香港国安法、生物安全法、反外国制裁法的立法背景、基本内容及法律责任。

参考文献

一、著作类

［1］郑淑娜．中华人民共和国国家安全法解读［M］．北京：中国法制出版社，2016．

［2］叶青．国家安全法学［M］．北京：北京大学出版社，2023．

［3］刘跃进．国家安全学［M］．北京：中国政法大学出版社，2004．

［4］贾宇，舒洪水．中国国家安全法教程［M］．北京：中国政法大学出版社，2021．

［5］王京健．国家安全法学教程［M］．北京：中国社会出版社，2008．

［6］曾宪义．中国法制史［M］．北京：北京大学出版社，2000．

［7］宁汉林，魏克家．中国刑法简史［M］．北京：中国检察出版社，1997．

［8］谷应泰．明史纪事本末［M］．北京：中华书局，1977：189．

［9］毛泽东．毛泽东文集（第七卷）［M］．北京：人民出版社，1999．

［10］邓小平．邓小平文选（第三卷）［M］．北京：人民出版社，2009．

［11］江泽民．江泽民文选（第三卷）［M］．北京：人民出版社，2006．

［12］习近平．习近平谈治国理政［M］．北京：外文出版社，2014．

［13］中共中央宣传部，中央国家安全委员会办公室．习近平新时代中国特色社会主义思想学习纲要（2023 年版）［M］．北京：学习出版社，2023．

［14］中国社会科学院语言研究所词典编辑室．现代汉语词典（第 7 版）［M］．北京：商务印书馆，2018．

［15］李竹，肖君拥．国家安全法学［M］．北京：法律出版社，2019．

［16］李竹．国家安全立法研究［M］．北京：北京大学出版社2006．

［17］《总体国家安全观干部读本》编委会．总体国家安全观干部读本［M］．北京：人民出版社，2016．

［18］乔晓阳．中华人民共和国国家安全法释义［M］．北京：法律出版社，2016．

［19］郑淑娜．《中华人民共和国国家安全法》导读与释义［M］．北京：中国民主法制出版社，2016．

［20］中国法制出版社．国家安全法律知识读本：注解版［M］．北京：中国法制出

版社，2018.

[21] 王爱立．中华人民共和国反恐怖主义法解读［M］．北京：中国法制出版社，2016.

[22] 陈至立．辞海（第七版彩图本）［M］．上海：上海辞书出版社，2020.

[23] 王爱立．中华人民共和国反间谍法释义［M］．北京：中国法制出版社，2023.

[24] 商务印书馆辞书研究中心．古代汉语词典［M］．2 版．北京：商务印书馆，2014.

[25] 中国人民解放军军事科学院．中国人民解放军军语［M］．北京：军事科学出版社，1997.

[26] 刘宗和．中国军事百科全书·军事情报［M］．北京：中国大百科全书出版社，2007.

[27] 陈刚．犯罪情报分析［M］．北京：中国人民公安大学出版社，2018.

[28] 顾益军．网络情报获取与分析［M］．北京：中国人民公安大学出版社，2014.

[29] 梁启超．饮冰室合集：第 5 册［M］．北京：中华书局，1989.

[30] 林耀华．民族学通论（修订本）［M］．北京：中央民族大学出版社，1997.

[31] 斯大林．斯大林全集第 2 卷 1907—1913［M］．北京：人民出版社，1953.

[32] 金炳镐．民族理论与民族政策概论（修订本）［M］．北京：中央民族大学出版社，2006.

[33] 费孝通．费孝通民族研究文集新编（上卷）［M］．北京：中央民族大学出版社，2006.

[34] 周平，方盛举，夏维勇．中国民族自治地方政府［M］．北京：人民出版社，2007.

[35] 吴大华．民族法学［M］．北京：法律出版社，2013.

[36] 高永久．民族学概论［M］．天津：南开大学出版社，2009.

[37] 高瑞泉．平等观念史论略［M］．上海：上海人民出版社，2011.

[38] 高永久．民族政治学概论［M］．天津：南开大学出版社，2008.

[39] 习近平．论坚持推动构建人类命运共同体［M］．北京：中央文献出版社，2018.

[40] 哈贝马斯．在事实与规范之间：关于法律和民主法治国的商谈理论［M］．童世骏，译．北京：生活·读书·新知三联书店，2003.

[41] 周恩来．关于我国民族政策的几个问题［M］．北京：民族出版社，1980.

[42] 列宁．列宁专题文集·论无产阶级政党［M］．北京：人民出版社，2009.

[43] 马克思恩格斯选集（第 3 卷）［M］．北京：人民出版社，1972.

［44］马克思恩格斯选集（第1卷）［M］．北京：人民出版社，1972．

［45］马克思恩格斯选集（第27卷）［M］．北京：人民出版社，1972．

［46］克劳塞维茨．战争论（上卷）［M］．北京：解放军出版社，1964．

［47］万雅静．计算机文化基础：Windows7 + Office2010［M］．北京：机械工业出版社，2016．

［48］杨合庆．中华人民共和国网络安全法解读［M］．北京：中国法制出版社，2017．

［49］北京航空航天大学法学院、腾讯研究院．网络空间法治化的全球视野与中国实践（2019）［M］．北京：法律出版社，2019．

［50］寿步．网络空间安全法律问题研究［M］．上海：上海交通大学出版社，2018．

［51］索朗热·戈尔纳奥提．网络的力量：网络空间中的犯罪、冲突与安全｛M｝．王标，谷明菲，王芳，译．北京：北京大学出版社，2018．

二、论文类

［1］周叶中，庞远福．论国家安全法：模式、体系与原则［J］．四川师范大学学报（社会科学版），2016（3）．

［2］蔡艺生，翁春露．国家安全地方性立法：理论界定与实证检视［J］．福建警察学院学报，2021（6）．

［3］刘小妹．《国家安全法》充分体现人权保障原则［J］．人民法治，2016（8）．

［4］刘跃进．论总体国家安全观的五个"总体"［J］．学术前沿，2014（11）．

［5］李黎．总体国家安全观中国特色国家安全新理念［J］．党政论坛，2015（3）．

［6］刘跃进．非传统的总体国家安全观［J］．国际安全研究，2014（6）．

［7］王伟，曹丽媛．作为任务型组织的政府议事协调机构［J］．中共中央党校学报，2013（4）．

［8］刘祖云．"高效行政"源于行政体制与机制创新［J］．理论月刊，2004（9）．

［9］康均心．全球反恐背景下国家安全法治体系的构建［J］．山东大学学报，2017（2）．

［10］金冬雪．新时期我国反恐情报工作法治化保障研究［J］．中国人民警察大学学报，2023（9）．

［11］万红．域外反恐怖主义地方立法：范式、路径与启示［J］．广西警察学院学报，2023（3）．

［12］陈小彪，王祥传．恐怖主义文化治理模式之理论提倡与安全防范机制建构［J］．公安学研究，2023（3）．

［13］李浩楠．数据安全治理下对我国情报工作的分析与研究［J］．网络空间安全，2023，14（4）．

［14］贾宇．司法工作人员相关职务犯罪侦查的浙江实践［J］．人民检察，2022（6）．

［15］刘纪达，张昕明，王健．反恐跨部门协同模式研究：基于"防范—情报—处置"框架的网络分析［J］．中国应急管理科学，2021（7）．

［16］吕江鸿．反恐怖主义保障措施研究［J］．法制与社会，2016（27）．

［17］包昌火，刘彦君，张靖，等．中国情报学论纲［J］．情报杂志，2018，37（1）．

［18］李彭元．从语源学看"情报"改"信息"［J］．图书馆学研究，1997（5）．

［19］缪其浩．日本"情报"概念及其对情报工作的影响［J］．情报理论与实践，1992（5）．

［20］任全娥，黄丽婷．我国"情报学"术语研究文献综述［J］．中国科技术语，2011，13（5）．

［21］梁春华，孙明霞，邹志鹏，等．基于采样统计内容分析的情报定义研究［J］．情报理论与实践，2016（10）．

［22］包昌火，李艳，包琰．论竞争情报学科的构建［J］．情报理论与实践，2012（1）．

［23］周军．试论军事情报的概念［J］．情报杂志，2004（1）．

［24］高金虎．论情报的定义［J］．情报杂志，2014（3）．

［25］高金虎．从"国家情报法"谈中国情报学的重构［J］．情报杂志，2017，36（6）．

［26］马德辉．中国公安情报学的兴起和发展［J］．情报杂志，2015（11）．

［27］邓灵斌．国家情报法解读：基于"总体国家安全观"视角的思考［J］．图书馆，2018（8）．

［28］高金虎．试论国家安全情报体制的改革路径［J］．公安学研究，2019（2）．

［29］郭守祥，韩治国．《国家安全法》释放哪些安全"情报"［J］．保密工作，2017（9）．

［30］郝时远．中文"民族"一词源流考辨［J］．民族研究，2004（6）．

［31］马戎．中国民族区域自治制度的历史演变轨迹［J］．中央社会主义学院学报，2019（3）．

［32］詹小美，李征．民族观教育与铸牢中华民族共同体意识［J］．思想理论教育，2019（1）．

［33］吕大吉．宗教是什么？——宗教的本质基本要素及其逻辑结构［J］．世界宗教研究，1998（2）．

［34］黄超，张珍．中国共产党宗教信仰自由政策的百年创新与发展［J］．科学与无神论，2021（3）．

［35］董栋．关于新修订《宗教事务条例》部分条款的理论分析［J］．世界宗教文化，2018（1）．

［36］张建文，高完成．新修订《宗教事务条例》出台的背景、意义及亮点［J］．中国宗教，2017（11）．

［37］冯玉军．新修订《宗教事务条例》出台的意义、内容与前景［J］．中国宗教，2017（10）．

［38］本书编写组．新修订《宗教事务条例》释义（二）［J］．中国宗教，2017（12）．

［39］本书编写组．新修订《宗教事务条例》释义（三）［J］．中国宗教，2018（1）．

［40］本书编写组．新修订《宗教事务条例》释义（四）［J］．中国宗教 2018（2）．

［41］肖建飞．修订前后《宗教事务条例》法律责任条款设置的变化［J］．科学与无神论，2019（3）．

［42］王海全．《互联网宗教信息服务管理办法》颁布实施的重大意义及贯彻落实的对策建议［J］．世界宗教文化，2022（4）．

［43］杜瑾．网络安全立法博弈的价值取向［J］．社会科学家，2014（9）．

［44］张茜，汪恭政．论大数据时代我国网络服务提供者的法律责任［J］．合肥工业大学学报（社会科学版），2018（4）．

［45］游志强．《反分裂国家法》在两岸关系和平发展时期的实施研究［J］．台海研究，2020（3）．

［46］杨华洋．实现祖国和平统一的根本保障：解读《反分裂国家法》［J］．贵州社会主义学院学报，2005（2）．

［47］刘延东．保密法立法目的探究与相关制度完善（上）［J］．保密工作，2022（9）．

［48］李杰．涉密人员管理的基本原则［J］．保密工作，2020（2）．

［49］贾西津．境外非政府组织境内活动管理法实施观察［J］．中国非营利评论，2018（1）．

［50］孙杨杰，肖文涛．《中华人民共和国核安全法》评析［J］．中国应急管理科学，2020（10）．

［51］岳树梅. 我国核安全法治体系现代化研究［J］. 广西社会科学，2023（1）.

［52］高志华. 浅析数据安全与《数据安全法》［J］. 中国外资，2022（5）.

［53］崔晴.《数据安全法》及《个人信息保护法》要点解读［J］. 中国外资，2022（5）.

［54］王喜梅，丁富甲. 对大数据时代《个人信息保护法》的解读［J］. 焦作大学学报，2023（2）.

［55］吕尧，李东格.《密码法》解读及影响分析［J］. 网络空间安全，2019（11）.

［56］饶戈平. 香港特别行政区维护国家安全法：学习与解读［J］. 港澳研究，2020（3）.

［57］韩大元，杨晓楠. 论《香港国安法》的原意解释［J］. 港澳研究，2023（2）.

［58］田飞龙. 香港国安法的实施成效、法理正当性与制度前景［J］. 中央社会主义学院学报，2023（5）.

［59］郭仕捷，吴菁敏. 我国《生物安全法》的困境与突破［J］. 河北工业大学学报（社会科学版），2021（2）.

［60］马忠法.《反外国制裁法》：出台背景、内容构成及时代价值［J］. 贵州省委党校学报，2021（4）.

［61］李军. 恐怖主义与主要大国的反恐战略研究［D］. 武汉：华中师范大学，2014.

［62］刘子义. 恐怖组织及其活动的时空特征研究［D］. 郑州：解放军信息工程大学，2017.

［63］霍炜. 贯彻落实密码法推动网络可信体系发展［J］. 信息安全研究，2020（1）.

三、报纸、网络文献

［1］刘跃进. 国家安全学理论中概念及其定义的几个问题［EB/OL］.（2024 - 01 - 09）［2024 - 07 - 17］. https：//baijiahao. baidu. com/s？id = 1787581437905773448&wfr = spider&for = pc.

［2］牢固树立认真贯彻总体国家安全观　开创新形势下国家安全工作新局面［N］. 人民日报，2017 - 02 - 18（1）.

［3］冯玉军，邱婷. 法律的生命不在于逻辑，而在于经验［N］. 人民法院报，2010 - 08 - 13（7）.

［4］胡锦涛. 同舟共济共创未来：在六十四届联大一般性辩论时的讲话［N］. 人民日报，2009 - 09 - 25（2）.

［5］刘光明. 坚定不移走中国特色国家安全道路［N］. 解放军报, 2023 – 09 – 11
（7）.

［6］王振民. 维护国家安全的根本法律保障［N］. 人民日报, 2015 – 07 – 30（11）.

［7］刘江永. 可持续安全观是照亮世界和平的一盏明灯（深入学习贯彻习近平同志
系列重要讲话精神）：深入学习习近平同志关于树立共同、综合、合作、可持续
安全观的重要论述［N］. 人民日报, 2017 – 03 – 16（7）.

［8］孔方斌. 民族交融好味道［N］. 人民日报, 2015 – 09 – 30（5）.

［9］习近平：坚持总体国家安全观, 走中国特色国家安全道路［EB/OL］. （2015 –
07 – 20）［2024 – 07 – 17］. http：//cpc. people. com. cn/n/2014/0415/c64094 –
24899781. html.

［10］习近平：全面贯彻落实总体国家安全观 开创新时代国家安全工作新局面
［EB/OL］. （2018 – 04 – 17）［2023 – 09 – 12］. https：//baijiahao. baidu. com/
s？id = 1597996973643007973&wfr = spider&for = pc.

［11］昨夜今晨：滴滴回应 80 亿元处罚 微信内测打车出行服务［EB/OL］. （2022 –
07 – 22）［2023 – 09 – 25］. https：//www. 163. com/dy/article/HCSH8QL70511
CTRI. html.

［12］宫力. "坚持总体国家安全观, 走中国特色国家安全道路"［EB/OL］. （2016 –
07 – 12）［2023 – 09 – 27］. http：//theory. people. cn/n1/2016/0712/c40531
– 28545243. html.

［13］国家制定反恐怖主义法的意义何在？［EB/OL］. （2016 – 12 – 17）［2023 – 11 –
19］. http：//www. xs180. cn/Article/1481. html.

［14］《中华人民共和国反恐怖主义法》解读［EB/OL］［15］. （2021 – 12 – 15）［2023 –
11 – 10］. https：//baijiahao. baidu. com/s？id = 1719182831074728437&wfr =
spider&for = pc.

［15］2023 全球社交媒体趋势报告（上）［EB/OL］. （2023 – 09 – 26）［2024 – 07 –
19］. https：//roll. sohu. com/a/723612132_ 121076928.

［16］全球网民数量达 46. 6 亿, 中国人每天上网 5 小时 22 分［EB/OL］. （2021 – 01 –
28）［2024 – 07 – 19］. https：//new. qq. com/rain/a/20210128A05D9I00.

［17］中国互联网协会. 中国网民权益保护调查报告 2016［EB/OL］. （2016 – 06 – 26）
［2024 – 07 – 19］. https：//www. isc. org. cn/article/33759. html.

［18］国务院新闻办公室发布《中国的反恐怖主义法律制度体系与实践》白皮书
［EB/OL］. （2024 – 01 – 24）［2024 – 01 – 30］. https：//baijiahao. baidu. com/s？id
= 1788921487390260662&wfr = spider&for = pc.

［19］ 中华人民共和国国务院新闻办公室. 新疆的反恐、去极端化斗争与人权保障.
［EB/OL］. （2019 – 03 – 18）［2024 – 07 – 19］. https：//www. gov. cn/zhengce/
2019 – 03/18/content_ 5374643. htm.

［20］ 新疆维吾尔自治区伊斯兰教协会. 新疆宗教信仰自由状况报告［EB/OL］. （2020 –
11 – 03）［2024 – 07 – 19］. https：//www. xinjiang. gov. cn/xinjiang/xjyw/202011/
6c9f03e3db504ab68134052b01a0b0a73. shtml.

［21］ 人民日报评论员：新疆反恐和去极端化成果不容污蔑［EB/OL］. （2020 – 06 –
21）［2024 – 07 – 19］. http：//news. china. com. cn/2020 – 06/21/content_ 76187071.
htm.